정석 교양경제론

박환재

비앤엠북스

정석 교양경제론을 펴내며

누구나 물과 공기, 음식물만 있으면 살아갈 수 있다. 물과 공기는 자연이 주는 선물이고, 음식물은 직접 채소를 재배하고 쌀농사를 지으면 얻을 수 있다. 그러나 우리는 더 이상 직접 재배하고 농사를 짓지 않는다. 그 대신 직장에서 일하면서 번 돈으로 필요한 물품을 시장에서 구매한다. 이런 사회에서 인간의 욕구는 점점 더 커진다. 그러나 욕구는 돈이라는 물질에 제약을 받는다. 이것이 우리가 직면해 있는 경제문제이자 고달픈 삶의 현실이다.

필자는 학창시절에 경제학을 공부하면 빈곤에서 벗어나 물질적 욕구에서 해방될 수 있다고 믿었다. 그런데 경제학을 공부하면 할수록 경제학이 무엇인지 회의감이 들었다. 수많은 경제현상과 경제뉴스를 일일이 이해하기도 쉽지 않았거니와 교과서에서 배운 대로 경제가 흘러가는 것도 아니었다. 새롭게 발생하는 경제현상을 이해하기도 어려운데 어떻게 인류의 근본문제를 해결할 수 있을지 막막하기만 했다. 그래서인지 아직도 많은 사람들이 경제학을 이해하는 데 어려움을 느낄 뿐 아니라 그 방법 자체도 어려워한다. 더구나 경제학의 내용을 장식하고 있는 복잡한 인과관계, 수많은 도표와 통계들을 마주하면 선불리 다가가지 못하는 것이 사실이다.

과연 경제학은 모두 어렵다고 하는 학문이 맞을까? 사실 어렵게 생각할 필요는 없다. 학창시절에 느꼈던 감정과 이제 와서 느끼는 감정이 많이 달라진 듯하다. 누군가 말하기를, 경제학은 나이를 먹을수록 그 진가를 알게 되는 학문이라고 한다. 어쩌면 경제학은 경험을 통해 얻는 지식의 산물일지도 모른다. 하버드대학 경제학 교수이자 유명한 경제학 교과서의 저자 그레고리 맨큐는 이렇게 말한다. “경제학자들은 과학자인 척하는 것을 좋아한다. 나 또한 그러기 때문에 잘 안다. 나는 학부생들을 가르칠 때 반드시 경제학을 과학의 한 분야로 묘사한다. 내 수업을 듣는 학생들에게 주먹구구식 학문에 발을 들여놨다는 인상을 주고 싶지 않아서다."

맨큐의 말을 들으면 경제학이 과학인 척한다고 생각할지 모르지만 사실상 경제학은 방법면에서는 과학적이고 내용면에서는 종합예술에 가깝다. 경제학의 방법은 딱 한 가지다. 편익과 비용을 비교해서 편익이 큰 행동은 합리적이라고 생각하는 것이다. 경제학의 내용면에서는 돈 문제, 물품구입 문제, 물품판매 문제 이외에도 사랑, 이혼, 죽음, 마약, 전쟁 등 모든 소재를 대상으로 삼는다. 많은 사람들은 경제를 연구하는 학문이 경제학이라고 생각한다. 그러나 최근에 출간된 베스트셀러로 경제서적 중 하나인 《경제학콘서트》에서는 경제학을 인생을 다루는 학문이라고 한다. 다른 베스트셀러인 《괴짜경제학》은 경제학이 모든 것의 이면을 파헤치는 학문이라고 한다. 시카고대학 경제학자 게리 베커가 밝혔듯 경제학이 다루는 주제들은 소비, 생산, 돈, 무역과 같이 전형적인 경제적 문제뿐만 아니라 결혼, 이혼, 출산, 범죄, 중독 등 모든 문제를 다루는 종합예술이라고 해도 과언이 아니다.

이렇게 경제학의 주제를 보면 종합예술인데, 경제학의 구체적인 내용을 보면 그야말로 상황과 가정에 따라 원인과 결과가 뒤바뀌는 반전의 예술에 가깝다. 바로 이러한 경제학의 특성이 오히려 우리를 매료시켜 사고방식을 변화시킬지도 모른다. 필자도 이러한 생각과 희망으로 아직까지 경제학을 머리에 이고 살아간다.

그러나 이러한 오랜 희망과 다르게 필자는 경제학 입문서를 쓰지 못하고 주저하고 있었다. 이미 좋은 경제학 입문서가 많이 나와 있는데 그 정도의 좋은 책을 쓸 수 있을지 자신이 없었기 때문이다. 그러나 많은 시간이 흘러 필자의 가슴속에는 독자들에게 있는 그대로의 현실을 반영한 경제학 입문서를 써야겠다는 강렬한 욕망이 일었다. 처음 집필한 정석 재정학, 정석 미시경제학, 정석 거시경제학을 출간할 때에도 많이 고민했지만 기존의 다른 입문서와 무엇이 달라야 할지, 무엇이 더 좋은 점일지 고민했다. 심사숙고 끝에 이 책은 두 가지 측면에서 다른 경제학 입문서와는 다르게 구성했다. 첫째, 경제현상들이 어떤 방법으로 설명되는지 제시하고 독자들에게 무슨 생각을 해야 하는지가 아니라 어떻게 생각하는지를 보여주려고 노력했다. 둘째, 우리가 살고 있는 실제 세상에 관한 정보를 많이 담으려고 노력하였다. 일상에서 매일 벌어지는 무수한 경제현상을 간추려 세상에 대한 정보를 담아 독자들에게 차근차근 설명해 주려고 노력했다.

사람들은 자신만의 색안경을 끼고 이 세상을 바라보곤 한다. 필자는 많은 독자들의 색안경에 만족스러운 세상을 보여줄 것을 기대하면서 즐겁고 행복한 마음으로 최선을 다해 책을 집

필했다. 독자들이 자신만의 안경을 끼고 이 책을 보더라도 그 진가를 알아봐 준다면 더 없는 영광이겠지만 이는 독자의 몫으로 남겨둔다.

뜨거운 열정으로 책을 쓰기 시작했지만 시간에 쫓기기도 하고 몇 번씩 검토해 봐도 부족함이 느껴져 아쉬움이 남는다. 부족한 점이 있다면 전적으로 필자의 책임이지만 꾸준히 노력해서 개선해 나갈 것을 약속드린다. 그리고 이 책을 집필하는 동안 관심과 사랑을 소홀히 하여 본의 아니게 외부불경제를 끼친 주변의 많은 분들께 용서를 구하는 바이다. 특히 이 책의 원고를 검토하고 교정해 준 비앤엠북스의 편집부장과 사장께 고마운 마음을 전한다. 마지막으로 이 책의 마지막 페이지를 덮을 즈음 독자들이 새로운 세상에 대한 새로운 희망을 품을 수 있기를 바라며, 끝까지 책을 쓰도록 격려하고 응원해준 가족들에게 고마움을 담아 이 책을 바친다.

2018년 1월 겨울

경산 연구실에서

저자 박환재

차례

제1부 시장원리의 이해

제1편 | 경제원리의 이해

제2편 | 소비와 생산원리의 이해

제3편 | 시장구조의 이해

제2부 국민경제와 국제경제의 이해

제4편 | 국민경제의 이해

제5편 | 국제경제의 이해

제1부
시장원리의 이해

제1편 경제원리의 이해

제1장 경제문제와 경제학

제2장 시장경제와 수요 · 공급의 원리

제1장
경제문제와 경제학

돈은 인간 노동과 삶을 소외시키는 정수이며,

인간이 돈을 숭배하면 할수록

돈이 인간을 지배하게 된다.

- 칼 마르크스 -

우리는 아침에 눈을 떠서 다시 잠자리에 들 때까지 많은 일을 하게 된다. 식사도 하고, 버스도 타고, 공부도 하고, 여러 가지 필요한 물건도 산다. 이러한 모든 일상생활이 바로 경제활동이다. 한마디로 우리가 삶을 살아가기 위해 소비하고 생산하는 모든 행위가 경제활동이다. 우리는 필요한 모든 물건을 혼자 해결할 수 없는 사회에 살기 때문에 누군가 물건을 만들어 시장에 팔기도 하고 이를 시장에서 구매하기도 한다. 이와 같은 경제행위가 하나의 규칙을 형성할 때 경제를 이루게 된다.

사람이 가지고 있는 욕구는 다양하고 무한하다. 사람들은 지구에 존재하는 자원, 기술, 기계, 도구, 땅 등을 가지고 상품을 생산함으로써 욕구를 충족시키고 있다. 그렇지만 이들 자원이 생산할 수 있는 능력은 사람들의 욕구에 비해서 매우 작다. 따라서 사람들의 욕구를 모두 충족시키지 못하는 경제문제가 발생한다. 이러한 경제문제를 해결하기 위해서 주어진 자원을 잘 관리하고 사용하여 사람들의 욕구를 최대한 만족시킬 수 있는 방법을 연구

제1장 경제문제와 경제학

하는 학문이 경제학이다. 경제학은 경제학자들만의 소유물이 아니다. 우리의 일상생활이 경제생활이므로 이 세상 모든 사람은 경제학자와 같은 문제에 직면하고 경제학자와 같은 문제로 고민하기 때문이다.

이 장에서는 우선 경제가 무엇인지 그 의미를 알아보고 경제문제는 왜 발생하며 그 해결이 어려운 이유는 무엇인지 살펴볼 것이다. 또한 경제문제를 해결하기 위해 시작된 경제학은 어떤 의미를 가지며, 경제학을 배워야 하는 이유를 살펴볼 것이다. 모든 학문이 그렇듯이 경제학도 결국 사람을 위한 학문이며 보다 나은 삶을 선택하는 데 도움을 주는 학문이다. 이 장에서 학습할 주제들은 앞으로 배울 많은 경제문제의 기초가 될 것이므로 하나하나 세세히 살펴볼 것이다.

이 장에서 배울 것

- 경제란 무엇일까?
- 경제문제가 왜 발생할까?
- 경제문제는 왜 해결하기 어려울까?
- 경제학이란 무엇일까?

제1절 경제란 무엇일까?

오늘날 우리는 혼자서 빵 한 조각조차 만들기 힘든 세상에 살고 있다. 책을 파는 서점으로 눈을 돌려보자. 매일 책이 인쇄되고 서점에 진열되어 판매되는 모든 일이 일상의 기적이라고 해도 과언이 아니다. 지금 이 순간에도 무수히 많은 기적이 일어나지만 이는 결국 우리가 살아가는 데 필요한 의식주문제를 해결하는 과정에서 생기는 것이다. 이 과정에서 우리의 욕구충족에 필요한 재화와 서비스는 자원을 사용하여 협동을 통해 생산해내야 한다. 이때 자원은 마치 요리를 할 때 식재료가 필요하듯이 재화와 서비스의 생산에 필요한 모든 것을 말한다. 이와 같이 우리의 일상생활은 생산, 분배, 소비활동으로 구분할 수 있다.

생산활동: 우리의 욕구충족을 위해 필요한 재화나 서비스는 누군가가 만들어낸 것이다. 또한 이러한 상품을 시장이나 상점에서 구입할 수 있게 해주는 것도 누군가가 노력한 결과이다. 이와 같이 필요한 재화와 서비스를 만들거나 그 가치를 증가시키기 위해 노력한 모든 활동을 생산활동이라고 한다.

분배활동: 우리는 대부분 소비할 재화와 서비스를 직접 만들지 않는다. 오히려 직업을 가지고 다른 사람들이 필요로 하는 재화와 서비스를 생산해내는 생산활동에 자신이 보유한 노동이나 자본, 토지를 제공하는 형태로 경제활동을 한다. 그리고 자신이 보유한 것이 노동뿐이라면 임금을 소득으로 얻고, 자신이 보유한 자본이나 토지를 제공하면 이자나 임대료수입을 얻게 된다. 이와 같이 생산활동에 참여하여 자신이 가진 생산요소를 제공함으로써 그 대가를 얻는 것을 분배활동이라고 한다.

소비활동: 우리는 분배활동을 통해 얻게 되는 소득으로 필요한 재화나 서비스를 구입하여 소비함으로써 욕구를 충족시키게 된다. 이와 같이 자신의 욕구를 충족시키기 위해 필요한 재화나 서비스를 구입하거나 사용하는 것을 소비활동이라고 한다.

그런데 사람들은 모든 자원을 갖고 있지 않기 때문에 다른 사람과 서로 협력하여 생산하고 그 생산된 재화와 서비스를 서로 교환하여 분배한다. 각자에게 분배된 재화와 서비스는 각자의 욕구와 필요에 따라 소비된다. 이와 같이 사람들이 재화와 서비스를 생산하고 교환하고 분배하고 소비하는 모든 행위를 **경제행위**라고 한다. 이처럼 생산활동, 분배활동, 소비활동과 같은 경제행위가 규칙적이고 지속적으로 이루어져 일정한 사회질서와 제도를 형성할 때, 그것을 **경제**(economy)라고 한다. 경제는 그 범위에 따라 여러 종류의 경제로 구분할 수 있다. 예를 들어 가정에서 경제행위가 이루어지면 가정경제, 국가적으로 경제행위가 이루어지면 국민

[정석사례연구 1-1] 미국 경제

미국을 가리켜 흔히 '자본주의 경제'라고 한다. 19세기 독일의 경제학자이자 사회이론가인 칼 마르크스가 만들어낸 '자본주의'라는 용어는 자본을 장악한 소수의 사람들이 경제적으로 중요한 결정을 내리는 체제를 의미한다. 마르크스는 자본주의 경제를 '사회주의' 경제와 대비시켰다. 마르크스와 그의 추종자들은 자본주의 경제에서는 부유한 사람들이 권력까지 장악하고 자신들의 이익을 극대화하는 데 열을 올린다고 비난했다. 반대로 사회주의 경제에서는 정부가 자원의 공평한 분배처럼 정치적 목적을 실현하기 위해 경제를 장악하는 부분이 많다.

이러한 경제의 이분법적인 구분은 지나치게 단순화시킨 것이다. 하지만 오늘날에는 이러한 구분이 무의미해졌다. 마르크스가 정의했던 순수한 자본주의라는 것이 정말로 존재했다면 오늘날 미국이나 다른 국가의 정부는 개인의 무한한 상업적 이윤에 의한 권력집중화를 막았을 것이며 여러 사회문제를 처리하기 위해 경제에 간섭하는 모습은 오래전에 자취를 감추었을 것이다. 결론적으로 미국 경제는 정부가 개인의 이윤추구에 중요한 역할을 하는 '혼합경제'로 정의하는 편이 더 적절하다.[1)]

〈국가개입의 정도에 따른 경제체제의 이해〉

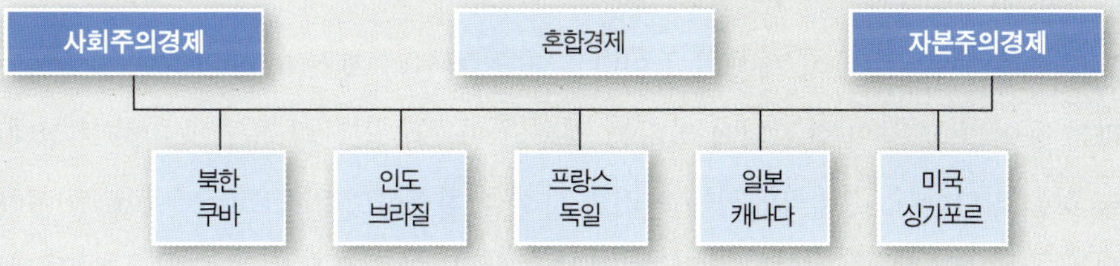

경제, 여러 국가들 사이에서 경제행위가 이루어지면 국제경제라고 한다.

> **정석 사고** 사람들이 재화와 서비스를 생산하고 교환하고 분배하고 소비하는 모든 행위를 경제행위라고 한다. 이러한 경제행위가 규칙적이고 지속적으로 이루어져 일정한 사회질서와 제도를 형성할 때, 그것을 경제라고 한다.

제2절 경제문제가 왜 발생할까?

정석 교양경제

경제활동을 하면서 어려운 선택을 하지 않고 살아갈 수는 없는 것일까? 그러나 현실은 선택을 강요한다. 실시간으로 접하는 인터넷사이트에는 고용불안, 물가불안, 노사분규, 금융시장 불안, 유가상승 등 경제문제와 관련된 이슈들로 가득 차 있다. 왜 그럴까? 그 이유를 생각해 보자.

재화와 서비스를 생산하고 소비하는 등의 경제행위는 욕구를 충족시키기 위한 것이다. 그런데 문제는 우리의 욕구가 무한하다는 사실이다. 원하던 욕구가 충족되면 새로운 욕구가 나타나게 되고, 그것이 충족되면 또 새로운 욕구가 꼬리를 물고 나타난다. 예를 들어 새집으로 이사를 가면 새 가구를 구입하고 싶어지고, 신형차를 보면 신형차를 구매하고 싶어진다. 그러나 우리의 무한한 욕구를 충족시켜 줄 수 있는 수단은 제한되어 있다. 재화와 서비스를 생산할 자원의 양은 제한되어 있고, 자원을 결합하여 생산하는 기술력도 제한되어 있기 때문이다.

희소성의 원칙

욕구를 충족시키는 수단이 제한되어 있다는 것을 자원이 희소(稀少)하다고 표현하는데, 희소하다는 용어는 그 양이 한정되어 있다는 것뿐만 아니라 인간의 욕구에 비하여 상대적으로 적다는 것을 의미한다. 경제학에서는 이러한 사실을 희소성의 원칙(law of scarcity)이라 한다. 우리의 무한한 욕구를 충족시킬 수 있는 수단이 제한되어 있으므로 그 수단을 어떤 방법으로 사용하는 것이 가장 바람직한지 찾아보아야 한다. 다시 말해서 희소한 자원으로 욕구를 최대한 충족시킬 수 있는 재화와 서비스를 선택해야 한다. 동시에 상대적으로 욕구가 작은 재화나 서비스를 포기해야 한다. 가장 갖고 싶은 것이 대형 스크린 TV라면 그것을 구입하는 대가로 대형 식탁은 구입을 포기해야 할 수도 있다. 결국 희소성 때문에 모든 것을 가질 수 없으므로 선택을 하게 된다. 기업도 마찬가지이다. 신발을 생산하면 옷 생산을 포기해야 하는 선택을 해야 한다. 정부도 보유한 땅에 도서관을 지을지, 야구장을 지을지 선택해야 한다.

우리 모두는 행복한 삶을 살아가기를 원한다. 그러므로 가장 바람직한 방법을 찾는다는 것은 행복을 가장 높이는 방법을 의미한다. 행복을 방정식으로 표시해 보면 다음과 같다.

행복=물질/욕구

이에 따르면 행복을 높이기 위해서는 욕구를 줄이거나 욕구를 충족시킬 재화와 서비스의 양, 즉 물질의 양을 늘려야 한다. 그런데 물질의 공급량은 제한되어 있기 때문에 욕구를 절제하여 행복해지는 지혜를 지녀야 한다. 예수가 말하기를, '부자가 천국에 들어가는 것은 낙타가 바늘구멍에 들어가는 가기보다 더 어렵다'고 하지 않았는가?

경제의 선택문제

모든 경제는 정도의 차이는 있지만 근본적으로 재화와 서비스의 양을 늘리는 데 필요한 자원이 한정되어 있는 희소성의 문제를 가진다. 이로부터 모든 나라는 근본적으로 해결해야 할 세 가지 경제문제에 직면하게 된다. 미국의 경제학자 새뮤얼슨(P. A. Samuelson)은 어느 사회든 다음 네 가지 경제문제를 해결해야 한다고 하였다.

첫째, 무엇을 얼마나 생산할 것인가.
둘째, 어떻게 생산할 것인가.
셋째, 누구를 위하여 생산할 것인가.
넷째, 언제 생산할 것인가.

첫째문제는 제한된 자원과 기술로 무슨 재화와 서비스를 얼마나 생산해야 하는가를 선택하는 문제이다. 자원의 희소성으로 인해 소비자에게 불필요한 재화를 생산하거나 소비자의 필요 이상으로 재화를 생산하면 자원의 낭비를 초래하게 된다. 둘째문제는 어떤 생산조직으로 어떤 생산기술을 가지고 선택된 재화와 서비스를 생산해야 하는지 결정해야 한다는 것이다. 셋째문제는 생산된 재화와 서비스를 누구에게 분배해야 하는지 결정해야 한다는 것이다. 가장 필요한 재화를 가장 필요로 하는 사람에게 먼저 분배해 주는 방법이 있을 수 있다. 예를 들어 부족한 땅에 소형 혹은 임대아파트를 지어서 중산층 이하의 저소득계층에게 우선 공급할지 중대형 아파트를 지어서 중산층 이상의 소득계층에게 우선 분배할지 결정하는 문제를 들 수 있다. 마지막으로 넷째문제는 석탄, 석유와 같이 재생이 불가능한 자원은 사용하면 할수록 고갈되기 때문에 현재세대에서 많이 사용하여 생산할 수도 있고, 미래세대에서 많이 사용하여 생산하도록 할 수도 있다. 바로 이러한 자원의 세대 간 배분문제를 해결해야 한다는 것이다.

정석 사고

사람들의 욕구에 비해 그 욕구를 충족시키는 수단이 상대적으로 제한되어 있는 현상을 **희소성**이라고 한다. 희소성으로 인해 어느 사회든 다음의 근본적인 경제문제를 해결해야 한다. 첫째, 무엇을 얼마나 생산할 것인가. 둘째, 어떻게 생산할 것인가. 셋째, 누구를 위하여 생산할 것인가. 넷째, 언제 생산할 것인가.

[정석사례연구 1-2] 민자사업

2013년 3월 MBN뉴스에 따르면 많은 지방정부들은 매년 도로와 지하철 등을 민자유치로 건설하고 그 적자를 보전해 주는 비용만 수천억 원에 달한다고 한다. 이러한 혈세낭비는 주로 수요를 잘못 예측하여 발생한다. 서울시가 2012년 지하철 9호선에 적자보전해 준 비용만 약 400억 원에 달하고 인천시도 민자를 유치하여 건설한 터널 3곳에 약 190억 원의 적자를 보전해 주었다. 그런데 지방정부가 적자보전을 해 주는 원인을 보면 민간자본과 협약할 당시 약속한 최소수입보장제도 때문이다. 이러한 민자사업에의 혈세낭비를 막기 위해 각 지방정부는 운영권회수를 목표로 법적 소송을 진행하고 있다.[2]

제3절 경제문제는 왜 해결하기 어려울까?

새뮤얼슨이 밝힌 경제문제는 어느 경제든 풀어야 할 과제이다. 어떤 사회에서는 민간기업이 자율적으로 경제문제를 해결하는 반면, 국가가 직접 경제문제를 해결하는 사회도 있다. 어떤 경제든 간에 자원과 기술이 제한되어 있는 상황에서 무한한 욕구를 충족시킬 물질을 최대한 만들기 위해서 자원을 가장 효율적으로 활용하여 '최대다수의 최대행복'을 실현해야 한다.

그러나 현실적으로 경제문제를 쉽게 해결하기는 어렵다. 때로는 경제문제가 더욱 복잡해지고 더 악화되기도 한다. 그 이유를 살펴보면 다음과 같다.

첫째, 경제문제를 각 개인이 잘 해결하는 경우도 있지만 그렇지 못한 경우에는 정부가 개입하여 여러 가지 대책을 내놓게 된다. 그런데 그 대책에서 각 개인 사이의 이해관계가 상충할 수 있다. 예를 들어 정부가 곡물가격이 높다고 판단하여 낮은 가격으로 규제하는 저곡가정책을 사용하면, 도시근로자들은 생활비가 절감되어 생활수준이 향상되지만 농업종사자들은 큰 피해를 보게 되므로 격렬하게 반대할 것이다. 또 다른 예를 들어보면 국내시장이 상대적으로 협소한 우리나라에서는 무역이 소득향상을 가져오는 지름길이므로 FTA의 필요성에 동의하지만 농업과 같은 경쟁력이 약한 산업근로자들은 극구 반대할 것이다. 이런 경우에는 결국 모두 다 만족시킬 수는 없으므로 다수의 동의를 얻어 가장 바람직한 선택을 하도록 노력하는 수밖에 없다.

둘째, 하나의 경제문제를 해결하면 또 다른 경제문제가 생길 수도 있다. 예를 들어 도시빈곤문제를 해결하기 위해 대규모 공단을 조성하여 빈곤계층에게 일자리와 소득을 얻는 기회를 제공할 수 있다. 그러나 대규모 공단조성은 공해문제라는 또 다른 경제문제를 야기할 수 있다. 다른 예로서 2008년 말 글로벌금융위기가 닥쳤을 때 여러 나라에서 돈을 풀어 경기부양을 한 결과 금융위기는 극복했지만 그리스, 포르투갈, 스페인, 이탈리아의 PIGS는 재정위기를 겪었다.

셋째, 국민들은 장기적인 안목이 부족한 경우가 많아서 경제문제가 장기적으로 해결되지 않을 수 있다. 예를 들어 우리 정부는 국민연금의 적자가 누적되고 있는데도 연금수혜를 대폭 줄이지 못하고 매우 점진적으로 수급혜택을 줄여나가는 정책을 사용한다. 아직 태어나지 않았거나 어린 미래세대는 이러한 정책에 발언권이 없어 현재세대가 주장하는 방향으로 정책이 시행되기 때문이다.

넷째, 국민들은 경제지식에 대한 편견을 갖기 쉬운데 이러한 편견 때문에 경제문제를 해결하기 힘들어지기도 한다. 편견은 주먹구구식으로 판단하는 휴리스틱에서 비롯된다. 가령 국산품을 애용하면 경제가 발전한다고 하는데, 이는 경제가 어려울 때 기업들을 살리는 데 도움이 되지만 경제가 좋을 때에는 오히려 기업들의 경쟁력을 떨어뜨려 경제에 해로울 수 있다. 또 다른 예로서 외채는 나쁘다는 말이 있는데, 이것은 빚이기 때문에 나쁘다는 편견이 있지만 외채를 어디에 어떻게 사용하는가에 따라 경제에 큰 이득을 가져올 수 있다. 외채를 들여와 도로와 철도를 놓고 공장을 지어 생산성이 대폭 늘어난다면 외채는 경제에 긍정적인 효과를 줄 수 있다. 이렇듯 국민들이 편견만을 앞세워 정부대책에 수긍하지 않거나 잘못된 여론이 형성되면 정책방향이 거꾸로 흘러갈 수 있기 때문에 유의해야 한다.

정석 사고

경제문제를 해결하기 어려운 이유는 각 개인의 이해관계가 충돌하고, 하나의 경제문제를 해결하면 다른 경제문제가 생기며, 국민 대다수가 장기적인 안목이 부족한 경우가 많고, 편견을 가지기 때문이다.

[정석사례연구 1-3] 금융위기와 재정위기

2008년 말부터 시작된 글로벌금융위기가 여러 나라에 확산되면서 각국은 빚을 내어 정부지출을 대폭적으로 늘리는 경기부양책을 시행하였다. 우리나라 역시 한 해에만 29조 원의 예산을 추가로 편성하여 지출하였다. 그 결과 금융은 어느 정도 안정되었지만 재정적자가 눈덩이처럼 불어나면서 금융위기가 재정위기로 확산되는 양상을 보였다. 2010년부터 재정위기를 겪는 여러 나라들은 국가의 빚을 어떻게 갚아야 할지 고민에 빠졌다. 결국 많은 나라들은 IMF구제금융지원을 받게 된다. 이러한 국가의 빚은 현세대가 아닌 미래세대가 짊어져야 할 세금일 수 있다.[3]

[정석사례연구 1-4] 편견에 대한 이해

사람들이 실제 상황을 판단할 때 복잡한 상황을 단순화하여 주먹구구식으로 판단하고 의사결정하는 것을 휴리스틱(heuristics)이라고 한다. 휴리스틱은 크게 대표성 휴리스틱과 가용성 휴리스틱으로 나눌 수 있다.

사람들이 어떤 집단의 대표성을 결정하는 고정관념에 빠져 그것을 기초로 판단하는 것을 대표성 휴리스틱(representativeness heuristics)이라고 한다. 다음 사례를 보자.

지하철에서 어떤 수줍음 많은 여성이 시를 읽고 있다. 이 여성은 어떤 사람일까?
첫째 질문: 이 여성이 박사학위를 갖고 있을까? 아니면 고졸일까?
둘째 질문: 이 여성이 문학을 전공했을까? 아니면 경영학을 전공했을까?

많은 사람들은 이 여성이 박사학위를 가지고 있고, 문학을 전공했으리라 짐작한다. 대표성 휴리스틱에 따르면 첫 번째 질문에 박사학위를 갖고 있다고 생각하기 쉽지만, 그것을 더 옳은 판단이라고 보기는 어렵다. 왜냐하면 박사학위 소지자보다 고졸학력을 지닌 사람이 더 많기 때문이다. 둘째 질문에서도 수줍음이 많고 시를 사랑하는 문학가의 대표성 때문에 그 여성이 문학을 전공했으리라고 생각하기 쉽지만, 사실 경영학 전공자 수가 훨씬 많기 때문에 경영학을 선택해야 한다.

가용성 휴리스틱(availability heuristics)은 기억에 떠오르는 사건이나 경험을 고려하여 판단하는 방법이다. 다음 질문을 통해 가용성 휴리스틱을 통한 판단결과를 살펴보자.

질문: 영어 단어에서 r로 시작하는 단어와 단어의 세 번째 자리에 r이 들어가는 단어 중에서 어느 것이 많을까?

대부분 r로 시작하는 단어는 쉽게 떠올릴 수 있을 것이다. 그러나 실제로는 세 번째 자리에 r이 들어가는 단어가 훨씬 많은데도 이런 단어들은 금방 생각해내기 어렵다.[4]

제1편
제2편
제3편
제4편
제5편

제4절 정석 교양경제 경제학이란 무엇일까?

사람들은 멋진 집, 맛있는 음식, 값비싸고 예쁜 옷을 좋아한다. 그러나 우리의 물질적 욕구를 충족시킬 수단인 소득이나 자원이 한정되어 있으므로 무한한 물질적 욕구를 모두 충족시킬 수는 없다. 경제학은 바로 이러한 희소성의 현실에서 시작된다.

따라서 경제학은 인간의 무한한 물질적 욕구를 충족시키기 위해 희소한 자원을 어떻게 활용할 것인가를 연구하는 학문이다. 이 정의에서 가장 중요한 단어는 희소성이며, 경제학의 모든 길은 희소성으로 통한다. 희소한 자원은 사람마다 다르겠지만 인간의 무한한 물질적 욕구를 충족시킬 수는 없다는 결론은 바뀌지 않는다. 자원이 희소하기 때문에 사람들은 욕구를 충족시킬 때 가장 자원이 적게 드는 방법을 찾는 선택의 문제에 직면한다. 이것을 두고 경제학자는 경제학을 합리적 선택을 연구하는 선택의 학문이라고도 한다.

고전학파 경제학자에 따르면, 경제학이란 인간의 경제행위를 연구대상으로 하는 사회과학의 한 분야로서 경제를 연구하는 학문이다. 예를 들어, 애덤 스미스(A. Smith)의 《국부론(*The Wealth of Nations*)》(1776)을 보면 '경제학이란 개인이나 사회가 희소한 자원을 선택적이고 효율적으로 사용하여 여러 가지 재화와 서비스를 생산 · 교환 · 분배 · 소비하는 과정에서 발생하는 여러 가지 경제현상의 법칙과 질서를 연구 · 분석하며, 이를 바탕으로 인간의 경제적 삶을 향상시키기 위한 여러 가지 방안을 연구하는 학문'이라고 언급되어 있다.

고전학파를 계승한 신고전학파 경제학자는 경제학을 인생과 삶, 우주를 모두 다루는 학문이라고 한다. 예를 들어, 라이오넬 로빈스(Lionel Robbins, 1932)의 《경제학의 본질과 의의에 관한 소론》에 따르면 경제학은 '다른 용도로 사용 가능한 희소성을 지닌 수단과 목적 사이의 관계로서 인간 행동을 연구하는 과학'이다. 이 관점에 의하면 연구대상으로 돈, 직업, 거래, 무역뿐 아니라 결혼, 출산, 범죄, 중독 등 거의 모든 것을 포함하게 된다.

정석 사고

경제학은 인간의 무한한 물질적 욕망을 충족시키기 위해 희소한 자원을 어떻게 활용할 것인가를 연구하는 학문이다. 애덤 스미스의 《국부론(*The Wealth of Nations*)》에 따르면 '경제학이란 개인이나 사회가 희소한 자원을 선택적이고도 효율적으로 사용하여 여러 가지의 재화와 서비스를 생산·교환·분배·소비하는 과정에서 발생하는 여러 가지 경제현상의 법칙과 질서를 연구·분석하며, 이를 바탕으로 인간의 경제적 삶을 향상시키기 위한 여러 가지 방안을 연구하는 학문'이다.

[정석사례연구 1-5] 합리적 선택의 학문: 기회비용과 매몰비용

다음에 제시된 미국 시인 프로스트(R. Frost)의 〈가지 않은 길(*The Road not Taken*)〉은 경제학에서의 선택 문제에 따른 현상을 인생에 빗대어 잘 보여준다.

노랗게 물든 숲 속에 두 갈래 길이 있었습니다.
나는 나그네 몸으로 두 길을 다 가볼 수 없어
아쉬운 마음으로 그곳에 서서
한쪽 길이 덤불 속으로 감돌아간 끝까지
한참을 그렇게 바라보았습니다.
그리고 다른 쪽 길을 택했습니다.
먼젓번 길에 못지않게 아름답고
어쩌면 더 나은 듯도 싶었습니다.
사람들이 밟은 흔적은 비슷했지만
풀이 더 무성하고 사람의 발길을 기다리는 듯해서였습니다.
그날 아침 두 길은 모두
발자국에 더럽혀지지 않은 낙엽에 덮여 있었습니다.
먼젓번 길은 다른 날로 미루리라 생각했습니다.
길은 길로 이어지는 것이기에
다시 돌아오기 어려우리라는 걸 알고 있었지만.
먼먼 훗날 어디에선가
나는 한숨지으며 이야기할 것입니다.
"숲 속에 두 갈래 길이 있어
나는 사람이 덜 다닌 길을 택했습니다.
그리고 그것이 내 인생을 이처럼 바꿔 놓은 것입니다" 라고!

이 시에서 보는 것처럼 동시에 두 길을 모두 선택하지 못하는 것은 자원이 희소하기 때문이다. 그리고 두 갈래 길이 있을 때 경제학은 어떤 선택을 해야 할지 알려준다. 이 시에서처럼 더 나은 듯 보이는 방법을 선택하는 것이 합리적 선택의 기준이 될 수 있다. 하나를 선택하면 다른 것을 포기해야 하는데 이것을 경제학에서는 "공짜점심은 없다"는 말로 표현한다. 다시 말해서 하나를 선택하면 포기한 다른 것이 바로 선택한 길의 기회비용(opportunity cost)이 된다. 그리고 그 기회비용이 가장 작은 선택이 가장 바람직한 선택이 된다.

좀 더 쉽게 기회비용을 설명해 보자. 만약 불고기버거의 만족도가 100, 치킨버거의 만족도가 70, 데리버거의 만족도가 50이라고 하면 당연히 최선의 선택은 불고기버거다. 불고기를 먹음으로써 발생하는 기회비용은 치킨버거를 먹었다면 얻을 수 있었던 70이다. 치킨버거를 먹으면 그 기회비용은 불고기버거를 먹었을 때 얻을 수 있었던 만족도 100이 된다. 즉, 하나를 선택함으로써 포기한 차선의 가치를 말한다. 따라서 대안이 아무리 많아도 하나를 선택한 경우 포기한 대안 중 가장 만족도가 높은 대안의 가치가 기회비용이다.

일단 하나의 길을 선택하고 나면 다시 되돌릴 수 없는데, 이때 처음 선택할 때 들어간 비용을 매몰비용(sunk cost)이라고 한다. 그리고 이 매몰비용은 다시 돌아오지 못하는 선택을 한 것이므로 회수가 불가능하여 선택의 기회비용에서 제외한다. 예를 들어, 음악회에 티켓을 사서 들어갔는데 30분 후에 너무 지루하여 차라리 집에서 드라마나 볼 걸 하고 후회할 수 있다. 이때 경제학에서는 이미 음악회를 선택했기 때문에 그 티켓비용은 매몰비용이라고 본다. 만약 30분 후 새로운 선택을 한다면 티켓비용은 잊고 나머지 음악연주회를 계속 감상하는 가치와 집에서 드라마를 보는 가치를 비교해서 새로운 선택을 해야 함을 가르친다.

결국 경제학은 사람에 대한 학문이다. 보다 나은 선택, 경제성장과 발전은 더 나은 개인의 삶으로 이어진다. 더 폭넓게 선택할 수 있고 덜 힘들고 덜 고생하는 편안한 삶을 추구하는 학문인 것이다. 영국의 산업혁명 직후 많은 사람들이 노동력을 착취당하면서 공장에서 일했다. 그 후 소득이 늘어나자 사람들은 공장에서 일하느니 차라리 자신의 공장 혹은 사무실을 여는 것이 낫다고 생각하여 그러한 선택을 했다. 이처럼 사람들에게 많은 기회가 주어지고 선택의 폭이 넓어지면 그 선택으로 삶의 질을 높일 수 있다. 이렇게 경제학은 보다 나은 삶의 질을 위한 선택에 관한 문제를 다룬다.

제2장
시장경제와
수요 · 공급의 원리

우리가 저녁식사를 할 수 있는 것은

푸줏간 주인이나 양조장 주인,

빵 제조업자들의 자비심 덕분이 아니라

그들의 개인적인 이익추구 때문이다.

- 애덤 스미스 -

사람들은 필요한 상품을 시장을 통해 구입한다. 기업은 생산한 제품을 시장을 통해 판매한다. 다시 말해서 우리는 시장경제에 살고 있는 것이다. 시장경제에서는 수요와 공급에 따라 모든 제품의 가치가 결정된다. 이런 의미에서 경제의 원리를 이해하는 비밀의 열쇠가 수요와 공급이며, 이때 자원의 희소성을 반영하여 가격이 결정된다. 경제학의 아버지 애덤 스미스는 가격을 '보이지 않는 손'이라고 하였다. 왜냐하면 무수히 많은 소비자들의 수요와 무수히 많은 공급자들의 공급의 힘이 서로 작용하여 가격이 결정되고 이 가격에 따라 소비자들과 공급자들은 각자의 선택을 하기 때문이다.

수요는 무수히 많은 소비자들이 주어진 가격에 얼마나 구입하려는지의 의도된 구매량을 나타낸다. 소비자들은 각자 정해진 조건하에서 가장 만족도가 큰 구매선택을 한다. 이렇게 각자의 선택이 모여 하나의 시장수요를 형성하게 된다. 한편 공급은 무수히 많은 공급자들이 주어진 가격에 얼마나 생산하여 시장에 공급하려는지의 의도된 공급량을 나타낸다. 공

제2장 시장경제와 수요 · 공급의 원리

급자들은 각자 정해진 조건하에서 가장 이윤을 크게 하는 공급선택을 한다. 이렇게 각자의 선택이 모여 하나의 시장공급을 형성하게 된다. 이렇게 형성된 수요와 공급이 시장에서 가격을 결정하게 되어, 결국 시장경제의 핵심요소는 시장과 가격이 되는 것이다.

이 장에서는 우선 시장이 무엇인지 알아보고, 시장에서 수요와 공급이 형성되는 원리가 무엇인지 알아본다. 그리고 시장에서 수요와 공급의 원리에 따라 최종적으로 가격이 어떻게 형성되는지 살펴본다. 또한 시간의 흐름에 따라 가격이 왜 오르내리는지 살펴볼 것이다. 기업의 입장에서 가격과 매출액이 어떤 관계를 가지는지 살펴보고, 정부의 가격규제가 시장경제에 어떤 효과를 미치는지 살펴볼 것이다.

이 장에서 배울 것

- 시장이란 무엇일까?
- 가격은 어떻게 결정될까?
- 가격은 왜 오르내릴까?
- 가격을 올리면 매출액은 증가할까?
- 성장산업과 사양산업을 어떻게 구별할까?
- 정부의 가격규제는 왜 필요할까?

제1절 시장이란 무엇일까?

정석 교양경제

흔히 시장이라고 하면 가장 먼저 남대문시장, 동대문시장, 부산 국제시장, 대구 서문시장 등을 떠올린다. 사실 원래 시장은 다수의 소비자와 생산자가 상품을 사고파는 특정한 장소를 의미했다. 그러나 경제가 점차 발전하고 시장이 해외로 개방되면서 경제학자들은 특정한 장소를 넘어 시장(market)을 상품의 수요와 공급이 지속적으로 발생하고 정보를 주고받으며 상품의 거래가 지속적으로 이루어지는 전 과정으로 정의한다.

시장은 자본주의 경제에서 가장 중요한 역할을 하는데, 이 시장에 참여하는 사람들에게 거래에 필요한 정보를 제공함으로써 시장에서 과부족이 없는 상태에 이르도록 하는 자동조절기능이 가장 중요하다. 사람들은 각자 자신의 이기심을 좇아 행동하지만 그 모든 사람들의 행동을 계획적으로 통일시키지 않아도 시장에서 발생하는 과부족이 보이지 않는 손, 즉 가격이 자동적으로 조절되어 해소될 수 있다. 예를 들어 배추의 공급량이 구매하고자 하는 수량보다 많으면, 즉 과잉공급되면 가격이 하락하면서 구매량이 늘어나 과잉공급이 해소된다. 반대로 공급량이 부족한 물량부족이 발생하면 가격이 상승하면서 구매량이 줄어 물량부족이 해소된다. 이러한 과정은 개인들의 행동이 총체적으로 나타난 결과이며, 이를 자동조절과정이라고 한다.

이러한 시장의 가장 중요한 기능을 다음 몇 가지로 요약할 수 있다. 첫째, 시장은 공급과 소비활동에 정확한 신호(signal) 혹은 유인(incentive)을 제공한다. 시장은 공급자들에게 사람들이 무슨 상품을 원하는지 알려줌으로써 그 상품의 생산을 유도하는 역할을 한다. 우리가 주택보다 아파트를 더 선호한다면 아파트의 가격이 상대적으로 더 높게 형성되며, 공급자들은 이윤이 더 큰 아파트 공급에 주력하게 된다.

둘째, 시장은 상품을 생산하는 데 필요한 희소자원이 낭비되지 않도록 하는 동시에 희소자원을 가장 가치 있는 곳에 이용하도록 하여 자율적이면서 효율적인 자원배분을 수행하는 역할을 한다. 예를 들어 가구를 만드는 데 목재가 1개 필요한 경우 2개의 목재를 이용하지 않는다. 왜냐하면 하나의 상품을 만드는 데 희소자원이 낭비되지 않도록 가장 적은 비용을 들여 생산해야 이윤이 가장 크게 되는 동시에 다른 공급자들과의 경쟁에서 이길 수 있기 때문이다.

셋째, 시장은 소비자와 공급자들이 상호 거래하는 데 필요한 가격, 품질 등과 같은 정보를 제공하는 동시에 서로 교환하게 함으로써 **거래비용**을 감소시킨다. 어떤 기업이 주식을 발행할 때 주식시장이 없다면 주식을 처분하기 위해서 직접 주식투자자들을 찾아 다녀야 할 것이다. 그러나 다행히 주식시장이 존재하므로 주식투자자와 주식발행기업이 서로 정보를 교환함으로써 거래에 수반되는 비용이 거의 없어지게 된다. 금융시장도 마찬가지다. 급히 돈이 필요해서 대출할 사람을 찾아 나선다면 아마 엄청난 비용이 소요될 것이다. 그러나 다행히 은행이 존재하므로 은행을 찾아가서 정보를 얻고 대출을 받으면 된다.

넷째, 시장은 공급자들이 자신이 잘 할 수 있는 분야에 **전문화**할 수 있는 기회를 제공한다. 우리가 직접 두부를 만들어 먹으며 살아갈 수 있지만 그러려면 장갑도 필요하다. 이때 만약 시장이 없다면 두부를 필요로 하면서 장갑을 만들어 파는 사람을 찾아야만 한다. 그런데 시장이 존재하면 두부를 팔아 번 돈으로 장갑을 파는 사람에게서 장갑을 살 수 있다. 따라서 시장이 존재하면 자신이 잘 만들 수 있는 상품을 만들어 많은 돈을 벌고 그 돈으로 필요한 다른 상품을 구입하면 되므로 자신의 분야를 전문화할 수 있는 것이다.

이상에서 살펴본 시장의 기능은 자본주의 경제의 원동력이 된다. 애덤 스미스(A. Smith)에 따르면 시장에서는 각자 자신의 이익을 좇아 행동하면 오히려 더 큰 조화(공익, 후생극대화)를 이루어낼 수 있다. 다시 말해서 시장에서 정보를 상호 교환함으로써 거래비용을 낮추고 수요 · 공급의 상호작용에 의해 효율적인 자원배분을 이룰 수 있다는 것이다.

정석 사고

시장(market)은 상품의 수요와 공급이 지속적으로 발생하고 정보를 주고받으며 상품의 거래가 지속적으로 이루어지는 전 과정이다.

[정석사례연구 2-1] 세계주류시장의 변화

세계주류시장의 규모를 보면 중국(29.6%)이 가장 크고, 이어 미국(13%), 브라질(6.3%) 순이다. 한국은 베트남에 이어 세계 16위(2015년 기준)이다. 주류의 종류에는 맥주와 과실주가 전체의 78.3%를 차지하며, 그 외에 증류주(11.4%), 와인(10.3%) 순이다. 한편 한국은 세계시장에 비해 특수증류주가 차지하는 비중이 40.5%로 매우 크고 맥주가 57.1%를 차지하며, 그 외 주종은 2.3%에 불과하다.

최근 한국의 주류 소비행태는 과거와 큰 차이를 보이고 있다. 과거 고급주로 여겼던 위스키의 소비량은 크게 감소하고 맥주와 소주의 소비량이 증가하고 있다. 저도주의 대명사로 맥주를 꼽을 수 있는데, 가정용 맥주 소비가 유흥용 맥주 소비를 앞지르고 특히 최근 부드러운 맛의 수입맥주가 인기를 끌고 있다. 수입맥주와 더불어 중저가 와인 역시 가정용이나 사교용으로 인기이다. 2012년 이후부터는 중저가 와인이 소주를 제치고 국내 주류시장 판매비중 2위를 차지하고 있다. 소비행태가 순하고 부드러운 술로 바뀌면서 소주의 도수도 계속 낮아지는 추세다. 2006년 21도에서 20도로, 2012년 19도로, 현재는 18도 제품이 주를 이룬다. 소비자의 음주문화가 바뀌면서 맥주, 와인, 소주 등의 주류들 간에 전쟁이 소리 없이 진행되고 있다. 여기에도 역시 소주의 음주문화를 바꾸는 시장의 '보이지 않는 손'이 있는 것이다.[1]

제2절 정석 교양경제 가격은 어떻게 결정될까?

상품의 가격은 소비자의 구매욕망을 반영하는 수요(demand)와 공급자의 공급욕망을 반영하는 공급(supply)이 일치하는 수준에서 결정된다. 그런데 시장에서 수요와 공급이 바로 일치할 수는 없으며, 수요와 공급의 두 가지 상반된 힘이 동시에 작용하면서 시행착오의 과정을 거쳐 가격이 결정된다.

1. 수요

최근 많은 소비자들은 홈쇼핑을 통해 상품을 구입한다. 이제 소비자들은 시간과 공간의 제약을 받지 않고 상품정보를 받아 구매를 하는 것이다. 이때 소비자가 구입한 수량을 수요라고 할까? 그렇지 않다. 경제학에서 말하는 '수요'에는 매우 특별한 의미가 담겨져 있다.

수요(demand)는 소비자들이 일정기간 동안 여러 상품가격들에 대해 지불할 경제적 능력을 가지고 그 상품을 얼마만큼 구매하고자 하는 의사가 반영된 욕구를 말한다. 그런데 경제학자는 수요를 수요량과 구분하여, 소비자들이 일정기간 동안 하나의 구체적인 상품가격 수준에서 구입하고자 하는 상품의 특정 수량을 수요량(quantity demanded)이라고 한다. 요약하면 다음과 같다.

정석 사고 상품에 대한 수요량이란 소비자가 구매력을 가지고 일정기간 동안 특정 가격에서 구매하고자 하는 최대수량을 의미한다. 한편 수요란 일정기간 동안 가능한 모든 가격들과 그 가격들에 대응하는 수요량들의 조합을 의미한다.

수요의 법칙

앞에서 수요에는 소비자에게 구매할 의사뿐만 아니라 경제적 능력이 있다는 의미가 포함된다는 점을 강조했다. 그런데 일반적으로 소비자들은 일정기간 동안 상품의 가격이 하락할 때 수요량을 늘리고 가격이 상승할 때 수요량을 줄인다. 경제학에서는 다른 조건이 일정할 때 가격과 수요량의 관계를 수요의 법칙(law of demand)이라고 부른다. 이러한 수요의 법칙은 상식적으로 생각할 수 있지만 그 이유를 면밀히 살펴보면 다음과 같다. 첫째, 상품의 가격이 하락하면 소비자들은 실질소득이 같더라도 상대적으로 값이 싸진 해당 상품에 대한 수요량을 증가시키려고 하는 대체효과(substitution effect)가 발생한다. 둘째, 상품의 가격이 하락하면 소비자들은 실질소득이 증가하므로 이전보다 더 많은 수량을 구입할 수 있는 소득효과(income effect)가 발생한다. 이 두 효과에 의해 수요의 법칙이 성립하게 된다.

수요표와 수요곡선

일정기간 동안 상품의 가격과 수요량 사이에는 1:1의 대응관계가 성립한다. 즉, 각각의 가격에 대하여 상품의 일정한 수요량이 대응된다. 이것을 숫자로 나타낸 것을 상품의 수요표(demand schedule)라고 한다. 이 수요표를 그림으로 옮겨 놓은 것이 수요곡선이다. 다음 사례를 통해 이러한 개념을 정리해 보자.

겨울왕국 소비경제 1

겨울왕국에 살고 있는 엘사와 안나는 캔커피를 좋아하여 겨울 내내 캔커피를 수요한다. 각각의 가격에 대하여 캔커피의 수요량을 대응시킨 캔커피의 수요표(demand schedule)와 두 사람의 수요곡선은 **표 2-1**과 **그림 2-1** 과 같다.

표 2–1 캔커피의 수요표

(단위 : 원, 캔/겨울)

조합	가격	엘사의 수요량	안나의 수요량	시장수요량
A	6,000	0	1	1
B	5,000	2	2	4
C	4,000	4	3	7
D	3,000	6	4	10
E	2,000	8	5	13
F	1,000	10	6	16

표 2-1은 캔커피의 가격이 변할 때 한 달 동안 각각 몇 캔의 커피를 구매해서 마시는지 보여준다. 만약 캔커피가 1,000원이면 엘사는 10개, 안나는 6개를 구매하려고 하므로 시장에서 16개가 소비된다. 가격이 2,000원이면 엘사는 8개, 안나는 5개를 구매해서 시장에서 13개가 소비된다. 이러한 표를 수요표라고 한다. 이와 같이 가격과 수요량의 관계를 좌표평면 상에 곡선의 형태로 나타낸 것을 수요곡선(demand curve)이라 한다.

그림 2-1 **캔커피의 수요곡선**

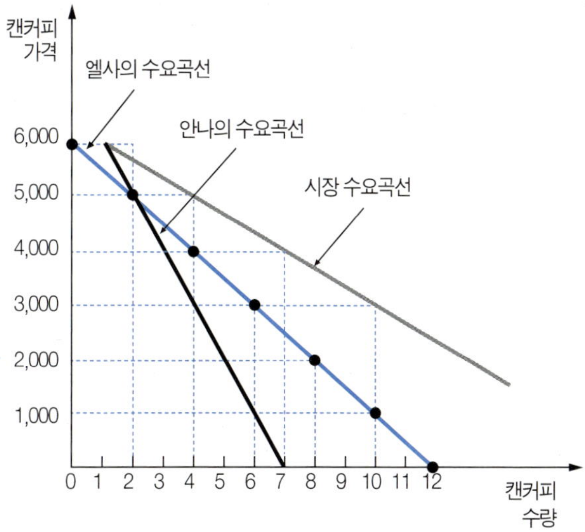

세테리스 패리버스

수요곡선에서 한 가지 주의할 점은 가격이 캔커피의 수요량에 영향을 미치는 유일한 요인이라는 점이다. 다시 말해서 다른 요인들은 변하지 않는다는 가정에서 그린 곡선이다. 경제학자들은 지금 수요량에 영향을 미치는 요인 중 가격 이외의 다른 요인들은 변하지 않는다는 사실을 강조하기 위해 세테리스 패리버스(ceteris paribus)라는 라틴어를 사용한다. 이 말은 '다른 모든 것을 그대로(other things being equal)'라는 뜻이다.

이 가정은 다른 요인들이 수요량에 영향을 주어 가격과 수요량 사이의 인과관계가 불분명해지는 것을 막는다. 수요량에 영향을 미치는 가격 이외의 요인으로는 소비자의 소득, 소비자의 취향, 대체 또는 보완관계에 있는 다른 상품의 가격, 장래 예상가격 등을 들 수 있다. 경제학에서는 수요의 법칙에 따라 해당 상품의 가격변화에 의한 수요량의 변동을 수요량의 변화라고 하며 가격 이외의 요인에 의한 수요량의 변동을 수요의 변화라고 하여 구분한다.

정석 사고

세테리스 패리버스로 인해 묶여 있던 다른 요인들의 변화로 수요곡선 자체가 이동하여, 이전과 동일한 가격수준에서 수요량이 변화하였을 경우 이러한 변화를 '수요의 변화'라고 한다. 가격의 변화에 의해 수요량이 변화하는 것, 즉 동일한 수요곡선 상에서의 운동은 '수요량의 변화'라고 한다.

2. 공급

공급(supply)은 공급자들이 일정기간 동안 모든 가격수준에 대해 그 상품을 얼마만큼 공급하고자 하는 욕구를 말한다. 공급과 구분하여 공급자들이 일정기간 동안 특정 가격수준에서 공급하고자 하는 상품의 구체적인 수량을 공급량(quantity supplied)이라고 한다. 두 개념을 정리하면 다음과 같다.

정석 사고

상품에 대한 공급량이란 생산자가 생산능력을 가지고 일정 기간에 주어진 특정가격에서 판매하고자 하는 최대수량을 의미한다. 한편 공급이란 일정 기간에 모든 가격들과 각 가격에서 생산자의 판매가능한 최대수량들의 조합을 의미한다.

공급의 법칙

일반적으로 공급자들은 일정기간 동안 상품의 가격이 하락할 때 공급량을 줄이고 가격이 상승할 때 공급량을 늘린다. 경제학에서는 다른 조건이 일정할 때 가격과 공급량의 관계를 공급의 법칙(law of supply)이라고 부른다. 공급의 법칙은 다음과 같이 설명될 수 있다. 해당 상품가격이 상승할 때 공급자의 이윤이 커지게 되어 공급량을 늘리게 되는데 단위당 이윤이 상품가격에서 단위당 생산비용을 뺀 것이기 때문이다. 또한 높아진 이윤에 유인되어 새로운 공급자가 생산에 참여하여 공급량을 늘리게 된다. 반대로 해당 상품 가격이 하락하면 기존공급자가 공급량을 줄이고 새로운 공급자가 진입하지 않을 뿐만 아니라 기존 공급자의 일부가 생산을 포기하게 되어 공급량이 줄게 된다.

공급표와 공급곡선

일정기간 동안의 상품의 가격과 공급량 사이에는 1:1의 대응관계가 성립한다. 즉, 각각의 가격에 대하여 상품의 일정한 공급량이 대응된다. 이것을 숫자로 나타낸 것을 상품의 공급표(supply schedule)라고 한다. 이 공급표를 그림으로 옮겨 놓은 것이 공급곡선이다. 다음 사례를 통해 이러한 개념을 정리해 보자.

겨울왕국 생산경제 1

겨울왕국에 살고 있는 한스와 크리스토퍼는 겨울 동안 캔커피를 공급하는 사람들이다. 각각의 가격에 대하여 그들의 캔커피의 공급량을 대응시킨 캔커피의 공급표(demand schedule)는 다음 **표 2-2**와 같다. 이 표로부터 두 사람의 공급곡선이 **그림 2-2**에 그려져 있다.

표 2-2는 캔커피의 가격이 변할 때 한 달 동안 각각 몇 캔의 커피를 공급하는지 보여준다. 만약 캔커피가 1,000원이면 아무도 공급하려고 하지 않는다. 그런데 가격이 2,000원이면 한스만 1개 공급한다. 가격이 3,000원이면 한스는 2개, 크리스토퍼는 2개 공급하여 시장에서 4개가 공급된다. 이러한 표를 공급표라고 한다. 이와 같이 가격과 공급량의 관계를 좌표평면 상에 곡선의 형태로 나타낸 것을 공급곡선(supply curve)이라 한다.

표 2–2 캔커피의 공급표

(단위: 원, 캔/겨울)

조합	가격	한스의 공급량	크리스토퍼의 공급량	시장공급량
A	6,000	5	8	13
B	5,000	4	6	10
C	4,000	3	4	7
D	3,000	2	2	4
E	2,000	1	0	1
F	1,000	0	0	0

그림 2-2 캔커피의 시장공급곡선

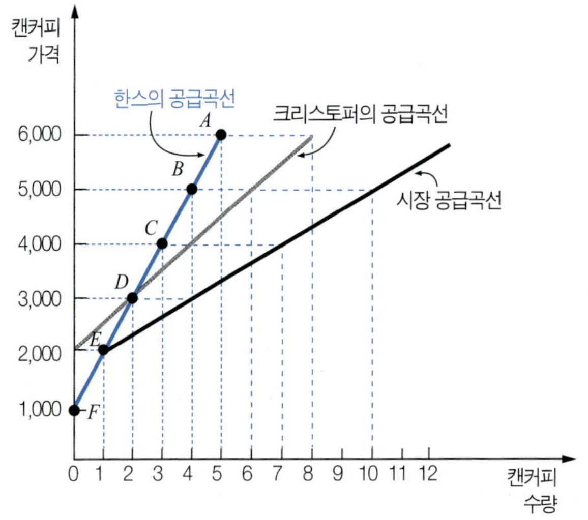

세테리스 패리버스

공급곡선에서 한 가지 주의할 점은 가격이 캔커피의 공급량에 영향을 미치는 유일한 요인이라는 점이다. 다시 말해서 다른 요인들은 변하지 않는다는 **세테리스 패리버스** 가정하에서 그린 곡선이다. 이 가정은 다른 요인들이 공급량에 영향을 주어 가격과 공급량 사이의 인과관계가 불분명해지는 것을 막는다. 그런데 공급량에 영향을 미치는 가격 이외의 요인으로는 생산요소(노동, 자본, 토지 등)의 가격, 생산기술수준, 대체 또는 보완관계에 있는 다른 상품의 가격, 장래 예상가격 등을 들 수 있다. 경제학에서는 공급의 법칙에 따라 해당 상품의 가격변화에 의한 공급량의 변동을 **공급량의 변화**라고 하며 가격 이외의 요인에 의한 공급량의 변동을 **공급의 변화**라고 하여 구분한다. 이를 정리해 보면 다음과 같다.

정석 사고

세테리스 패리버스로 인해 묶여 있던 다른 요인들의 변화로 공급곡선 자체가 이동하여, 이전과 동일한 가격수준에서 공급량이 변화하였을 경우 이러한 변화를 '공급의 변화'라고 한다. 가격의 변화에 의해 공급량이 변화하는 것, 즉 동일한 공급곡선 상에서의 운동은 '공급량의 변화'라고 한다.

3. 시장균형

시장균형가격

시장에서는 수요와 공급이 함께 작동한다. 그 결과 수요량과 공급량이 일치하는 가격수준을 시장균형가격이라고 한다. 이때 균형(equilibrium)이란 일반적으로 서로 상반된 힘이 맞아떨어지는 상태를 의미한다. 즉, 다른 외부충격이 없는 한 그 상태를 계속 유지하려는 경향을 말한다. 이제 겨울왕국 캔커피의 소비경제1과 생산경제1을 합하여 하나의 그림에 나타내어 생각해 보자.

그림 2-3 에서 보는 바와 같이 수요곡선과 공급곡선이 일치하는 상태를 시장균형이라고 하며, 이때의 가격 4,000원을 시장균형가격(market equilibrium price), 이때의 거래량 7개를 시장균형거래량이라고 한다. 이 가격에서는 수요량과 공급량이 같기 때문에 판매자들은 원하는 양을 모두 판매할 수 있고, 소비자들은 원하는 양을 모두 구입할 수 있게 된다. 따라서 소비자와 판매자 모두 현재의 상태를 유지하려고 하므로 더 이상의 가격변화는 없게 된다.

현실경제에서 상품거래에 실제로 지불하는 가격을 실제가격이라고 한다. 실제가격은 균형가격을 중심으로 때로는 높게 때로는 낮게 형성될 수 있으며, 실제가격이 균형가격을 벗어나

그림 2-3 캔커피의 균형가격 결정

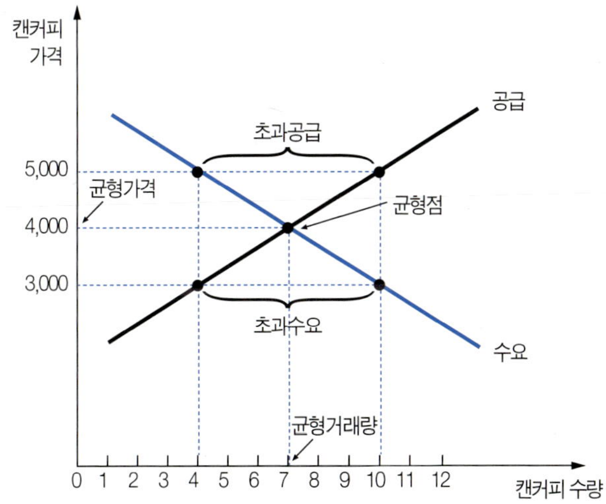

면 시장의 자동조절기능에 의해 다시 균형가격으로 되돌아가도록 지속적인 압력을 받는다. 예를 들어 캔커피의 가격이 비교적 높은 5,000원이라면 공급량이 수요량보다 6단위만큼 더 많다. 판매자들은 팔고 싶어도 이 가격에서 모두 팔 수는 없다. 이것을 초과공급 또는 물량과잉(surplus)이라고 한다. 초과공급이 있을 경우 판매자들끼리 판매경쟁으로 자신의 캔커피를 하나라도 더 팔기 위해 더 낮은 가격을 제시하게 되어 캔커피의 가격은 하락하게 된다.

반대로 캔커피의 가격이 비교적 낮은 수준인 3,000원이라면 캔커피의 수요량이 공급량보다 6단위만큼 더 많게 된다. 캔커피가 부족하여 소비자들은 이 가격에서 캔커피를 사고 싶은 만큼 살 수 없다. 이런 경우 초과수요 또는 물량부족(shortage)이 존재한다고 한다. 초과수요의 경우 소비자들끼리 구매경쟁으로 자신이 서로 먼저 사려고 긴 줄을 서거나 더 높은 가격을 제시하게 되어 캔커피의 가격은 상승하게 된다.

정석 사고

균형이란 일반적으로 서로 상반된 힘이 맞아떨어지는 상태를 의미한다. 이 상태가 되면 다른 외부충격이 없는 한 그 상태를 계속 유지하려는 경향이 나타난다. 시장균형은 수요와 공급이 일치하는 상태를 말하며, 이때의 가격을 시장균형가격, 거래량을 시장균형거래량이라고 한다.

[정석사례연구 2-2] 류현진 라면

오뚜기 진라면은 2014년에 류현진을 광고모델로 내세워 '류현진~라면'으로 화제를 불러 모은 바 있다. 진라면 광고는 류현진의 주무기인 체인지업을 진라면 브랜드에 빗대어 소비자의 입맛을 진라면으로 체인지업하라는 내용을 담았다. 당시 업체관계자는 "류현진의 주무기인 동시에 메이저리그에서 생존하기 위해 진화하는 모습에 착안해 체인지업이라는 소재를 사용해서 라면 선택기준을 바꾸라는 의도를 표현했다"면서 앞으로 진라면 체인지업 프로모션을 더 확대할 계획이라고 밝혔다.

이처럼 류현진 마케팅이 봇물처럼 쏟아진 이유는 류현진이 그만큼 성공적인 시즌을 보냈기 때문이며, 이에 비례해서 오프시즌에는 더 많은 광고제의가 들어올 것이다. 특히 류현진은 국내에서 CF로는 덜 알려져 있어 더 희소가치를 높이고 있다.

제3절 정석 교양경제 가격은 왜 오르내릴까?

시장이란 무엇인가에서 살펴보았듯이 가격은 자본주의 시장경제에서 보이지 않는 손의 역할을 한다. 시장경제에 살고 있는 우리는 매우 복잡한 일상생활에 얽혀 있다. 예를 들어 밥 한 끼를 먹으려면 식탁이 필요하고, 쌀이 필요하고, 물이 필요하고, 밥솥이 필요하다. 반찬으로는 양념, 채소 등의 재료도 필요하다. 이 모든 것을 직접 만들고, 재배하고, 손질하기는 쉽지 않다. 이 복잡한 일상생활을 시장과 가격이 질서 있게 해결해 준다.

수요와 공급이 일치하는 상태에서 결정되는 가격은 상품 한 단위를 구입하는 데 필요한 화폐액을 말한다. 시장에서 가격은 개인들에게 희소성에 대한 정보와 절약의 동기를 제공한다. 예를 들어 석유가격이 폭등하면 석유가 희소하다는 정보를 주며, 사람들은 값싼 연탄이나 다

[정석사례연구 2-3] 국립공원 보호

2007년에 국립공원 입장료가 폐지되었다. 그 이후 전국의 국립공원을 방문하는 탐방객이 폭발적으로 증가하였다. 2006년에 연간 2천7백만 명이던 탐방객이 2010년 연간 4천만 명을 돌파하였다. 탐방객이 급증하니 국립공원 탐방로는 그야말로 몸살을 앓고 있다. 수많은 탐방로의 흙이 파이고 파인 곳은 빗물도랑이 되어 그 부분이 다시 파이는 악순환이 반복되어 집중호우 시에는 탐방로가 유실되기까지 한다. 2011년 국립공원관리공단 조사에 따르면 국립공원 탐방로 총 1,685km 중에서 약 22% 정도가 훼손되어 있고, 이를 복구하려면 1천380억 원이 필요한 것으로 조사되었다.

국립공원과 같은 자연을 보호하는 제일 좋은 방법은 사람의 출입을 금지하는 것이다. 그러면 우리세대는 자연이 주는 심미적 및 물리적 혜택을 전혀 누리지 못하다가 이를 고스란히 미래세대에게 물려주게만 된다. 이런 의미에서 국립공원을 온전히 이용하다가 이를 그대로 미래세대에게 물려주자는 '지속가능한 발전'의 목표는 분명히 우리가 추구해야 할 미래지향적 가치이다. 이러한 목표를 달성하기 위해서 탐방로별로 탐방객 수를 선별적으로 제한하거나 입장예약제를 실시하고, 입장료를 다시 부활시켜 자연보호에 필요한 만큼의 입장료를 징수하는 방법 등이 가장 효과적인 대책이 아닐까 한다.[2)]

른 연료로 대체하여 석유를 절약할 동기를 부여한다. 또한 가격은 자율적으로 자원이 효율적으로 배분되도록 한다. 예를 들어 강남구 아파트가격이 비싸면 그 가격 이상의 가치를 가진 사람들만 구입하려고 할 것이며, 그만한 가치를 못 느끼는 사람은 다른 지역의 아파트를 구입하게 된다. 이처럼 가격은 누가 어디로 이주하고 떠날 것인지를 구체적으로 지시하지 않고서도 자동적으로 효율적 배분문제를 해결해 준다.

이와 같이 시장에서 매우 중요한 역할을 하는 상품가격은 일시적으로 균형가격을 벗어나더라도 시장의 자동조절기능에 의해 다시 균형가격으로 회귀하려는 힘이 작용한다. 그렇다면 시간이 흘러도 균형상태는 계속 유지될 수 있을까?

어떤 상품에 대한 수요와 공급이 해당 상품의 가격에만 영향을 받는다면 원래의 균형상태는 계속 지속될 수 있다. 그러나 시간이 지나면 해당 상품의 가격 이외의 요인들에 의한 충격(shock)이 발생하기 때문에 원래의 균형상태는 계속 지속될 수 없다. 예를 들어 돼지고기시장을 생각해 볼 때 돼지고기가격 이외에 쇠고기가격이 하락하면 돼지고기의 수요와 공급 자체가 변화하므로 돼지고기의 균형가격은 원래대로 유지될 수 없다. 이러한 현상에 따라 가격이 오르내리게 되는데 다음 여러 사례를 통해 살펴보도록 하겠다. 이러한 사례를 통해 가격의 등락을 파악하기 위해서는 다음 세 단계로 나누어 분석하는 것이 매우 유용하다.

3단계 분석방법

1단계: 시장의 어떤 외부충격이 수요충격이어서 수요곡선의 이동(수요의 변화)을, 혹은 공급충격이어서 공급곡선의 이동(공급의 변화)을 가져오는지 판단한다.

2단계: 수요·공급곡선이 어느 방향(왼쪽, 오른쪽)으로 이동하는지 판단한다.

3단계: 최초의 균형과 새로운 균형을 비교하여 균형에 미치는 효과와 결과를 판단한다.

1. 대체재 가격의 변화

삼겹살시장에서 삼겹살가격은 일정한데 삼겹살의 연관 상품인 쇠고기가격이 상승했다고 하자. 소비자들은 이전보다 상대적으로 비싸진 쇠고기의 소비량을 줄이고 상대적으로 싸진 삼겹살의 소비량을 늘인다. 다시 말해서 쇠고기가격의 상승은 삼겹살의 소비를 증가시키게 된다. 삼겹살의 소비증가로 공급된 삼겹살이 부족해지므로 공급자들은 재고부족을 막기 위해 가격을 상승시키게 될 것이다. 결과적으로 삼겹살의 가격이 상승하고 수요량도 증가하게 되는 것이다. 이를 3단계 분석방법을 이용하여 꼼꼼히 설명해 보자.

1단계: 쇠고기가격상승은 수요충격으로서 삼겹살의 수요를 변화시킨다.

2단계: 쇠고기가격상승은 삼겹살 수요를 증가시키는 경향이 있으므로 삼겹살수요증가로 삼겹살공급이 부족해지는 초과수요상태가 된다.

3단계: 삼겹살의 초과수요는 삼겹살의 가격상승과 거래량증가를 초래한다.

이러한 내용은 그림을 이용하여 보다 쉽게 설명할 수 있다. **그림 2-4**에서처럼 쇠고기가격상승은 삼겹살수요를 증가시켜 수요곡선을 오른쪽으로 이동시킨다. 이에 따라 원래의 균형가격 4,000원에서는 초과수요가 발생하게 되고 삼겹살가격은 상승하게 된다. 이러한 가격의 상승은 초과수요가 존재하는 한 계속되며, 궁극적으로 새로운 수요곡선과 공급곡선이 만나는 점, 즉 수요량과 공급량이 일치하는 점에서 새로운 균형이 이루어지게 된다. 이에 따라 균형가격

그림 2-4 **대체재 가격변화가 균형에 미치는 영향**

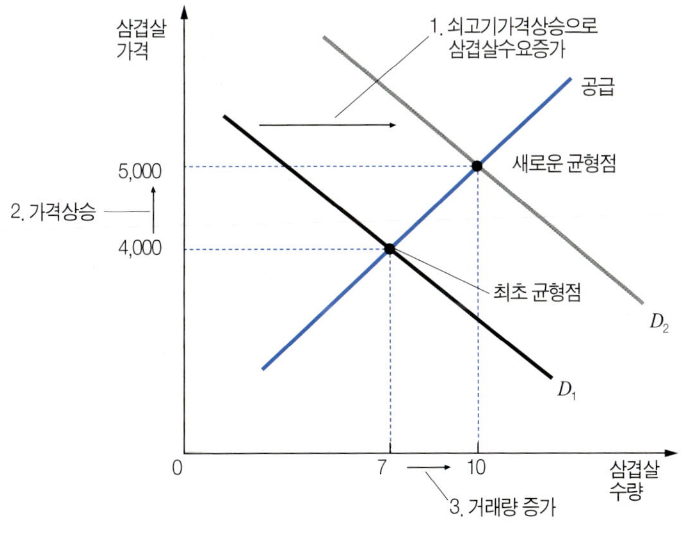

[정석사례연구 2-4] 갈치와 통조림

2015년 여름 이마트가 국내 최초로 갈치통조림을 개발해서 판매를 개시했다. 이마트는 자체 브랜드 가공식품 '이마트 갈치조림 통조림' 90g을 2,980원에 판매했다. 갈치는 이마트 수산물 중 꾸준히 매출 1위에 오른 대표적 국민생선이다. 하지만 기본적으로 갈치가격이 비싸 통조림과 같은 가공식품 재료로 사용된 사례는 거의 없다. 이마트는 누구나 간편하고 저렴하게 먹을 수 있는 갈치를 선보이자는 취지로 국산갈치의 절반이하가격인 세네갈산 갈치를 들여와 통조림을 만든 것이다.

갈치를 사러 시장이나 마트에 가보면 갈치가격이 1만 원 이상으로 비싸다. 결국 갈치를 사러 갔다가 갈치통조림을 사거나 꽁치통조림을 선택하게 된다. 경기불황으로 신선식품의 소비는 줄고 냉동식품이나 가공식품의 판매가 늘고 있다. 가뜩이나 얇아진 지갑에 소비자들은 한 푼이라도 아끼기 위해 신선식품보다 냉동식품이나 가공식품으로 눈을 돌리고 있다.

과일도 마찬가지이다. 생과일에 비해 냉동과일은 수확량이 많은 시기에 대폭 비축해 두고 상품화하기 때문에 값이 싸다. 실제로 유통업체의 매출도 이러한 소비패턴의 영향을 받고 있다. 이마트에 따르면 생과일의 매출은 계속 줄고 있지만 과일통조림 매출은 급증했다고 한다.[3)]

은 5,000원으로 상승하게 되며, 균형거래량도 7개에서 10개로 증가하게 된다. 한 가지 주목할 것은 거래량이 증가할 수 있는 두 가지 경로가 작용한다는 점이다. 하나는 쇠고기가격상승으로 삼겹살수요가 증가하는 경로이고, 다른 하나는 가격이 상승함에 따라 삼겹살공급이 증가하는 경로이다.

현실적으로 상호 **대체재**(substitutes)의 성격을 가지는 상품들은 많다. 예를 들어 오리고기와 닭고기, 맥주와 소주, 버스와 지하철 등을 들 수 있다.

2. 보완재 가격의 변화

설탕시장에서 설탕가격은 일정한데 설탕의 연관 상품인 커피가격이 하락했다고 하자. 소비자들은 이전보다 상대적으로 싸진 커피의 소비량을 늘리게 되고 그 결과 커피에 들어가는 설탕에 대한 소비량도 증가하게 된다. 처음 설탕가격에 아무런 변화가 없는데도 커피가격의 하락으로 설탕수요가 증가하는 것이다. 다시 말해서 커피가격의 하락은 설탕의 소비를 증가시키게 된다. 설탕의 소비증가로 공급된 설탕의 재고가 부족하게 되므로 공급자들은 재고부족을 막기 위해 가격을 상승시킬 것이다. 결과적으로 설탕의 가격이 상승하고 수요량도 증가하게 되는 것이다. 이를 3단계 분석방법을 이용하여 꼼꼼히 설명해 보자.

1단계: 커피가격하락은 수요충격으로서 설탕의 수요를 변화시킨다.
2단계: 커피가격하락은 설탕 수요를 증가시키는 경향이 있으므로 설탕수요증가로 설탕공급이 부족하게 되는 초과수요상태가 된다.
3단계: 설탕의 초과수요는 설탕의 가격상승과 거래량증가를 초래한다.

이러한 내용은 그림을 이용하여 보다 쉽게 설명할 수 있다. 그림 2-5에서 보는 것처럼 커피가격하락은 설탕수요를 증가시켜 수요곡선을 오른쪽으로 이동시킨다. 이에 따라 원래의 균형가격 4,000원에서는 초과수요가 발생하게 되고 설탕가격은 상승하게 된다. 이러한 가격의 상승은 초과수요가 존재하는 한 계속되며, 궁극적으로 새로운 수요곡선과 공급곡선이 만나는

그림 2-5 보완재 가격변화가 균형에 미치는 영향

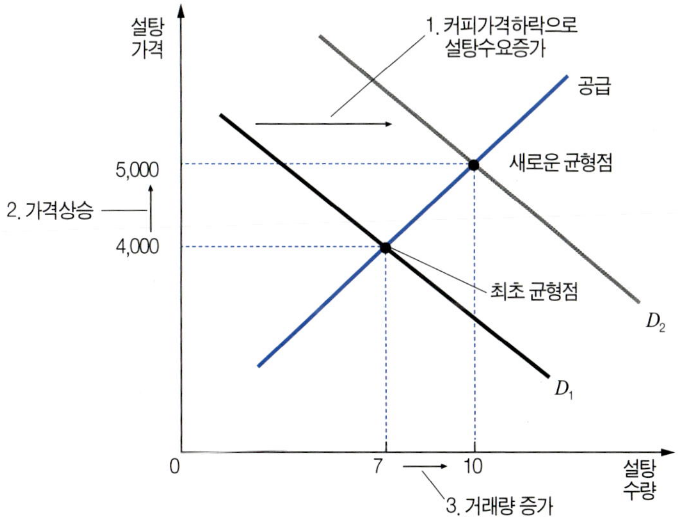

점, 즉 수요량과 공급량이 일치하는 점에서 새로운 균형이 이루어지게 된다. 이에 따라 균형가격은 5,000원으로 상승하게 되며, 균형거래량도 7개에서 10개로 증가하게 된다.

현실적으로 상호 보완재의 성격을 가지는 상품들은 많다. 예를 들어 모니터 없는 컴퓨터, 메모리카드 없는 디지털카메라, 고추장 없는 비빔밥 등에서처럼 모니터와 컴퓨터, 메모리카드와 디지털카메라 등은 보완재(complements)의 성격을 가진 상품들이다.

3. 소득의 변화

수요충격의 하나로서 소비자의 소득이 증가했다고 가정하자. 이 경우 소득증가로 기존에 소비하던 삼겹살, 쇠고기, 커피 등 모든 상품에 대한 소비를 증가시키게 된다. 이 중 하나의 상품만 고려하여 삼겹살 시장에 미치는 영향을 3단계 분석방법으로 알아보자.

1단계: 소비자의 소득증가는 수요충격으로서 삼겹살의 수요를 변화시킨다.

2단계: 소득증가로 인해 모든 상품에 대한 수요를 증가시키는 경향이 있으므로 삼겹살수요 증가로 삼겹살공급이 부족하게 되는 초과수요상태가 된다.

그림 2-6 소득증가가 균형에 미치는 영향

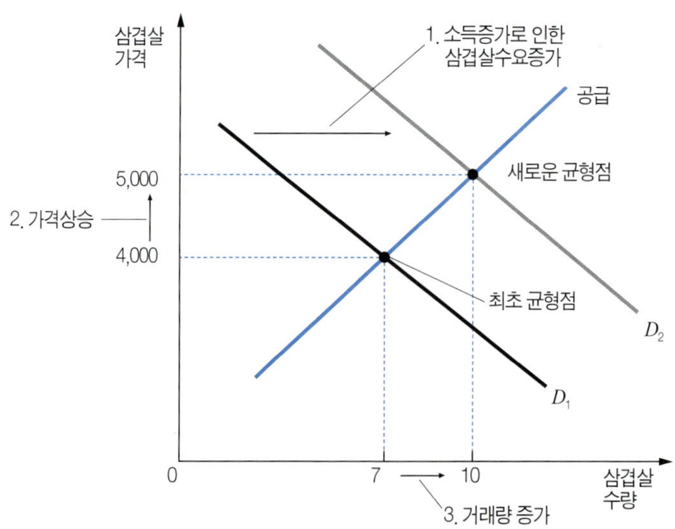

3단계: 삼겹살의 초과수요는 삼겹살의 가격상승과 거래량증가를 초래한다.

이러한 내용은 그림을 이용하여 보다 쉽게 설명될 수 있다. 그림 2-6 에서 보는 것처럼 소득의 증가는 수요를 증가시켜 수요곡선을 D_1에서 D_2로 오른쪽으로 이동시킨다. 이에 따라 원래의 균형가격 4,000원에서는 초과수요가 발생하게 되고 가격은 상승하게 된다. 이러한 가격의 상승은 초과수요가 존재하는 한 계속되며, 궁극적으로 새로운 수요곡선과 공급곡선이 만나는 점, 즉 수요량과 공급량이 일치하는 점에서 새로운 균형이 이루어지게 된다. 이에 따라 균형가격은 5,000원으로 상승하게 되며, 균형거래량도 7개에서 10개로 증가하게 된다.

[정석사례연구 2-5] 부자들이 선호하는 사치품의 소비 급증

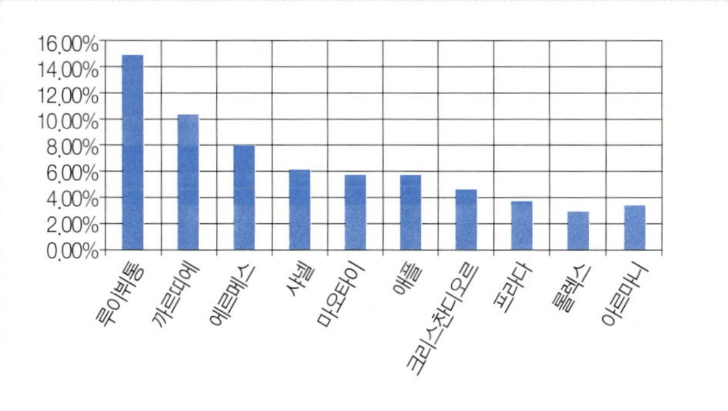

세계 최대 사치품시장으로 떠오르고 있는 중국에서 정작 중국의 토종 명품 브랜드들은 설 자리가 없다. 중국인들이 좋아하는 명품브랜드의 십중팔구는 미국과 유럽에 본사를 둔 외국기업들의 것이다. 세계사치품협회가 발표한 100개의 세계 명품브랜드 리스트에서는 중국기업을 찾기 힘들다. 중국이 일본을 제치고 세계 최대의 사치품 소비시장으로 등극할 가능성이 높다. 2012년 기준 중국의 사치품 소비시장규모는 146억 달러로 추정된다. 중국 인구 가운데 약 16%에 해당하는 2억 명이 명품브랜드제품을 소비하는 소비자로 자리 잡았고 사치품 소비자 수는 연간 25%씩 늘어나고 있다. 중국의 빠른 경제성장은 중상류계층의 소득수준을 크게 향상시키고 그 결과 글로벌 사치품 소비시장규모의 28%를 중국이 담당하게 된다.

그렇다면 중국인들은 어떤 명품브랜드를 선호할까? 중국의 후룬(재계정보기관)이 공개한 중국부자들의 브랜드경향보고에 따르면 10대 명품브랜드는 루이뷔통(14.9%), 까르띠에(10.3%), 에르메스(8%), 샤넬(6.2%), 마오타이(5.9%, 중국전통술), 애플(5.7%), 크리스찬 디오르(4.6%), 프라다(3.9%), 롤렉스(3.6%), 아르마니(3.4%) 순이었다.[4]

4. 공급의 변화

삼겹살의 가격에는 아무런 변화도 없는데 생산요소의 하나인 돼지사료의 가격이 상승했다고 하자. 이처럼 상품의 생산비용을 변화시켜서 기업이 원하는 가격을 변화시키는 시장공급에의 충격을 공급충격(supply shock)이라고 한다. 수요충격에서처럼 공급에 영향을 미치는 요인의 경우도 같은 방법으로 분석이 가능하다.

사료가격의 상승은 돼지 사육비용을 증가시켜 축산농가의 이윤을 감소시키기 때문에 돼지 사육의 마리수가 감소한다. 그 결과 삼겹살의 가격에 아무런 변화가 없음에도 불구하고 삼겹살의 공급은 감소한다. 다시 말해서 사료가격의 상승은 삼겹살의 공급을 감소시키게 된다. 삼겹살의 공급은 삼겹살수요에 비해 감소하여 삼겹살의 재고가 부족하게 되므로 공급자들은 재고부족을 막기 위해 가격을 상승시키게 될 것이다. 결과적으로 삼겹살가격이 상승하고 거래량은 감소하게 되는 것이다. 이를 3단계 분석방법을 이용하여 꼼꼼히 설명해보자.

1단계: 사료가격의 상승은 생산비용에 영향을 주는 공급충격으로 삼겹살의 공급을 변화시킨다.

2단계: 생산비용의 증가로 인해 삼겹살에 대한 공급을 감소시키는 경향이 있으므로 삼겹살 공급감소로 삼겹살공급이 부족하게 되는 초과수요상태가 된다.

3단계: 삼겹살의 초과수요는 삼겹살의 가격상승과 거래량감소를 초래한다.

그림 2-7 공급감소가 균형에 미치는 영향: 생산요소의 가격인상

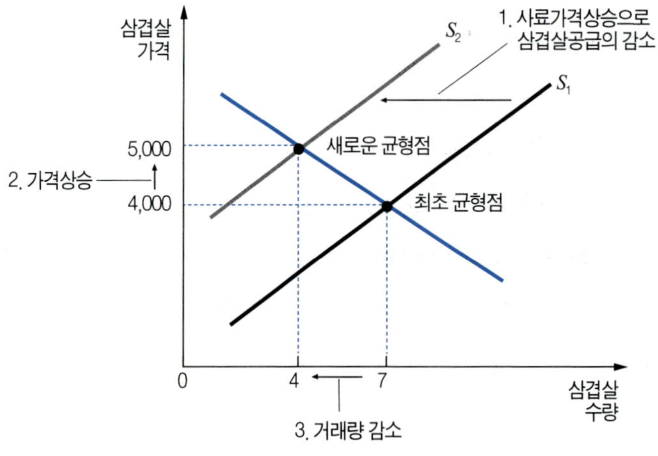

이러한 내용은 그림을 이용하여 보다 쉽게 설명할 수 있다. 그림 2-7에서 보는 바와 같이 사료가격의 인상은 공급곡선을 왼쪽(위쪽)으로 이동시키게 된다. 이에 따라 원래의 균형가격 4,000원에서는 초과수요가 발생하게 되고 가격은 상승하게 된다. 이러한 가격의 상승은 초과수요가 존재하는 한 계속될 것이며, 궁극적으로 수요곡선과 새로운 공급곡선이 만나는 점에서 새로운 균형이 이루어지게 된다. 이에 따라 균형가격은 5,000원으로 높아지는 반면 균형거래량은 7개에서 4개로 감소하게 된다.

[정석사례연구 2-6] 풍년의 역설

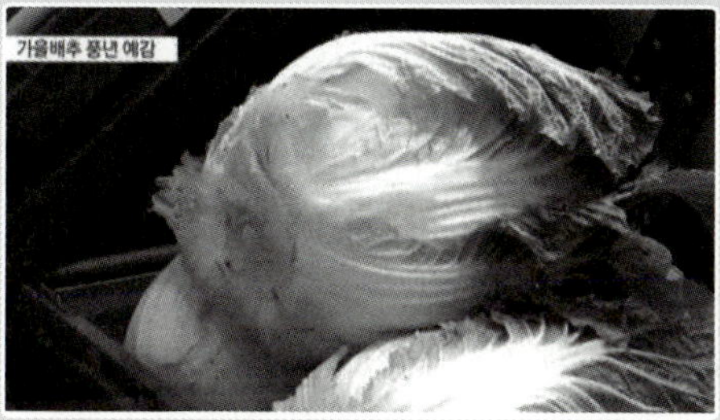

2016년 가을에 내린 많은 비로 김장용 가을배추가 풍작을 기록하였다. 충남 아산시 배방읍 세교리 배추밭을 바라보는 농부의 얼굴에 환한 미소가 돌았다. 곡교천과 천안천을 끼고 넓은 평야가 펼쳐진 이곳은 아산배추로 유명한 최대 배추 생산지다. 여름배추 농사는 최악이었지만 가을은 최상이었다. 7월과 8월에는 유례없는 폭염과 가뭄으로 고랭지 배추가 제대로 자라지 못해 21%나 줄었다. 이 때문에 '배추가 금(gold)추, 배춧값이 미쳤다'는 말이 나왔다.

그러나 가을 들어서는 상황이 확 달라졌다. 20도 안팎의 춥지도 덥지도 않은 선선한 날씨가 계속되었고 비가 제때 내려 배추를 키우기에 아주 좋은 날씨였다. 한 농부는 "가을배추 키우기에 올해만큼 좋은 해도 드물다"면서 배추를 만져보더니 속이 꽉 차서 지금 바로 팔아도 되겠다고 좋아했다.

그렇지만 우리 모두의 입장에서 반가운 소식이 농부들에게도 좋은 소식일까? 배추농사가 풍년이어서 우리 모두가 즐거워한다면 농부들도 즐거워할까? 다음 뉴스를 보자.

앵커: 요즘 김장철을 맞이하여 배춧값이 폭락하고 있습니다. 그런데 농민들은 애써 키운 배추를 폐기 처분하고 있습니다.

기자: 올해 배추 재배면적은 1만 1천 헥타르, 지난해 1만 헥타르보다 10%가량 늘었고, 날씨가 너무 좋아 생산량도 15%가량 늘었습니다. 하지만 출하를 못한 배추들이 밭에 가득합니다.

농민: 팔 수가 없어요. 팔려면 차를 빌려야 하는데 운임이랑 인건비가 배춧값보다 더 들어요. 5톤 트럭을 기준으로 배춧값이 150만 원으로 지난해 300만 원보다 절반 정도로 폭락했어요. 눈물만 납니다.

농식품부는 "본격적인 김장철은 11월 하순부터 시작되는 만큼 조만간 관계기관 점검회의 및 협의를 거쳐 김장채소 수급가격안정대책을 수립해 확정하겠다"고 밝혔다.[5]

5. 수요와 공급의 변화

이제까지 우리는 수요나 공급 중 하나에 충격이 발생할 때 균형가격과 거래량에 미치는 영향을 학습하였다. 그러나 현실경제에서는 수요충격과 공급충격이 동시에 발생하는 경우도 자주 발생한다. 이러한 상황에서는 가격이 어떻게 오르내리는지 살펴보자.

소비자의 자산이 늘어 소득이 소폭 증가하고, 돼지사료가격이 폭등하는 일이 한꺼번에 터졌다고 생각해 보자. 이 경우 삼겹살시장에 미치는 영향을 3단계 분석방법으로 판단해 보자.

1단계: 소비자의 소득증가는 수요충격으로 삼겹살의 수요를, 사료가격의 상승은 생산비용에 영향을 주는 공급충격으로 삼겹살의 공급을 변화시킨다.

2단계: 소비자의 소득증가가 삼겹살수요를 증가시키고, 사료가격의 증가가 삼겹살공급을 감소시키는 경향이 있으므로 삼겹살의 수요증가와 공급감소로 삼겹살공급이 크게 부족하게 되는 초과수요상태가 된다.

3단계: 삼겹살의 초과수요는 삼겹살의 가격상승을 초래한다. 거래량은 공급감소폭이 수요증가폭보다 더 클 경우 감소하게 된다.

그림 2-8 수요증가와 공급감소

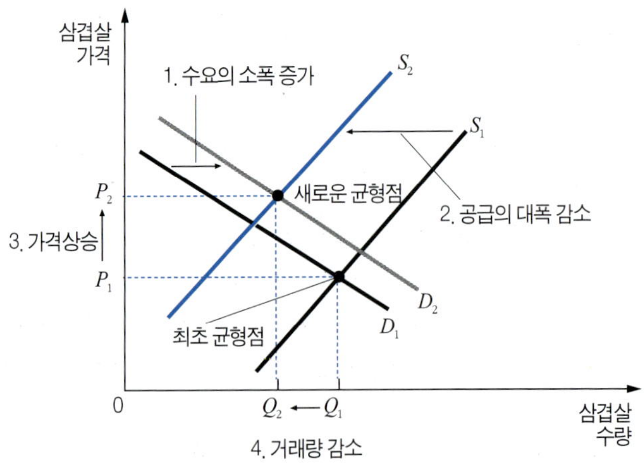

이러한 내용은 그림을 이용하여 보다 쉽게 설명할 수 있다. 그림 2-8에서 보는 바와 같이 사료가격의 대폭 인상은 공급곡선을 크게 왼쪽(위쪽)으로 이동시키게 된다. 이에 따라 원래의 균형가격 4,000원에서는 초과수요가 발생하게 되고 가격은 상승하게 된다. 그런데 소득증가는 수요곡선을 오른쪽으로 이동시켜서 초과수요상태를 더욱 강화시키므로 가격이 상승한다. 이러한 가격의 상승은 초과수요가 존재하는 한 계속될 것이며, 궁극적으로 새로운 수요곡선과 새로운 공급곡선이 만나는 점에서 새로운 균형이 이루어지게 된다.

만약 다른 조건이 일정할 때 돼지사육기술이 획기적으로 개발되어 축산농가의 사육비용이 하락하고 소비자들의 취향이 삼겹살을 더욱 선호하는 쪽으로 바뀐다면 가격은 어떻게 변동하게 될까? 사육비용의 하락은 삼겹살공급을 증가시키고, 소비자의 취향은 삼겹살수요를 증가시키게 된다. 수요와 공급이 모두 증가하는 쪽으로 변동하므로 수요증가폭과 공급증가폭 중 어느 쪽이 큰가에 따라 가격이 내릴 수도 오를 수도 있다. 예를 들어 공급이 대폭 증가한다면 가격은 하락하는 방향으로 변동하게 된다. 독자 스스로 3단계 분석방법과 그림을 그려 확인해 보기 바란다.

[정석사례연구 2-7] 돼지에게 잡힌 쌀

한국농업경제연구원에 따르면 농업 생산액 부동의 1위를 지켰던 쌀이 지난해 2위로 내려앉았다. 2016년 쌀 생산액 잠정치는 6조 4천572억 원으로 돼지 6조 7천702억 원에 이어 2위를 기록했다. 쌀이 농업생산액 1위 자리를 내준 것은 사상 처음이다. 2016년 기준 우리나라의 쌀농가는 80만 가구(쌀 직불금 기준)로 통계청이 신청 조사한 양돈농가 4,574가구보다 175배나 많다. 한국농촌경제연구원은 “지난해 쌀값과 돼지가격이 동반 하락하면서 쌀과 돼지 모두 생산액이 줄었다”며 “다만 쌀값이 워낙 많이 떨어진 탓에 돼지가 예상보다 빠르게 생산액 1위 품목으로 올라섰다”고 설명했다.

축산농가는 돼지가격의 끝 모를 추락에 비해 하늘 높은 줄 모르고 치솟는 사료가격, 구제역 공포에 따른 백신접종비용의 추가부담 등 삼중고를 겪으면서 힘겨운 나날을 보내고 있다. 한 축산농가는 돼지고기 무관세수입, 대기업의 축산업진출 등으로 양돈농가들이 다 죽어가고 있다고 안타까워했다.[6)]

> **정석 사고** 시장에서 가격이 오르내리는 이유를 알아볼 때 3단계 분석방법을 사용하면 유용하다. 1단계는 수요충격인지 공급충격인지 파악한다. 2단계는 수요충격으로 수요가 증가하는지 공급충격으로 공급이 증가하는지 살펴본다. 3단계는 초과수요인지 초과공급인지에 따라 가격의 등락을 살펴본다.

제4절 정석 교양경제 가격을 올리면 매출액은 증가할까?

연말연시나 특별한 공휴일에는 백화점에서 세일을 한다. 오랜 경험에 비추어 보면 세일과 같은 기업의 판매전략이 기업의 매출액을 증가시키고, 이익을 증가시키기 때문이다. 그런데 세일뿐만 아니라 영화관의 관람료에서도 성인과 청소년 관람료를 다르게 하는 방법으로 판매전략을 시행한다. 이외에도 시간대나 장소(해외, 국내)별로도 가격을 달리 매기는 판매전략을 사용한다.

그렇다면 기업은 무슨 기준으로 이러한 판매전략을 실시하고 있는가? 그것은 구매자들의 가격에 대한 민감도가 다르다는 데 착안한 아이디어다. 일반적으로 세일과 같은 가격인하정책은 상대적으로 가격에 민감한 소비자들을, 가격인상정책은 상대적으로 가격에 둔감한 소비자들을 대상으로 실시된다.

경제학에서는 소비자들이 가격에 민감한 정도를 측정하는 분석도구로서 수요의 가격탄력성을 사용한다. 수요의 가격탄력성(price elasticity of demand)은 다음과 같이 정의된다.

> **정석 사고** 어떤 상품에 대한 수요의 가격탄력성은 1%의 가격변화에 대하여 수요량이 몇 %만큼 변화하는가를 측정하는 민감도를 말한다.

다시 말해서 수요의 가격탄력성은 소비자들이 '가격에 얼마나 연연해하는가'를 나타내는 가격민감도를 의미한다. 어떤 상품의 수요량이 1%의 가격변화에 1% 이상으로 민감하게 변하면 그 상품은 탄력적 수요를 가진다고 하며, 1% 이하로 민감하게 변하지 않으면 그 상품은 비

그림 2-9 수요의 가격탄력성(ε)과 수요곡선의 형태

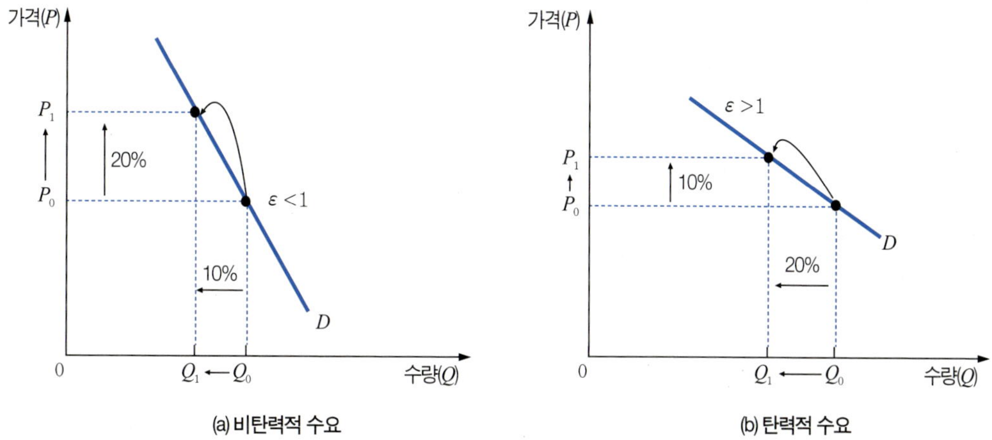

탄력적 수요를 가진다고 한다. 이러한 내용은 그림을 이용하여 보다 쉽게 설명할 수 있다. **그림 2-9**에서 보는 바와 같이 비탄력적 수요와 탄력적 수요에서 가격인상이 수요량에 미치는 영향을 볼 수 있다.

수요의 가격탄력성은 기업 입장에서 대단히 중요하다. 가격을 올릴 때 소비자들이 민감하게 반응해서 수요량을 대폭 줄인다면 기업으로서는 가격을 올리기 어렵다. 반대로 가격을 낮출 때 소비자들이 수요량을 대폭 늘린다면 기업은 가격을 낮추는 전략을 사용하여 매출액을 증가시킬 수 있다. 구체적으로 기업의 판매수입 혹은 매출액은 상품의 가격에 판매량을 곱한 금액으로, 다음과 같은 식이 성립한다.

$$\text{매출액} = \text{가격} \times \text{판매량}$$

이 식에서 수요의 법칙에 따라 가격이 오르면 판매량은 감소하게 된다. 그러므로 가격을 무조건 올리는 것이 유리하지는 않다. 그런데 만약 수요의 가격탄력성이 2라고 하면 기업이 가격을 1% 올렸을 때 판매량이 2% 감소한다는 의미이므로 매출액은 감소하게 된다. 즉 탄력적 수요에 대해서 기업이 가격인상을 하면 매출액은 감소하게 된다. 이를 토대로 유추해보면 반대의 경우 비탄력적 수요에 대해서 기업이 가격인상을 하면 매출액은 증가하게 된다.

정석 사고

수요가 탄력적일 때 기업이 가격인상을 하면 매출액은 감소하게 된다. 반대로 수요가 비탄력적일 때 기업이 가격인상을 하면 매출액은 증가하게 된다.

[정석사례연구 2-8] 담뱃값의 대폭 인상과 금연

최근 OECD는 급격한 고령화가 진행되고 있는 우리나라에 대해 건강한 고령화를 위해 흡연율을 낮추라고 경고했으나 흡연율은 여전히 높은 수준이다. 흡연량을 보면 1인당 담배소비량이 평균 86.6갑으로 다른 나라 평균 48.4갑보다 훨씬 많은 실정이다. 2012년 기준 흡연으로 인한 피해규모는 10조 원으로 추정되고 있으며, 흡연으로 인한 사망자수가 연간 3만 명으로 교통사고 사망자수 5,229명보다 6배나 더 많다.

의사협회에서는 흡연으로 인해 국민들이 병들어가고 있으며, 건강한 노년을 보내지 못하고 있는 상황을 더 이상 방치해서는 안 된다면서 강력한 금연정책이 필요하다고 밝혔다. 가장 강력한 금연정책으로 담뱃값의 대폭적인 인상을 시행한 결과, 2015년 담뱃값이 2,500원에서 4,500원으로 대폭 인상되었다.

2015년 담뱃값이 대폭 오르자 흡연량이 한동안 주춤했지만(1인당 흡연량 64.6갑) 얼마 안 돼 가격인상 이전 수준으로 되돌아가더니(1인당 흡연량 80.8갑) 2016년에는 사회적 대형 이슈로 시국이 어수선해진 탓인지 흡연량이 오히려 더 늘었다. 이렇게 흡연량이 늘면서 지자체들은 2년 전 담뱃값 인상 당시 소비감소로 담배 소비세가 줄어 재정이 악화될 것이라던 우려와는 달리 오히려 재정 수입이 두둑해졌다. 담뱃값이 2,500원에서 4,500원으로 인상되기 직전인 2014년(978억 5천5백만 원)에 비해 무려 33%(323억 5천9백만 원) 증가한 것으로 2015년(1천41억 4백만 원)과 비교해도 25.1%(261억 1천만 원)나 많다.[7)]

제5절 정석 교양경제 성장산업과 사양산업을 어떻게 구별할까?

소비자의 소득이 증가하면 상품의 가격에 변화가 없더라도 상품에 대한 소비를 증가시킨다는 것을 알고 있다. 그러나 기업이 생산하는 상품의 성격에 따라 소득의 증가가 소비량의 변화에 미치는 크기의 정도는 다르게 나타난다. 만약 경제성장으로 소득수준이 증가할 때 소비자들의 소비량이 더 크게 증가하는 상품이 있다면 이 상품을 생산하는 산업(동종기업들의 집합)은 **성장산업**이라고 할 수 있다. 반대로 소득수준이 높아지는데도 소비자들의 소비량이 더 작게 증가하거나 오히려 소비량이 감소하는 상품이 있다면 이 상품을 생산하는 산업은 **사양산업**이라고 할 수 있다.

앞서 설명했듯이 소득이 증가할 때 상품들의 수요량이 항상 증가하는 것은 아니다. 소득이 증가할 때 소비량이 증가하는 상품을 **정상재**라고 하며, 소득이 증가할 때 소비량이 오히려 감소하는 상품을 **열등재**라고 한다. 물론 대부분의 상품은 정상재이므로 소득수준이 상승하면 소비량도 증가한다. 경제학에서는 이처럼 소득변화에 대해 소비량의 변화 정도를 측정하는 분석도구로 수요의 소득탄력성을 이용한다. **수요의 소득탄력성**(income elasticity of demand)은 다음처럼 정의된다.

정석 사고 **수요의 소득탄력성**은 1%의 소득변화에 대하여 수요량이 몇 %만큼 변화하는가를 측정하는 민감도의 개념이다.

대부분의 상품은 정상재이므로 소득수준이 상승하면 수요량도 증가한다. 따라서 수요의 소득탄력성은 플러스(+)의 값을 갖는다. 그러나 돼지고기, 마가린 등과 같은 열등재의 경우는 소득이 증가함에 따라 수요량이 감소하기 때문에 마이너스(−)의 값을 갖게 된다. 따라서 수요의 소득탄력성의 부호에 따라 그 재화가 정상재인가 열등재인가를 판단할 수 있다. 정상재들 사이에서도 소득탄력성의 크기에는 차이가 있다. 쌀, 배추, 무, 양념류, 옷이나 음식물들은 **필수재**이므로 소득이 늘어나도 구매수량을 약간만 늘릴 뿐 늘어난 소득만큼 구매수량을 늘리지는 않는다. 따라서 필수재는 소득탄력성이 1보다 작다. 반면에 금목걸이, 다이아몬드반지, 모피, 철갑상어알과 같은 **사치재**는 소득이 높아지면 구매를 많이 늘리지만 소득이 낮아 구매하기 어려워도 그것 없이 살 수 있으므로 소득탄력성이 1보다 크다.

경제성장으로 소득수준이 높아질 경우 농산품과 같은 필수재는 수요의 소득탄력성이 낮기 때문에 공산품에 비해 소비증가율이 낮다. 이 때문에 시간이 흐름에 따라 농촌이 도시보다 점점 더 살기 어려워지는 것이다. 기업의 경우 자신이 생산할 상품에 대한 수요의 소득탄력성을 계산하고 그 추세가 점차 증가하면 사업의 전망이 밝다고 예측할 수 있다.

정석 사고

경제성장으로 소득이 증가할 때 소비량이 증가하는 상품을 **정상재**라고 하며, 정상재 중 **사치재**의 성격을 가진 제품을 생산하는 산업이 **성장산업**이고, 열등재의 성격을 가진 제품을 생산하는 산업이 **사양산업**이다.

[정석사례연구 2-9] 쌀 소비량 또 감소

2016년 가을 황금빛 들녘에는 쌀농사를 짓는 농민들의 한숨소리가 들린다. 풍년이지만 쌀값 폭락으로 생활고를 걱정하게 된 것이다. 쌀값 하락을 '풍년 탓'으로만 돌리기에는 석연치 않다는 목소리가 나온다. 2016년 농지는 무려 2만 헥타르가 감소했는데, 이는 전체 농지의 2.5%가 사라진 수준이다. 이것은 수확량 기준으로 보자면 10만 톤가량 적게 생산되는 것이다. 수확량 자체로는 지난해보다 크게 늘기는 힘들지만 가격은 폭락세다. 쌀 생산액을 보면, 2015년 7조 6천972억 원에서 2016년 6조 4천572억 원으로 1조 2천4백억 원(16.1%) 줄었는데, 2016년 생산량이 1년 전보다 3% 감소한 데다 수확기 농가 출하가격이 14.7%나 떨어졌기 때문이다. 이러한 추세 때문에 2017년에도 농지는 3만 5천 헥타르가 감소하게 된다.

쌀값은 2013년 7월 정점으로 80㎏에 17만 원이 넘었다. 조금씩 떨어지던 쌀값은 2015년부터 곤두박질치기 시작했다. 쌀소비의 감소와 풍작 탓으로 2015년 139만 톤이던 정부재고는 2016년 210만 톤으로 증가하게 된다. 유엔 식량농업기구(FAO)가 권장하는 적정 재고량(80만 톤)의 3배에 육박하는 물량이다. 쌀이 남아도는 가장 큰 원인은 매년 40만 9,000톤씩 수입하는 의무수입물량 때문이다. 국내 유통 뒤 남는 재고 30만 톤을 더하면 매년 70만 톤가량의 쌀이 남아돈다. 밥상용 쌀을 사료용이나 가공용, 주정용으로 일부 전환했지만 소비량은 많지 않다. 2016년 처음으로 사료용 쌀을 공급했지만 2만 톤을 소비하는 데 그쳤고, 공장 가공용 쌀도 10만 톤 공급목표를 채우지 못했다. 현실적으로 남아도는 쌀을 소비할 마땅한 방안이 보이지 않는다. 농경연은 국민 1인당 쌀 소비량이 2015년 62.9kg에서 2027년에는 47.5kg으로 줄고, 산지 쌀가격도 하락 추세가 이어질 것으로 전망했다.[8]

제6절 정부의 가격규제는 왜 필요할까?

정부는 어떤 이유에서 가격을 통제할 때 가격을 직접적으로 통제하는 방법을 사용하든지, 조세를 통해 가격을 간접적으로 조절하는 방법을 사용한다. 먼저 정부가 가격을 직접적으로 통제할 때 시장에 어떤 영향이 있는지 수요와 공급의 이론을 이용하여 살펴본다. 정부의 가격통제는 크게 최고가격제(price ceiling, 가격상한제)와 최저가격제(price floors, 가격하한제)로 나뉜다.

1. 최고가격제

최고가격제(price ceiling)는 어떤 특수한 목적을 달성하기 위하여 정부가 시장균형가격보다 낮게 최고가격을 설정해 두고 상품거래 시 그 가격 이하는 허용하나, 그 이상의 가격으로 거래하는 것은 법으로 제재를 가하는 제도이다. 일반적으로는 물자부족이 심각한 전시(戰時)에 가격이 급등하는 것을 막기 위한 조치이지만, 평시에도 물가상승의 압력이 강하게 나타나는 경우 특정상품에 적용되기도 한다.

그림 2-10 최고가격제의 경제적 효과

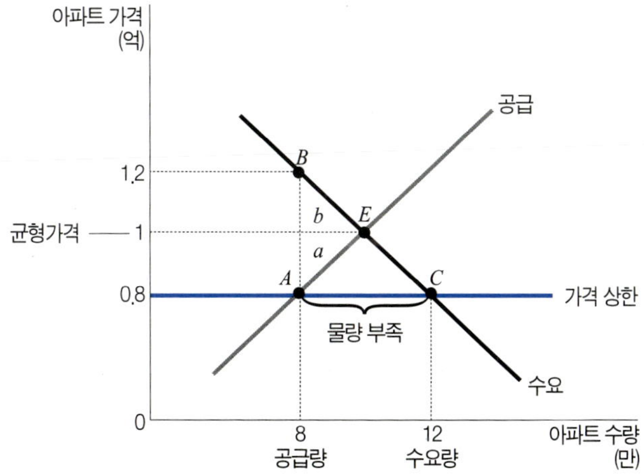

아파트시장의 예를 들어 최고가격제의 효과를 보도록 하자. 아파트시장에는 수요자모임이 있고 그 반대편에는 아파트건설사협회가 있다. 두 단체가 모두 정부에게 가격에 대한 로비를 할지도 모른다. 그런데 정부가 수요자모임의 손을 들어주어 아파트 가격상한을 설정하는 법을 통과시켰다고 하자.

최고가격이 **그림 2-10** 처럼 균형가격보다 낮은 0.8에서 설정된다면 수요량은 12가 되는 반면 공급량은 8이 될 것이므로 4만큼 초과수요가 발생하게 된다. 따라서 수요자들은 원하는 만큼의 아파트를 구매할 수 없게 되며, 최고가격의 존재 때문에 가격기구를 통한 아파트의 합리적 분배는 불가능해진다. 이 경우 가격기구 이외의 다른 분배방법(rationing)을 찾아야 하는데 대체로 다음과 같은 방법들을 제시할 수 있다.

① 고객들에게 선착순에 따라 아파트를 판매하는 방법(선착순방식)
② 부족한 아파트의 배급을 임의로 건설사에 맡기는 방법(추첨방식)
③ 정부가 아파트 청약의 배급표를 발행해서, 가장 필요로 한다고 판단되는 계층에게 이 배급표를 분배해 주는 방법(배급방식)

그러나 이러한 분배방법들은 물량부족(초과수요) 문제를 근본적으로 해결할 수 있는 방법이 아니므로 자원배분의 왜곡 및 여러 가지 문제를 야기하게 된다. 첫 번째 방법은 시간낭비를 초래하고 두 번째 방법은 판매자의 편견이 개입되어 그에 따른 차별은 불공평할 뿐만 아니라 가장 높은 가치를 부여하는 소비자에게 분배된다는 보장도 없어서 비효율적이다. 세 번째 방법도 임의로 진행되므로 두 번째 방법과 유사한 문제가 있다. 이 중 가장 흔하게 제기되는 문제점은 **암시장**(black market)의 발생인데, 암시장이란 법정가격 이상으로 몰래 거래되는 시장을 말한다. 공급량 8수준에서 수요자는 1.2를 지불하려고 하는데 통제된 시장가격은 0.8이기 때문이다. 그리고 가치가 절하되어 아파트가 팔려야 하므로 애당초 좋은 품질의 골조나 내부 자재를 쓴다는 것은 기대하기 어렵다.

수요자들의 부담을 덜어주기 위해 도입한 정책이 모든 수요자에게 골고루 혜택을 주는 것은 아니다. 또한 사회후생 측면에서 보면 그림의 삼각형 $(a+b)$만큼 사회후생의 손실이 발생하게 된다. 이것은 소비자잉여와 생산자잉여가 사라진 부분인데, 그만큼 거래가 이루어지지 않았기 때문이다. 만약 최고가격제를 실시하지 않았다면 a는 생산자잉여, b는 소비자잉여로 남아있었을 것인데, 이 제도로 아예 없어져 버린 이 부분을 경제학자들은 **자중손실**(dead weight loss, 사회후생손실)이라고 한다.

> **정석 사고**
> **최고가격제**(또는 가격상한제)는 물량부족으로 인해 긴 줄을 서야 하는 시간의 낭비와 일부 수요자가 구매를 하지 못하는 비효율성을 초래한다. 또한 불법적인 암시장이 생길 수 있고 가치가 절하되어 좋은 품질을 기대하기도 어려우며, 후생경제학적 측면에서 자중손실을 발생시킨다.

2. 최저가격제

최저가격제는 내려갈 수 있는 최저가격을 정하는 것인데, 가격의 하한을 정한다는 의미에서 **가격하한제**라고도 한다. 구체적으로 **최저가격제**(price floors)는 시장균형가격보다 높게 법정가격(최저가격)을 정하고 법정가격 이상으로 판매되는 것을 허용하되 법정가격 이하로 판매하는 것은 법적으로 금지하는 제도이다. 이는 기업들 간 과다경쟁을 통한 과도한 수출가격의 하락을 방지하기 위하여 체크프라이스(check price)제 형태로 실시되기도 하고, 노동자들의 최저생계비를 보장하기 위하여 최저임금제의 형태로 실시되기도 한다. 최고가격제처럼 최저가격을 어느 수준에 정하느냐에 따라 실효성이 있을 수도 있고, 없을 수도 있다. 쌀시장의 예

그림 2-11 최저가격제의 경제적 효과

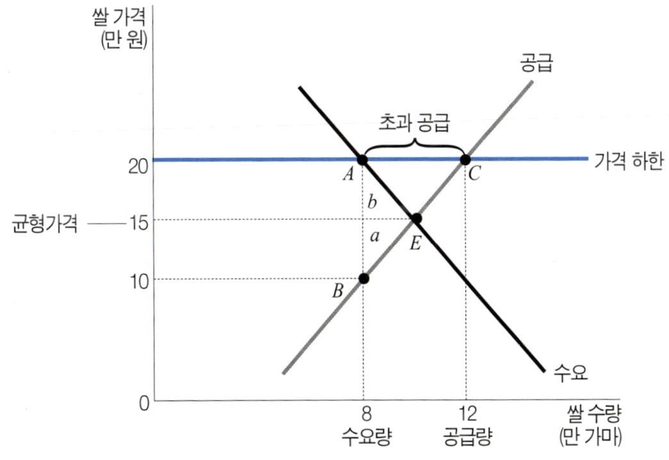

를 가지고 쌀의 최저가격제의 효과를 살펴보자.

그림 2-11 에서 정부가 정하는 최저가격이 균형가격보다 높으면 최저가격제가 효과를 발휘한다. 이때 쌀의 최저가격이 20만 원이라면 공급량은 12만 가마가 되고 수요량은 8만 가마가 되어 4만 가마만큼의 초과공급이 발생하게 된다. 이렇게 되면 일부 공급자는 원하는 만큼 쌀을 팔 수 없다. 따라서 일부 공급자들은 암암리에 비합법적으로 보다 낮은 가격에서 자신의 쌀을 팔려고 하는 유혹을 받지만, 법적으로 제재를 받게 된다.

이러한 초과공급 문제를 해결하려면 결국 정부가 남는 쌀을 사들이는 방법밖에 없다. 이렇게 사들인 쌀을 다시 소비자에게 싼 가격으로 팔아야 하므로 이중가격제가 사용되는 결과를 가져온다. 실제 2005년에 폐지된 우리나라의 추곡수매제도가 바로 이러한 것이었다.

쌀과 같은 일반상품이 아닌 노동시장의 경우에는 문제가 더욱 심각해진다. 정부에서 균형가격(임금)보다 높은 가격을 생계비수준으로 보아 최저임금으로 책정한다면 노동공급량은 이 노동수요량보다 커져서 초과공급, 즉 실업이 발생하게 된다. 따라서 정부에서는 최저임금제를 시행할 경우 초과공급만큼의 실업을 해소할 수 있는 정책을 동시에 시행하여야 한다.

공급자들의 가격을 지지하기 위해 도입한 정책이 모든 공급자들에게 골고루 혜택을 주는 것은 아니다. 일부 공급자가 쌀을 팔 수 없게 되기 때문이다. 또한 사회후생 측면에서 보면 그림의 삼각형 (a+b)만큼 사회후생의 손실이 발생하게 된다. 이것은 소비자잉여와 생산자잉여가 사라진 부분인데, 그만큼 거래가 이루어지지 않았기 때문이다. 만약 최저가격제를 실시하지 않았다면 a는 생산자잉여, b는 소비자잉여로 남아있었을 것인데, 이 제도로 아예 없어져 버린 **자중손실**(dead weight loss, 사회후생손실)이 발생한다.

이상에서 본 바와 같이 최고가격제 또는 최저가격제 등의 가격기구를 왜곡시킬 수 있는 정책을 시행하면 반드시 부작용이 나타나기 마련이다. 따라서 가격의 직접적인 통제는 단기적으로만 실시해야 하며, 장기적으로 시행해서는 안 된다.

정석 사고

최저가격제(또는 가격하한제)는 초과공급으로 일부 공급자가 판매를 하지 못하는 비효율성을 초래하며, 후생경제학적 측면에서 자중손실을 발생시킨다. 최저임금제도 가격하한제의 좋은 예이다. 이 경우에는 초과공급이 실업의 문제로 나타나 문제가 더 심각하다. 일부 근로자의 임금은 올라갈지 몰라도 다른 근로자는 일자리를 잃어버린다. 이처럼 공급자나 근로자를 돕기 위한 정책이 도리어 피해를 주는 경우가 많다.

[정석사례연구 2-10] 최저임금 OECD 평균이하수준

우리나라의 열악한 노동환경을 여실히 보여주는 지표가 2017년 기준 6,470원을 기록하고 있는 최저임금(2018년 7,530원)이다. OECD(경제협력개발기구)가 발표한 한국의 최저임금수준(2015년 구매력평가지수 적용)은 5.8달러로 최저임금 통계를 작성하는 회원국 32개국 중 15위이다. 미국, 일본을 비롯해 유럽 주요 선진국들의 최저임금 평균이 7~10달러인데 비해 낮은 편이다. 2015년 8월에 발표된 OECD의 〈고용전망 2015〉 보고서에 따르면 우리나라는 전체 노동자 중 15%가량이 최저임금 또는 그에 못 미치는 임금을 받고 있는 것으로 밝혔다. 이 지표 역시 조사 대상국 중 최하위를 기록했다. 이는 문화생활은 고사하고 생계조차 위협받는 노동자들이 점점 늘어가고 있다는 것을 의미한다.

최저임금을 올리면 근로빈곤층 임금이 당연히 올라간다. 하지만 수혜 대상은 중산층에 속하는 근로자가 더 많다. 최저임금 이하를 받는 저소득 근로자들의 분포 비중을 조사한 결과, 빈곤가구 구성원은 24.3%인 반면 저소득 가구는 12.8%, 중산층 이상 가구원은 63%나 된다. 결국 최저임금을 인상할 경우 수혜가 중산층 가구 중심으로 돌아가는 것이다.[9]

저소득 가구에 대해서 보면 최저임금 적용 대상이 주로 청소년, 청년, 기혼 여성이라는 점 때문에 근로빈곤 문제를 최저임금 인상만으로 풀려고 하면 효과도 제한적일 뿐 아니라 영세 기업 등에 부담이 돌아가는 등 부작용이 크다. 이 때문에 전문가들은 저소득 가구의 빈곤 문제는 근로장려세제 등 다른 사회보장제도 개선을 통해 풀어나갈 필요가 있다고 말한다. 최저임금은 개인별 소득만 따져 지급하지만, 근로장려금은 가구별 소득이 일정 수준에 미치지 못할 경우 현금을 보조해 주는 제도이기 때문이다.

최저임금이 고용에 미치는 영향에 대해서는 1990년대부터 세계 경제학계에서 치열하게 논쟁 중이다. 1992년 미국 프린스턴대 앨런 크루거 교수가 지역 패스트푸드점에서 일하는 근로자들의 임금과 고용 등을 분석해 '최저임금이 고용에 미치는 부정적 효과가 없다'고 주장하면서 촉발됐다. 하지만 반론도 만만치 않다. 헤리티지재단과 요나 루빈스타인 브라운대 교수 등은 최저임금이 오르면 '미국에서 연간 평균 21만 7천개(2014~2023년)의 일자리가 줄고, 국내총생산(GDP)이 연평균 299억 달러 줄어든다'는 연구결과를 발표했다.[10]

제2편 소비와 생산원리의 이해

우리는 시장경제에 살고 있으며, 시장경제는 수요와 공급의 두 가지 힘이 작용하여 가격과 거래량이 결정된다. 그리고 가격은 무슨 자원이 희소하고 무슨 자원이 풍부한지 알려주며, 꼭 필요한 사람들에게 자율적으로 자원이 배분되도록 하는 역할을 한다. 그런데 시장경제에서 소비자들의 구매하고자 하는 욕구를 나타내는 힘은 수요이다.

이 장에서는 수요의 법칙과 같은 현상이 어떤 소비자의 선택에서 나온 것인지 보다 근본적인 요인들을 알아본다. 경제문제가 발생하는 근본적인 원인은 사람들의 욕구가 무한한데 그것을 충족시키는 자원은 희소하다는 데서 발생한다. 사람들의 물질적 욕구를 충족시키는 자원이 유한하다는 것은 소비자의 입장에서는 소득과 상품가격이 자원이용의 제약요인으로 작용하게 될 것이며, 생산자의 입장에서는 자신이 가진 자본금(비용)과 생산기술, 상품가격이 자원이용의 제약요인으로 작용하는 것을 의미한다. 이 중 소비자의 입장에서 자신을 제약하는 수단을 어떻게 표현하는지 배우고, 그것을 통해 소비자의 합리적인 선택

제3장
소비와 효용

남에게 보이기 위한 소비활동이야말로

가장 정당한 과세의 대상이다.

- 소스타인 베블렌 -

제3장 소비와 효용

이 어떻게 이루어지는지 배운다. 이 선택의 결과로 나온 것이 시장에서 수요의 힘으로 나타난다.

우리는 물질적 욕구를 충족시키기 위해 필요한 상품을 구매하고 그 상품의 소비를 통해 만족감을 얻는다. 경제학에서는 만족감을 효용이라고 표현하며, 많이 구매할수록 효용은 커진다. 그러나 상품을 많이 구매할수록 많이 가진 상태가 되므로 그 상품에 대한 가치평가가 달라지게 된다. 즉, 상품 1단위 추가소비에서 얻는 만족감이 점점 낮아지는 것이다. 이를 경제학에서는 한계효용체감의 법칙이라고 하는데, 이 때문에 수요의 법칙이 성립하게 된다. 이 장에서는 소비자들의 이러한 한계효용이론과 이로 인한 선택의 결과를 비교하면서 소비자의 최적선택과정을 살펴볼 것이다. 이제 우리는 이러한 소비자의 가치이론에 대한 긴 여행을 시작하고자 한다.

이 장에서 배울 것

- 소비하려는 욕구는 왜 계속 감소할까?
- 피자와 케이크 중 어느 것을 사는 것이 좋을까?
- 가격이 쌀수록 왜 소비량이 늘어날까?
- 물보다 다이아몬드가 왜 더 비쌀까?
- 지불용의액과 실제지불액은 서로 일치할까?

제1절 정석 교양경제 소비하려는 욕구는 왜 계속 감소할까?

세상에는 수많은 상품들이 존재하며 이것들이 우리를 유혹하고 있다. 그러나 우리는 돈을 무한정 갖고 있지 않으므로 갖고 싶은 상품을 모두 살 수는 없다. 따라서 가진 돈, 즉 소득범위 내에서 수많은 상품 중 가장 필요하다고 생각하는 상품을 구매하게 된다. 이러한 과정을 이해하려면 우리가 어떤 상품으로부터 얼마만큼의 만족감을 얻는지 알 필요가 있고 경제학에서는 그 만족감의 정도를 효용이라고 한다.

총효용(total utility)이란 소비를 통하여 욕구를 충족시킬 수 있는 재화의 능력을 말한다. 그런데 그 재화의 소비에서 얻는 만족감은 주관적이다. 이러한 주관적 만족감을 총효용이라고 하는 것이다. 목이 마를 때 마시는 생수 한 병은 갈증을 해소해 주고 일정한 만족감을 느끼게 해준다. 이때 얻는 만족감이 생수 한 병의 총효용이다.

그런데 총효용의 크기는 재화의 소비가 증가함에 따라 커진다. 물론 어느 정도를 넘어 소비를 계속 증가시키면 총효용은 오히려 감소할 수 있다. 예를 들어 생수 한 병을 마시고 나니 갈증이 해소되면서 배가 부른데 더 마시면 오히려 만족감을 떨어뜨릴 것이다. 총효용이 최대수준에 도달할 때 이를 만족의 **포화점**(saturation point)이라고 한다. 만족의 포화점에 이르기까지는 소비가 증가함에 따라 총효용의 크기는 증가한다.

앞에서 총효용은 어떤 상품의 소비로부터 얻는 만족감이라고 하였다. 그런데 만족의 포화점까지 상품의 소비량이 늘어날수록 총효용은 증가하지만 소비량 1단위당 총효용 증가분은 감소한다. 예를 들어 햄버거 2개를 먹었을 때 만족감은 총효용이지만 햄버거 1개째의 만족감과 2개째의 만족감은 다를 수 있다. 이처럼 1개째의 만족감을 1개째의 한계효용, 2개째의 만족감을 2개째의 한계효용이라고 한다. 따라서 **한계효용**(marginal utility)은 재화 한 단위에 대한 총효용의 증가분이며, 1개째와 2개째의 한계효용의 합이 2개의 총효용이 된다. 일반적으로 한계효용은 재화를 수요하고자 하는 욕구의 강도에 정비례하고, 재화의 존재량에 반비례한다. 예를 들어 햄버거를 2개째 먹을 때 느끼는 한계효용은 1개째 한계효용보다 작은데, 그 이유는 자신이 가진 햄버거 수량이 늘면서 햄버거를 수요하고자 하는 욕구는 약해지기 때문이다. 이처럼 재화의 소비가 증가함에 따라 한계효용의 크기가 점점 작아지는 현상을 **한계효용체감의 법칙**(law of diminishing marginal utility)이라고 한다.

> **정석 사고**
> 소비자로서 일정기간 동안 한 종류의 상품을 계속적으로 소비할 때 이를 통하여 얻어지는 주관적 만족의 합계를 **총효용**이라고 한다. 재화 한 단위의 소비가 증가할 때 총효용의 증가분을 **한계효용**이라고 한다. '한계'는 추가 1단위 혹은 마지막 한 단위로 해석된다. 재화의 소비가 증가함에 따라 한계효용의 크기가 점점 작아지는 현상을 **한계효용체감의 법칙**이라고 한다.

총효용의 크기는 한계효용의 총합으로 정의된다. 예를 들어 햄버거 2개의 총효용은 햄버거 1개째의 한계효용과 2개째의 한계효용을 모두 더한 것과 같다. 이러한 관계는 햄버거의 소비로부터 얻어지는 가상적인 효용의 크기를 나타내고 있는 그림 3-1을 보면 쉽게 이해할 수 있

그림 3-1 총효용과 한계효용의 관계

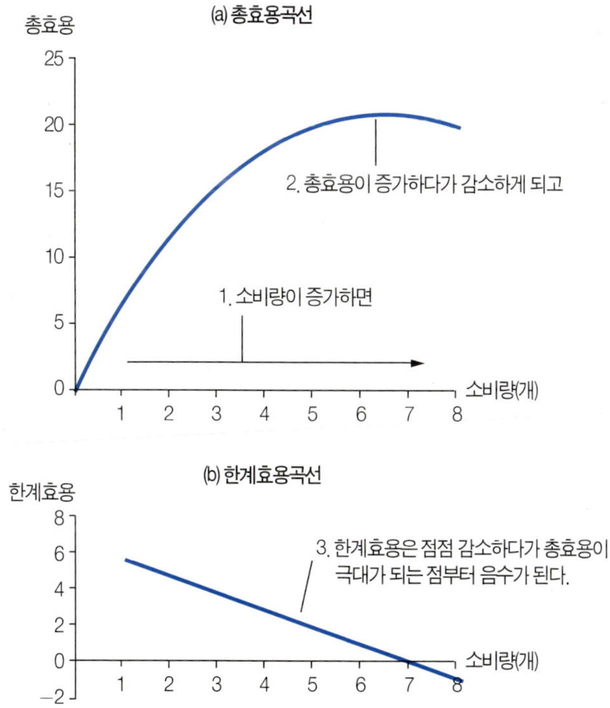

다. 요약해 보면 한계효용체감의 법칙에 소비량이 늘어날수록 총효용은 증가하지만 각 단위 당 총효용의 증가분(한계효용)은 감소한다.

[정석사례연구 3-1] 내 지갑을 지키는 현명한 소비전략

따뜻한 봄날이 되면 사람들은 봄바람에 소비심리가 자극을 받는다. 이른바 지름신 때문에 "물건을 사고 후회한 적은 없으십니까?"라고 시민들에게 인터뷰를 해보면 "물건을 살 때 꼭 필요해서 사는 경우도 있지만 쿠폰 때문에 불필요하게 사는 경우도 많이 있어요", "텔레비전에 많이 나온 거 보고 사기도 하고 그래요" 등의 답변이 쏟아진다.

이런 인터뷰 내용에 수긍하는 우리는 현명한 소비를 하고 있는 걸까? 세계적으로 존경받는 미래학자 마틴 린드스트롬(Martin Lindstrom)은 "누가 내 지갑을 조종하는가"라며 반문한다.

기업은 이런 기회를 잘 활용한다. 베스트셀러를 읽지 않는 사람은 교양이 없고 시대에 뒤떨어진 사람이라고 위협하는가 하면, 유명스타가 광고하는 화장품을 써야 아름다워질 수 있고, 하이브리드카를 타야 환경을 지킬 수 있다고 유혹한다. 소비자들은 무방비한 상태로 쉽게 구매유혹에 빠져들어 기업의 교묘한 마케팅 음모로 "소비할 수밖에 없는 사회"가 되고 있다. 그렇다면 우리는 어떻게 현명한 쇼핑전략을 세울 수 있는가?

전문가들은 소비자들이 지금 당장 사지 않으면 큰 손해를 볼 것 같은 충동구매를 유발하는 마케팅에 현혹되지 말고 꼭 필요한 제품만 골라서 사는 게 가장 현명한 알뜰 쇼핑이라고 조언한다. 전문가의 조언처럼 현명한 쇼핑으로 진정한 삶의 주인공이 될 수 있을지는 우리의 올바른 선택에 달려있다.[1]

[정석사례연구 3-2] 프레이밍 효과

무엇을 바라보는 틀, 시각, 관점을 프레임(frame)이라고 한다. 동일한 내용도 프레임이 다르면 받아들이는 사람의 판단이 달라지기도 하는데 이를 프레이밍 효과(framing effect)라고 한다. 다음 실험을 살펴보자. 정부는 에너지절약 대책을 세우려고 다음과 같은 광고 문구를 준비했다. 어느 문구가 더 효과가 있을까?

(선택1) 절전하면 연간 350억 원을 절약할 수 있습니다!
(선택2) 절전하지 않으면 연간 350억 원 손해를 봅니다!

(선택1)은 긍정적인 표현의 프레임이고, (선택2)는 부정적인 표현의 프레임이다. 일반적으로 사람들은 손해를 더 싫어하기 때문에 에너지를 절약하기 위해서는 (선택2)가 더 효과적이라고 할 수 있다.

기업은 소비자들의 지갑을 열기 위하여 프레이밍 효과를 이용하기도 한다. 예를 들어 백화점 전자매장은 매장 입구에 60인치 TV를 300만 원이라고 걸어놓고 매장 내 50인치를 150만 원, 40인치를 100만 원에 나란히 전시해 놓는다. 처음 40인치와 50인치를 놓고 고민하던 소비자는 매장 입구의 60인치를 보고 그 가격보다 훨씬 싸면서 크기가 가장 비슷한 50인치를 구매하고 만다. 이외에도 상품을 그냥 진열해 놓을 때보다 1인당 몇 개 한정판매한다고 하면 평소보다 더 많이 구매하게 된다.[2)]

제2절 정석 교양경제 피자와 케이크 중 어느 것을 사는 것이 좋을까?

우리는 소비자로서 먼저 효용을 통해 어느 상품이 더 좋은지 결정할 수 있다. 그런데 필요로 하는 많은 상품들을 모두 구매할 수는 없다. 상품의 가격에 맞추어 그 상품들을 구매할 수 있는 돈의 여력이 뒷받침되어야 한다. 이러한 제약하에서 가장 큰 만족을 주는 상품들을 선택하는 것이 최적선택이다. 즉, **소비자 최적선택**이란 소비자들이 주어진 조건(예산과 가격)하에서 만족도가 가장 큰 상품들을 구매하여 더 이상의 변화를 원하지 않는 상태의 선택을 말한다.

그런데 경제학에서 총효용과 한계효용을 구별하는 이유는 무엇일까? 다음 두 가지 질문을 살펴보자.

두 질문

질문1: 가진 돈을 모두 지출해서 피자와 케이크 중 어느 것을 선택할까?
질문2: 가진 돈을 모두 지출해서 피자와 케이크를 얼마만큼씩 선택할까?

질문 1은 가진 돈을 모두 지출해서 피자만 구입했을 때 얻는 총효용과 가진 돈을 모두 지출해서 케이크만 구입했을 때 얻는 총효용을 비교했을 때 어느 것이 더 큰 총효용을 주는가를 묻는 질문이다. 반면에 질문 2는 피자와 케이크를 모두 구입하지만 케이크 소비를 줄이는 대신 피자를 더 소비하는 것과 피자 소비를 줄이는 대신 케이크를 더 소비하는 것 중 어느 것을 선택할까 하는 질문이다.

질문 1에 대한 답은 총효용으로 찾을 수 있다. 피자소비의 총효용과 케이크소비의 총효용을 비교하여 경험적으로 피자소비의 총효용이 더 크면 피자를 구입하면 된다. 질문 2에 대한 답은 한계효용으로 찾을 수 있다. 예를 들어 피자와 케이크의 가격이 같다고 할 때 피자 2판과 케이크 2개를 동시에 구입할 수 있는 돈을 가지고 있다고 하자. 피자 2판을 1판으로 줄이는 대신 케이크를 3개로 늘릴 수 있는데, 피자 1판을 줄일 때 잃는 효용과 케이크 1개를 더 늘릴 때의 얻는 효용을 비교해서 피자의 한계효용보다 케이크의 한계효용이 더 크다면 케이크를 더 구입하는 것이 합리적 선택이 된다.

이러한 논리를 가진 돈을 모두 지출해서 구입하고자 하는 많은 상품의 경우로 확대해 보자. 피자와 케이크, 햄버거, 아이스크림 등이 있을 경우 소비를 늘릴 때 가장 큰 한계효용을 주는 상품을 먼저 구입하며, 구입한 상품의 다음 단위의 한계효용은 감소한다. 이처럼 한계효용이 큰 상품을 먼저 구입하다 보면 결국 모든 상품의 한계효용이 거의 같아지는 수준에서 각 상품의 구입량이 결정된다. 이를 경제학에서는 한계효용균등의 법칙이라고 한다. 좀 더 학문적으로 이 법칙을 정의해 보면 **한계효용균등의 법칙**(law of equal marginal utility)은 소비자가 선택대상이 되는 각 상품 1원어치로부터 얻는 한계효용이 같아지도록 각 상품의 구입량을 결정할 때 총효용이 극대화된다는 법칙이다.

정석 사고

한계효용균등의 법칙이란 소비자가 주어진 소득의 예산제약하에서 모든 상품의 1원어치 한계효용이 동일하도록 상품들의 구매량을 결정해야 총효용이 극대화된다는 법칙이다.

[정석사례연구 3-3] 경험효용과 결정효용

경제학자는 사람들이 합리적이라면 항상 경험에서 얻는 효용이 가장 큰 선택을 한다고 주장한다. 이제 실험을 통해서 사람들의 선택을 보자. 첫 실험으로 사람들에게 처음에 웅장한 교향곡을 50분간 들려주다가 마지막 10분간 바닥을 긁는 소음을 들려주었다. 두 번째 실험으로 사람들에게 처음 50분간 바닥을 긁는 소음을 들려주다가 마지막 10분간 웅장한 교향곡을 들려주었다. 그리고 어느 실험이 더 좋은 느낌이었냐고 물어보았다. 대부분의 사람들이 두 번째 실험을 선택했다. 놀라운 일이 아닌가? 사람이 합리적이라면 첫 실험에서 얻는 50분간 교향곡의 효용합계가 두 번째 실험에서 얻는 10분간 교향곡의 효용합계보다 분명히 크기 때문에 첫 실험이 합리적 선택이다. 이 실험의 결과는 우리에게 중요한 것이 경험 그 자체에서 얻는 효용 혹은 행복의 합계가 아님을 말해준다. 현실에 고개를 돌려, 결혼생활을 수십 년 동안 잘 해오다가 늦게 이혼하는 부부를 생각해 보자. 결혼생활이 계속 나쁘지만은 않았을 것이다. 좋았던 순간이 나빴던 순간보다 수십 배는 될지 모른다. 그럼에도 불구하고 결혼생활은 엉망이 되었다고 생각한다. 이처럼 어떤 경험을 통해 우리가 느끼는 인상은 절정에 달했을 때의 감정과 더불어 마지막에 느끼는 감정의 조합으로 결정된다. 이러한 현상은 절정-종결의 법칙으로 알려져 있다.

제3절 정석 교양경제 가격이 쌀수록 왜 소비량이 늘어날까?

소비자로서 우리는 왜 상품가격이 쌀수록 그 상품의 소비량을 늘리려고 할까? 우선 한계효용체감의 법칙으로 설명할 수 있다. 어떤 상품의 소비량을 늘릴수록 그 상품의 한계효용은 체감한다. 따라서 이전과 동일한 가격을 지불하면서 이 상품을 추가로 구입하려는 욕구는 감소할 수밖에 없다. 상품생산자 입장에서 보면 이 상품의 판매량을 늘리기 위해서는 가격을 낮출 수밖에 없다.

가격이 1,000원인 햄버거를 2개 구입했다고 하자. 이때 햄버거를 1개 더 소비하기 위해 3개를 구입할까? 햄버거를 1개 더 소비하기 위해 1,000원을 지불하려면 1,000원에 해당하는 금액만큼 다른 상품의 소비를 감소시켜야 한다. 그런데 한계효용체감의 법칙에 따라 햄버거의 추가소비로 인해 얻는 한계효용은 다른 상품의 소비를 줄임으로 인해 잃는 한계효용보다 작을 것이므로 총효용이 감소하게 된다. 따라서 햄버거의 가격이 하락하여 햄버거의 소비를 늘리더라도 다른 상품의 소비가 거의 줄지 않아야 한다. 즉 다른 상품의 소비를 포기함으로써 발생하는 효용감소분이 더 크다면 햄버거를 추가 소비해야 할 이유가 없는 것이다.

동네 슈퍼나 백화점에 가보면 사과 한 개에 1,000원이더라도 사과 10개가 든 1박스는 8,000원 정도인 이유가 여기에 있다. 이처럼 대량구입에 따른 할인은 주변에서 흔히 볼 수 있는 현상이다. 생산자의 입장에서 많은 상품을 팔려고 하면 값을 깎아 주어야 하고, 소비자도 필요 이상으로 많은 수량을 구입할 때에는 값을 깎아줄 것을 전제로 한다. 이유는 생산자나 소비자 모두 소비량이 증가할 때 한계효용이 체감한다는 것을 알고 있기 때문이다.

정리해 보면 상품의 소비량이 증가할수록 한계효용이 체감한다는 사실은 상품을 추가로 구매하기 위해 기꺼이 지불할 의사가 있는 금액이 점차 감소한다는 의미와 같다. 이러한 점은 소비자들이 수요의 법칙에 따라 가격이 하락할 때 더 많이 구매한다는 것과 한계효용체감의 법칙에 따라 가격이 낮아야 더 구매한다는 것이 같은 의미라는 점을 알려주고 있다.

정석 사고

수요의 법칙은 한계효용체감의 법칙에 따라 가격이 낮아야 더 구매한다는 것과 같은 의미를 가진다.

[정석사례연구 3-4] 이득의 효용증가와 손실의 효용감소는 동일한가?

뉴욕의 택시기사들은 손님이 많은 날에 일찍 귀가하고, 손님이 적은 날에 늦게 귀가했다고 한다. 합리적으로 생각하면 손님이 많은 날에는 많은 돈을 벌기 위해 늦게까지 일하고 손님이 적은 날에는 돈을 많이 못 벌어 일찍 귀가한다고 예측할 것이다. 그러나 그들의 행동은 정반대였다.

행동경제학자들에 의하면 사람들은 손실을 싫어하는 경향이 있다고 한다. 같은 크기의 이득과 손실이 있을 때, 이득에 대한 만족감의 증가보다 손실에 대한 만족감의 감소가 훨씬 크게 느껴진다는 것이다. 그래서 하루에 평균적으로 버는 소득을 기준으로 손님이 적어 평균수입보다 적을 것으로 예상되는 날에는 오히려 늦게까지 일하여 수입을 늘리고, 손님이 많아 평균수입보다 많을 것으로 예상되는 날에는 오히려 일찍 귀가하게 된다는 것이다.[3)]

제4절 정석 교양경제 물보다 다이아몬드가 왜 더 비쌀까?

우리에게 매우 유용하고 인간생활에 필수불가결한 물은 아주 싼값으로 팔리는 데 반하여, 없어도 살아갈 수 있는 다이아몬드는 비싼 값으로 팔리는 매우 역설적인 현상을 **가치의 역설**(paradox of value)이라고 한다. 고전학파 경제학자 애덤 스미스(A. Smith)는 오랫동안 가치의 역설이라는 문제를 해결하려고 노력하였다. 그는 모든 상품의 가치는 사용가치와 교환가치로 구분되는데 물은 사용가치가 크지만 그 교환가치가 작은 반면에, 다이아몬드는 그 사용가치가 작은데도 불구하고 교환가치가 크기 때문이라고 설명했다. 그러나 가치들이 그렇게 결정된 이유는 명확히 설명하지 못했다. 이때 사용가치는 상품의 사용으로부터 얻는 만족감의 크기를 나타내며 교환가치는 어떤 상품으로 다른 상품을 구매할 수 있는 능력을 말한다. 이처럼 사용가치와 교환가치가 서로 일치하지 않는 모순을 그의 이름을 따서 **스미스의 모순**(Adam Smith's paradox)이라고도 한다.

그러나 1870년대에 등장한 한계효용학파는 총효용 및 한계효용의 개념을 구별하고 재화의 가격을 결정하는 것은 총효용이 아니라 한계효용임을 밝혀 이 모순을 쉽게 해결했다. 스미스가 말하는 사용가치는 총효용에 해당되고 교환가치는 시장에서 거래되는 단위당 가격을 말한다. 그런데 한계효용균등의 법칙에서 가격과 한계효용이 일치할 때 총효용이 극대화되므로 가격은 한계효용에 의해서 결정된다고 생각할 수 있다.

한계효용이론에 의하면 다이아몬드의 가격이 물의 가격보다 비싼 이유는 다이아몬드의 한계효용이 물의 한계효용보다 더 크기 때문이다. 그렇다면 왜 다이아몬드의 한계효용이 물의 한계효용보다 더 클까? 그 이유는 물은 무한대로 존재하지만 다이아몬드는 희소하기 때문이다. 한계효용은 상품의 보유량이 많아질수록 감소하기 때문에 물의 보유량은 많고 다이아몬드의 보유량은 적으므로 물보다 다이아몬드의 한계효용이 크게 된다.

애덤 스미스의 모순을 그림으로 설명해 보자. **그림 3-2**에 표시된 것처럼 물의 효용은 다이아몬드의 효용과 비교할 수 없을 정도로 크다. 그러나 다이아몬드는 존재량이 OQ_d로 아주 적기 때문에 한계효용이 아주 큰 반면, 물은 존재량이 OQ_w로 아주 풍부하기 때문에 한계효용이 훨씬 작다. 가격은 한계효용의 크기에 따라 결정되므로 물의 총효용이 다이아몬드의 총효용보다 훨씬 크다고 할지라도 다이아몬드의 한계효용이 물의 한계효용보다 훨씬 크기 때문에 다이아몬드 가격이 물 가격보다 훨씬 비싼 것은 당연하다는 것이다.

그림 3–2 가치의 역설: 다이아몬드와 물의 한계효용

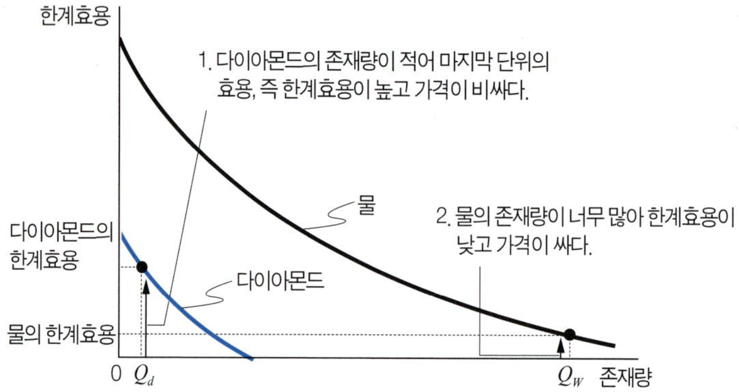

정석 사고

가치의 역설이란 우리에게 매우 유용하고 필수불가결한 물은 아주 싼값으로 팔리는 데 반하여, 없어도 살아갈 수 있는 다이아몬드는 비싼 값으로 팔리는 역설적인 현상의 이유를 설명할 수 없다는 것이다. 가치의 역설은 한계효용으로 설명할 수 있는데, 물은 존재량이 많아 한계효용이 낮고, 다이아몬드는 존재량이 적어 한계효용이 높기 때문에 물보다 다이아몬드의 가격이 더 비싸다.

[정석사례연구 3-5] 리미티드 에디션의 유혹

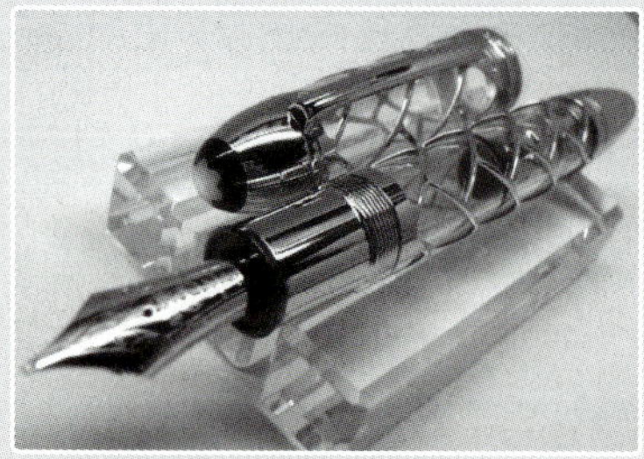

손목 위의 자존심으로 통하는 시계만큼이나 남자들이 열광하는 패션 아이템이 바로 만년필이다. 남자들은 재킷 주머니 속에 꽂혀 있는 만년필을 성공한 비즈니스맨의 상징물로 여기고 이를 통해 그 남자의 패션감각과 사회적 지위를 가늠한다. 올해도 남성들을 대표하는 럭셔리 브랜드인 몽블랑, 듀퐁, 제냐 등이 소장가치를 지닌 리미티드 에디션 만년필로 중년 남성들의 눈길을 사로잡고 있다.

만년필의 대명사로 통하는 럭셔리 브랜드 몽블랑은 1992년부터 매년 위대한 예술후원자들을 기리는 리미티드 에디션을 선보이고 있다. 영국 역사상 가장 영향력 있는 통치자로 인정받는 엘리자베스 1세의 이름을 딴 몽블랑 엘리자베스 1의 가격은 390만 원에 이른다. 이 제품은 전 세계에서 4,810개만 생산하고 국내에 80개가 들어왔다. 프랑스 듀퐁도 투르네르 만년필을 1,800만 원에 내놓았다. 이탈리아 제냐도 1,080만 원에 리미티드 에디션을 판매하고 있다.[4)]

제5절 정석 교양경제 지불용의액과 실제지불액은 서로 일치할까?

우리가 짜장면을 매우 좋아한다고 가정하자. 누군가 짜장면이 얼마나 가치 있는지 묻는다면 당신은 6,000원의 가치는 있다고 말할지 모른다. 그런데 아무리 짜장면 한 그릇에 6,000원의 가치가 있다고 외쳐도 결국은 메뉴판에 적힌 정가대로 5,000원을 지불한다. 이때 당신에게는 1,000원만큼의 소비자잉여가 생겼다고 말한다.

'잉여'라는 말을 들을 때 어떤 것이 떠오르는가? 물건이 남아도는 상태여서 창고에 쌓여가는 모습을 연상할지도 모르겠다. **소비자잉여**(consumer's surplus)는 소비자가 높은 가격을 지불하고라도 얻고 싶은 상품을 그보다 낮은 가격으로 구매한 경우에 얻어지는 순이익(net gain) 또는 잉여만족이다. 마샬(A. Marshall)은 그의 저서 《경제학원리(*Principles of Economics*)》에서 소비자잉여를 '소비자가 그 상품을 얻기 위해 기꺼이 지불할 용의가 있는 가격과 실제로 지불하는 가격과의 차이'라고 정의하였다.

왜 이처럼 지불용의액과 실제지불액에 차이가 생길까? 상품의 소비량을 늘릴 때 한계효용이 체감하면서 단위당 지불용의액도 감소하기 때문이다. 따라서 소비자가 상품 10번째 단위에 대해 기꺼이 지불하고자 하는 금액이 1,000원이라면 9번째 단위에 대해서는 1,000원보다 더 높은 지불용의액을 가진다. 만약 상품가격이 1,000원이라면 10번째 단위를 제외한 나머지 단위에 대한 지불용의액은 1,000원보다 훨씬 높은 것이다. 이 때문에 지불용의액과 실제지불액에 차이가 발생한다.

예를 들어 짜장면을 좋아하는 톰, 제리, 아서, 버스터 네 사람이 있다고 하자. 톰은 짜장면 한 그릇에 10,000원을 지불할 용의가 있고, 제리는 8,000원, 아서는 7,000원, 버스터는 5,000원을 지불할 용의가 있다고 한다. 이를 그림으로 나타내 보면 다음 그림 3-3과 같다. 그림에서 각자가 지불하고자 하는 액수를 높이로 나타낸 후 그것을 연결하면 각 가격에서 소비자들이 최대한 구매하고자 하는 수량을 나타내므로 바로 수요곡선의 의미를 가진다. 예를 들어 짜장면의 가격이 10,000원 이상이면 아무도 사먹지 않기 때문에 수요량이 0, 가격이 8,000원에서 10,000원 사이이면 오직 톰만 짜장면을 사먹기 때문에 수요량이 1, 가격이 7,000원에서 8,000원 사이이면 톰과 제리가 사먹기 때문에 수요량이 2, 가격이 5,000원에서 7,000원 사이이면 톰, 제리, 아서가 사먹기 때문에 수요량이 3, 가격이 5,000원 이하이면 모두 사먹기 때문에 수요량이 4가 된다.

따라서 수요곡선의 높이가 소비자의 **지불용의액**(willingness-to-pay)을 나타내는 것이다. 이러한 사실을 이용하여 소비자잉여를 계산할 수 있다. 만약 짜장면의 가격이 5,000원이라면 모든 소비자들이 사먹을 수 있다. 그러면 각자의 소비자잉여가 어떻게 되는지 살펴보자.

톰의 소비자잉여는 10,000원−5,000원=5,000원이고, 제리의 소비자잉여는 8,000원−5,000원=3,000원이고, 아서의 소비자잉여는 7,000원−5,000원=2,000원이며, 버스터의 소비자잉여는 지불용의액과 짜장면의 시장가격이 같으므로 0이다. 이 네 사람의 소비자잉여를 모두 더하면 짜장면시장의 소비자잉여를 구할 수 있다. 즉, 10,000원이 된다. 이 거래에서 손해를 본

그림 3-3 소비자잉여

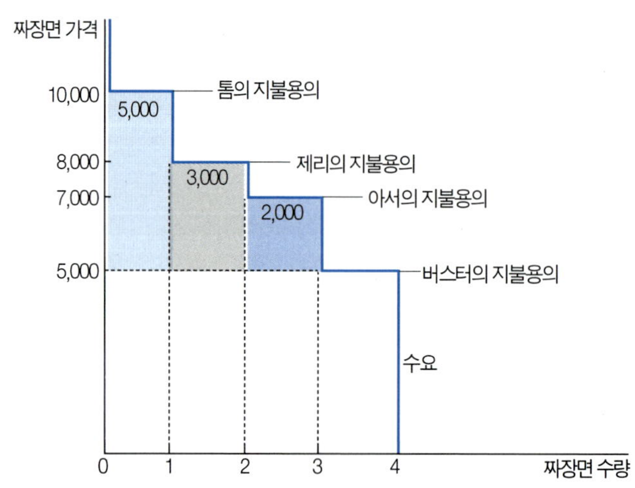

사람은 아무도 없다. 오히려 모두 이익을 보았는데, 누구라도 손해를 본다면 짜장면을 사먹지 않을 것이기 때문이다. 이것이 바로 시장에서 거래를 통한 소비자의 교환의 이익이다. 그림을 통해 소비자잉여를 구하는 방법은 수요곡선의 아래와 시장가격 위 사이의 면적을 보면 쉽게 계산된다.

마지막으로 가장 중요한 질문을 해보자. 이 소비자잉여는 실제로 무엇을 의미하는가? 지불하고자 했던 액수보다 실제 지불한 액수가 작으므로 당연히 예산에 따라 준비해간 돈이 남을 것이고, 그 돈으로 더 많은 다른 상품을 구매할 수 있다는 점에 주목해야 한다. 소비자의 실질 구매력이 증가하므로 생산이 늘고 소득이 증가하게 되어 경제적 후생이 증가하는 것이다. 바로 이러한 이유로 소비자잉여를 **경제적 후생지표**라고 말한다.

정석 사고

소비자잉여는 소비자가 그 상품을 얻기 위해 기꺼이 지불할 용의가 있는 가격과 실제로 지불하는 가격과의 차이이다. 소비자잉여의 증가는 소비자의 실질구매력이 증가하는 것이므로 경제적 후생이 증가하는 것을 의미한다. 따라서 소비자잉여는 **경제적 후생지표**의 하나이다.

[정석사례연구 3-6] 다리의 건설

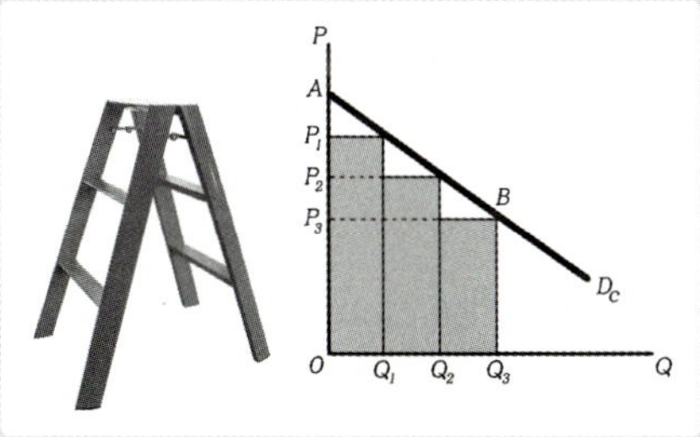

소비자잉여라는 개념이 경제학자가 아닌 공학자에 의해 만들어진 것을 알면 놀랄 것이다. 공학자 뒤피(Dupuit, Jules)는 1800년대 중반 프랑스에 살았던 토목 시술자였는데, 그는 건설 중인 다리의 가치가 사람들이 다리를 이용하기 위해 지불하고자 하는 것보다 훨씬 크다는 것을 보여주려고 하였다. 그래서 그가 생각해낸 개념이 소비자잉여이다. 만약 어떤 사람이 다리를 건너기 위해 통행료를 지불한다면 그 통행료는 그 사람이 받는 혜택에 비해 낮을 것이다. 따라서 뒤피의 소비자잉여는 사람들이 더 많은 다리를 건설하도록 설득하는 데 큰 도움을 주었다. 그는 사다리에 비유해서 어두운 곳에서 벽의 높이를 재려고 했으나 팔이 위쪽 벽에는 닿을 수 없다는 것을 알고 "이 벽의 높이는 족히 2미터는 될 거야"라고 짐작하는 것과 같다고 말했다.[5]

[정석사례연구 3-7] 지불용의액과 수취용의액은 다를까?

인간은 어떤 것을 보유했을 때 그것을 보유하지 않았을 때보다 더 높게 평가하는 경향이 있는데 이를 '소유 효과(endowment effect)'라고 한다. 다음의 실험을 보자.

학생들을 두 그룹으로 나누고, 한 그룹에만 대학의 로고가 새겨진 머그잔을 선물한다. 그리고 두 그룹 사이에 자연스럽게 경매가 이루어지도록 한다. 머그잔을 소유한 그룹이 팔려는 가격과 머그잔을 소유하지 않은 그룹이 사려는 가격은 얼마나 차이가 날까?

실제로 카너먼(Daniel Kahneman)이 코넬대학교 학생들을 대상으로 실험을 한 결과 머그잔의 소유자가 팔려고 한 금액은 평균 5.25달러였는데, 머그잔을 소유하지 않은 학생들이 사려고 제시한 금액은 평균 2.5달러에 그쳤다. 이와 유사한 사례로 대부분의 사람들은 아파트를 구매하러 갈 때 시세대로 또는 그보다 싸게 구입하려고 한다. 그러나 판매자는 그 아파트에 살면서 정이 들고 구석구석 스며들어 있는 추억을 담아 시세보다 더 높은 가격을 받으려고 한다. 판매자는 추억까지 팔려고 하지만 구매자는 오래되어 녹이 쓴 수도와 욕조만 눈에 보인다. 이러한 효과를 비즈니스에 적용한 예가 인터넷이나 홈쇼핑에서 '반품보증'을 약속한다거나, '일주일 무료사용 체험기간'을 실시하는 것 등이다.[6]

제4장 생산과 이윤

창조적 파괴, 즉 혁신은 자본주의뿐만 아니라

모든 경제발전의 원동력이다.

- 조셉 슘페터 -

휴일이면 우리는 영화도 보러 가고, 레스토랑에 가서 근사한 저녁도 먹는다. 집에 돌아오는 길에는 대형할인마트에 들러 먹을 음식과 음식재료를 산다. 할인마트에 발을 내딛는 순간, 우리는 무엇을 살지 즐거운 고민에 빠진다. 이렇게 수많은 상품들을 만드는 기업이 없다면 어떻게 될까?

이처럼 우리가 매일 구매하고 소비하는 많은 상품들은 기업에 의해 생산된다. 기업은 영화든 음식물이든 소비자가 원하는 것을 생산한다. 모든 기업은 여러 가지 기계와 장비를 가지고 종업원을 고용하여 상품을 만든 다음 소비자에게 판매하는 조직이다. 그런데 기업에게 무엇보다 중요한 것은 돈을 버는 것이다. 즉, 기업의 목표는 이윤이다. 이윤은 기업이 상품과 서비스를 판매한 돈에서 그것들을 생산하는 데 들어간 생산비용을 지불한 뒤에 남는 돈을 말한다. 기업의 이윤은 판매량이 많을수록, 생산비용이 적게 들수록 증가한다. 이윤을 남기지 못하는 기업은 경쟁하는 기업들 사이에서 살아남기 어렵다. 기업의 이윤은 시장에서의 여러 가지 위험을 감수하고 소비자의 욕구를 만족시켜 준 보답이라고 할 수 있다.

제4장 생산과 이윤

기업들이 생산한 상품을 공급하려는 욕구는 시장공급으로 나타난다. 가격이 오르면 비용이 일정할 때 생산을 늘려 더 많이 공급하고 가격이 내리면 생산을 줄여 공급을 줄이게 되는데, 이것이 공급의 법칙이다. 이러한 공급의 법칙이 기업의 생산에 관련된 의사결정의 문제를 분석할 수 있도록 해준다. 공급의 법칙 배후에 있는 의사결정을 좀 더 잘 이해할 수 있으려면 기계와 종업원의 수와 생산량 사이의 관계, 기계의 임대와 종업원의 고용 자체가 비용이 드는 일이므로 궁극적으로 생산비용과 생산량의 관계를 통해 기업의 생산결정을 파악할 수 있다. 이 장에서는 기업이 존재하는 의의가 무엇인지, 생산에 투입되는 생산요소가 생산량과 어떤 관계를 가지는지 기술적 생산관계를 살펴보며, 생산기술이 어떻게 기업이 직면하는 비용으로 연결되는지 살펴볼 것이다. 따라서 기업은 비용이 가장 적게 드는 기술 측면의 효율적인 생산방법뿐만 아니라 경제적으로도 효율적인 생산방법을 택하여 이윤을 극대화하는 원리를 학습한다.

이 장에서 배울 것

- 기업은 왜 존재할까?
- 기업에 이윤창출은 왜 중요할까?
- 기업은 어떻게 최대이윤을 실현할 수 있을까?
- 기업은 왜 시장점유율에 사활을 걸까?
- 수취용의액과 실제수취액은 왜 서로 다를까?

제1절 정석 교양경제 기업은 왜 존재할까?

기업은 생산활동을 하는 경제주체다. 이때 생산이란 무슨 의미인가? 넓은 의미의 생산(production)은 사람들에게 상품을 공급하여 소비하도록 함으로써 사람들의 효용을 증가시키는 모든 행위를 말한다. 예를 들어 재화를 자연에서 얻는 행위, 재화를 만드는 행위, 재화를 교환 · 운반 · 저장하는 행위들을 포함하게 된다. 고전학파 경제학자들은 재화를 자연에서 얻는 행위, 재화를 만드는 행위와 같은 형태만이 생산이며, 다른 형태는 생산이 아니라고 생각했다. 그러나 이후의 경제학자들은 재화나 서비스를 최종적으로 소비하는 행위를 제외하고는 인간의 효용을 증대시키는 모든 행위를 생산으로 보고 있다.

생산활동의 핵심주체로서 기업은 생산에 투입되는 여러 가지 생산요소를 결합하여 상품을 생산하고 시장에 판매하는 조직이다. 기업이 생산을 하는 것은 개인이 생산활동을 하는 것보다 더욱 효율적이기 때문이다. 경제학의 아버지라고 부르는 고전학파 애덤 스미스는 다음 '핀 공장'의 우화를 통하여 기업이 분업과 전문화를 통해 얼마나 효율적인 생산을 할 수 있는가를 잘 보여주고 있다.

"핀 제조에 관한 교육을 제대로 받지 못한 개인노동자는 아무리 잘해 봤자 하루에 핀 한 개도 제대로 만들지 못할 것이다. 그러나 오늘날의 핀 공정을 살펴보면, 여러 가지로 세분화된 독자적 작업과정들로 구성되어 있다. 한 사람이 철사를 빼오면, 두 번째 사람이 그것을 편다. 세 번째 사람이 그것을 자르고, 네 번째 사람이 그 끝을 뾰족하게 만들고, 마지막 사람은 머리와 붙기 좋게 다른 쪽 끝을 갈아낸다. 한 명이 만들면 하루에 20개는커녕 1개도 채 만들기 힘든 핀을 열 명이 하루에 4,800개나 만들어 내고 있다."

이러한 핀 공장의 우화를 생각할 때 기업이 생산활동을 하는 유리한 점은 다음 몇 가지로 요약할 수 있으며, 이것이 기업의 존재이유이기도 하다.

첫째, 규모의 경제이다. 핀 공장처럼 오늘날 대부분의 기업은 분업과 전문화를 통해 생산량을 늘릴수록 단위당 비용이 낮아지는 규모의 경제를 이루고 있다. 그러나 개인이 모든 상품을 생산하는 소규모 생산체제에서는 이러한 이점을 활용하기 어렵다.

둘째, 팀에 의한 생산이다. 기업은 분업과 전문화를 통해 **팀에 의한 생산**이 가능하다. 알치안(A. Alchian)과 뎀세츠(H. Demsetz)는 팀에 의한 생산이 갖는 효율성이 기업의 존재의의라고 보았다.

셋째, 거래비용의 절감이다. 개인이 컴퓨터가 필요해서 그것을 직접 만든다면 모든 부품을 따로 구매해야 하므로 엄청난 시간과 노력, 거래조건의 검토와 합의 등에 따라 거래비용이 많이 든다. 그러나 컴퓨터를 만드는 기업이 있다면 생산활동에 따른 **거래비용의 절감**을 꾀할 수 있다. 이것도 기업의 존재의의 중 하나이다. 코즈(R. Coase)는 개인 간 경쟁을 통해 시장경제가 효율적임에도 불구하고 기업조직이 필요한 이유가 바로 여기에 있다고 보았다.

넷째, 유리한 자금조달이다. 기업은 개인과 달리 기계설비와 공장부지 등의 확보에 막대한 금액을 투자해야 할 때 유리한 조건에 쉽게 **자금조달**할 수 있다. 이러한 여러 가지 이유에서 기업의 존재의의를 찾아 볼 수 있다.

정석 사고

기업은 상품을 생산하여 소비자에게 판매하는 것을 목적으로 만들어진 조직이다. 기업이라는 조직이 개인에 비해 생산에 유리한 이유는 규모의 경제, 팀에 의한 생산, 거래비용의 절감, 유리한 자금조달에서 찾을 수 있다.

[정석사례연구 4-1] 상장사의 이유 있는 자사주 매입

우리나라에는 대기업 중심의 코스피와 소기업 중심의 코스닥시장이 있다. 코스피지수가 2,000선을 회복했지만 기업들이 느끼는 주가 온도차는 크다. 특히 사업구조가 탄탄하지만 글로벌 수요의 위축 등으로 주가가 급락하는 기업들의 고민은 클 수밖에 없다. 이때 기업들이 선택할 수 있는 방법에는 세 가지가 있다. 우선 배당을 줄이거나 사내유보를 줄이거나 자사주를 매입하는 것이다. 이 중 많은 기업들은 자사주를 매입하는 방법을 택한다. 이는 주주들에 대한 신뢰를 회복하고 경영에 자신감을 보여준다는 의미를 담고 있다.

금융감독원에 따르면 2017년 말 72개 상장사들이 8조 2,546억 원 규모의 자사주를 사들인다고 공시했다. 삼성전자는 2017년 4차례 대규모 자사주 취득을 결정하여 누적 취득금액이 약 7조 5,000억 원에 달한다. 2016년 삼성전자 자사주 취득 규모는 총 5조 7,000억 원이었다.

기업들이 자사주를 매입하는 데는 이유가 있다. 주식이 쌀 때 주식을 사들였다가 향후 재무구조의 개선이나 투자재원의 마련 등 여러모로 활용하기 위해서다. 적대적 인수의 위협을 받을 때 우호지분을 우호기업에 되팔아 인수를 저지하기도 하고, 필요시 사업자금이 되기도 한다.

이러한 기업의 행태를 전문가들도 긍정적으로 평가하고 있다. 증권관계자는 그 누구보다 회사 내부사정을 잘 알고 있는 회사가 자사주를 매입하는 결정은 밸류에이션 매력이 크다는 가장 확실한 신호라고 말한다.[1]

제2절 기업에 이윤창출은 왜 중요할까?

일반적으로 기업이 생산을 하는 동기와 목표는 이윤극대화라고 가정한다. 이를 **이윤극대화 가설**이라고 한다. **이윤**(profit)은 총수입(total revenue)에서 총비용(total cost)을 뺀 나머지를 뜻한다. 총수입은 상품가격에 판매량을 곱한 값이며, 상품가격이 주어져 있다면 결국 기업은 판매량을 결정해야 한다. 총비용은 기업이 상품을 팔기 위해 어떤 생산요소를 얼마나 사용하여 어떤 생산기술을 가지고 생산해야 하는가에 의존한다.

기업의 목표로서 이윤극대화가설은 보통 합리적이라고 여겨지지만 소유와 경영이 분리된 현대기업의 경영자가 반드시 주주의 이익만을 위해 봉사한다는 보장은 없다. 이에 따라 어떤 경제학자는 이윤극대화가설 대신 매출액극대화, 시장점유율극대화, 장기적인 기업성장, 문화사업의 선도적 역할 등 다른 목표와 동기를 제시하기도 한다. 예를 들어 어떤 전문경영자는 이윤획득보다 기업의 규모를 크게 하는 데 관심이 있을 수도 있다. 이러한 기업의 규모는 경영자의 보수나 위신과 직접 관련되어 있기 때문이다. 기업의 규모는 결국 매출액에 달려있으므로 매출액을 극대화하려고 한다는 것이다.

그럼에도 불구하고 많은 경제학자들은 여전히 기업의 목표가 이윤극대화라고 가정한다. 그 이유는 다른 동기나 목표가 기업의 행위에 아무런 영향을 미치지 못한다는 것이 아니라 적정한 이윤을 얻지 못하는 기업은 장기적으로 보아 시장경제에서 살아남기 어렵기 때문이다.

많은 사람들은 이윤을 일종의 불로소득으로 간주하여 부정적인 시각을 갖고 있는 것이 사실이다. 그렇지만 시장경제에서 이윤은 다음과 같은 중요한 역할을 담당한다.

첫째, 이윤은 자원이 어느 곳에 더 필요하고, 어느 곳에 과도하게 많이 투입되어 있는가를 알려주는 **신호**로 작용한다. 이윤이 많이 발생하는 산업분야는 자원이 이 분야에 더 많이 투입되어야 한다는 의미이며, 이윤이 없거나 손실이 발생하는 분야는 자원이 과도하게 투입되고 있다는 것을 의미한다.

둘째, 이윤은 **기술혁신**의 동기를 제공한다. 소비자들이 원하는 신상품을 개발하거나 생산비를 절감할 수 있는 새로운 생산기술을 도입하는 기업은 그 대가로 큰 이윤을 얻을 수 있다. 따라서 이윤은 기술혁신의 촉매제와 같은 역할을 담당한다.

셋째, 이윤은 **위험부담**을 촉진함으로써 미래산업과 유망산업의 발전에 크게 기여한다. 석유탐사작업은 성공보다는 실패할 확률이 훨씬 높다. 그러나 석유탐사에 성공한다면 이러한 위험부담으로부터 발생하는 이윤은 매우 클 것이다. 따라서 높은 이윤은 위험부담행위를 촉진하여 투자를 촉진한다.

넷째, 이윤은 생산에 있어서 **효율성**을 제고시키는 역할을 한다. 효율적이지 않은 생산방식을 이용하거나 이윤을 극대화하는 생산량을 생산하지 못하는 기업은 손실을 입어 도태하지만, 효율적인 생산방식이나 이윤을 극대화하는 생산량을 생산하는 기업은 이윤을 그 보상으로 받게 된다.

이와 같이 시장경제에서 이윤의 경제적 역할은 매우 중요하므로 과소평가해서는 안 된다. 물론 모든 이윤을 사회적으로 정당화할 수는 없다. 시장경쟁을 제한함으로써 발생하는 독점이윤, 부동산투기와 같은 비생산적 불로소득, 내부정보를 이용한 주식이윤 등은 어떤 이유로도 정당화할 수 없다.

정석 사고

경제학자들이 가장 중요하게 생각하는 기업의 목표는 **이윤극대화 가설**이다. 이윤은 자원배분의 정보를 제공하고, 기술혁신의 동기를 제공하며, 위험부담을 촉진하고, 생산의 효율성을 제고시키는 역할을 한다.

[정석사례연구 4-2] 기업은 이윤극대화를 추구하는가?

경제학자들은 가장 중요한 기업경영의 목표로 이윤극대화를 꼽는다. 또는 이윤추구와 주주의 이익극대화, 즉 주식가격의 극대화를 말한다. 그러나 최근 2010년 11월 국제표준화기구(ISO)는 사회적 책임경영의 국제표준으로 ISO26000을 제정 발표했다. ISO26000은 기업의 사회적 책임(Corporate Social Responsibility: CSR)의 세계적인 표준이다. 2013년 기준 세계적으로 1만 개가 넘는 단체가 ISO26000 지침을 사용한다.

이를 기준으로 각국 정부는 지배구조 개선, 인권 신장, 노동관행 개선, 환경보호와 공정거래, 소비자이슈에의 관심, 지역사회참여와 발전에 동참하도록 요구하게 된다. 다시 말해서 모든 기업들이 '착한기업'이 되라는 사회적 압력이다. 시장으로부터의 압력도 강해지고 있다. 착한기업의 상품만 골라 구매하겠다는 착한소비자는 국제연대까지 모색하고 있다.

지난 2005년 구글이 기업공개를 할 때 이런 편지를 공개하였다. "나는 기업들이 자원의 일부를 투입하여 세계의 여러 문제를 해결하거나 개선하려고, 그리고 궁극적으로 세상을 더 나은 곳으로 만들기 위해 노력해야 할 의무가 있다고 생각한다"라는 내용이었다. 2009년 하버드대학 경영대학 졸업생들의 20%는 "더 넓은 이익을 추구하고 좁은 야심만 채우지 않겠다. 개인적 야망을 위해 기업과 사회를 해롭게 하지 않겠다"라고 서약했다.

착한기업이 시대를 바꾸고 있는 것이다. 청소하는 아주머니를 '여사님', 경비 아저씨를 '선생님'으로 부르며 존중하고 인력파견기업, 협력업체를 갑, 자사를 을로 두고 계약하는 유기농기업 등 착한경영을 하는 착한기업이 지속가능한 기업으로 거듭나고 있다.[2)]

제3절 정석 교양경제 기업은 어떻게 최대이윤을 실현할 수 있을까?

생산성과 생산비용은 모두 기업의 이윤과 관련되어 있다. 그리고 생산성과 생산비용은 생산기술과 깊은 관련을 가지고 있다. 따라서 기업의 이윤추구행위를 살펴보기 위해서는 우선 그 기업이 가지고 있는 생산기술부터 살펴보아야 한다. 생산기술은 어떤 생산요소를 얼마나 고용하여 어떻게 생산할 수 있는가 하는 문제이다.

1. 생산성이 증가하면 생산비용은 감소하는가?

재화를 생산하는 데 투입되는 모든 재화 및 서비스를 **생산요소**라고 한다. 생산요소는 인적자원인 노동과 물적자원인 자본, 자연자원인 토지 등으로 나눌 수 있다. 토지와 노동을 한데 묶어서 **본원적 생산수단**이라 부르고, 자본을 **파생적 생산수단**이라고도 부른다. 자본을 좁게 해석하면 기계와 같이 인간이 만든 생산요소(인조자본)만을 포함하지만 넓게 해석하면 토지를 자연자본으로서 자본에 포함하고, 교육과 훈련을 받은 사람의 인적자본과 지식자본도 자본에 포함할 수 있다. 현대사회에서는 생산요소를 결합하는 능력으로서 경영 또는 기업가정신을 **제4의 생산요소**라고 하여 생산요소에 포함한다.

우리가 생산자로서 와인공장을 운영한다고 가정해 보자. 와인생산을 늘리기 위해서는 와인공장의 규모를 늘리거나 근로자를 더 고용해야 한다. 이처럼 기업이 어떤 생산물(와인)을 산출하기 위하여 생산요소(공장규모, 근로자)를 투입할 때 그 생산요소의 투입량(input)과 생산물의 산출량(output) 간에는 일정한 기술적 관계가 존재한다. 이 기술적 관계를 **생산기술**이라고 한다. 따라서 생산기술은 생산요소의 투입량을 가장 효율적으로 결합하여 얻게 되는 최대 생산량을 보여준다.

그런데 생산기술을 말할 때 일반적으로 자본의 투입량은 고정되어 있고 노동의 고용량만 변경할 수 있는 **단기**(short-run)와 모든 생산요소의 투입량을 변경할 수 있는 **장기**(long-run)로 나누어 분석한다. 그러므로 단기 생산기술은 주어진 자본량에서 노동투입량과 생산량의 관계를 나타낸다. 일반적으로 **생산성**이라고 하면 통상 노동자 1인당 또는 노동자가 1시간당 생산하는 상품의 수량으로 효율성을 측정하는 노동생산성을 뜻한다. 장기적으로는 노동 이외에도 다양한 투입요소로 본 효율성을 나타내는 척도는 자본생산성, 에너지생산성, 설비생산성 등이 있다.

단기 생산기술에서 생산성은 노동생산성, 즉 노동자 1인당 상품생산량을 말하므로 다음과 같이 상품생산량을 노동투입량으로 나눈 값이다.

$$노동생산성=\frac{생산량}{노동투입량}$$

따라서 생산성이 높아질수록 노동투입량보다 상품생산량의 증가속도가 빠르게 된다. 따라서 기업의 이윤도 증가하게 된다.

고정자본 혹은 고정비용이 없다는 가정하에 기업의 이윤을 표현하면 다음과 같다.

$$이윤=총수입-총비용=PQ-WL$$

(단, P는 상품가격, Q는 생산량, W는 임금, L은 노동투입량)

기업이 이윤을 늘리는 방법은 총수입을 늘리거나 총비용을 줄이는 방법이다. 상품가격이 주어져 있다면 총수입을 늘리기 위해서는 생산량을 늘려야 하며 이를 위해 기업들은 광고 등을 통해 소비자의 지갑을 열려고 노력한다. 그러나 기업이 생산량을 늘리면 생산비용도 증가하므로 반드시 이윤이 증가하는 것은 아니다.

생산성과 생산비용의 관계를 한눈에 보기 위해 기업의 이윤식을 간단히 만들어 보자. 예를 들어 상품가격이 2원이고, 임금은 1원이라고 가정하면 '이윤$=2Q-L$'이므로 생산성이 높아져서 L보다 Q가 더 빠르게 증가하므로 이윤은 커진다. 그렇다면 생산성과 생산비용은 어떻게 관련되어 있을까?

기업의 이윤식을 상품생산량으로 나누어 보면 '상품생산량 1단위당 이윤$=2-\frac{L}{Q}$'이다.

그림 4-1 생산기술과 생산비용의 관계

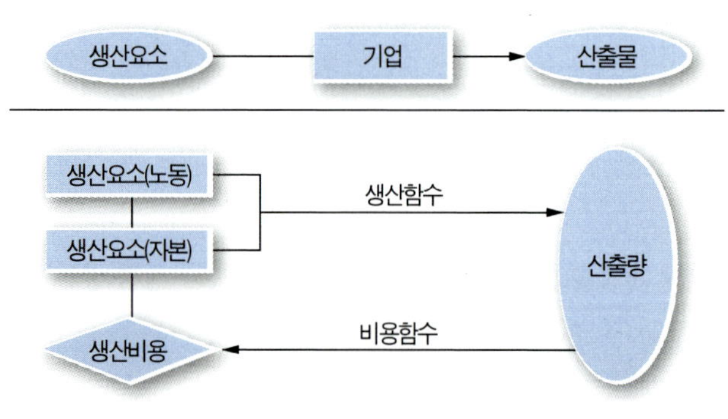

L/Q는 생산성의 역수인 동시에 상품생산량 1단위당 인건비, 즉 평균비용을 나타낸다. 따라서 생산성이 증가하면 평균비용이 감소하는 동시에 단위당 이윤이 증가한다. 결론적으로 생산성과 평균비용은 동전의 양면과 같은 것이다. 이를 그림 4-1 로 요약해 독자 스스로 학습해 보기 바란다.

2. 평균비용이 증가하면 한계비용도 증가하는가?

생산비용이라고 할 때 생산량과 관계없이 일정하게 지출되는 비용(고정비용)과 생산량의 수준에 따라 변동하는 비용(가변비용)으로 나눈다. 앞에서 기업의 이윤식을 말할 때 고정비용이 없다고 가정하고 설명했는데, 현실적으로는 고정비용이 존재한다. 흔히 고정비용을 초기투자비용이라 부르기도 한다. 따라서 생산비용은 고정비용과 가변비용의 합이다.

이때 평균비용은 생산량 1단위당 생산비용이므로 평균비용은 평균고정비용과 평균가변비용의 합이다. 이제 평균비용과 한계비용을 구분해 보기 위해 다음 두 질문을 해보자.

질문1: 와인 1병을 만드는 데 드는 비용은 얼마일까?
질문2: 와인 1병을 더 만드는 데 드는 추가비용은 얼마일까?

두 물음이 비슷해 보이지만 그렇지 않다. 질문 1의 와인 1병을 만드는 데 드는 비용은 와인공장의 총비용을 그때까지 생산해낸 생산량으로 나누면 된다. 즉 평균비용을 묻는 것이다. 평균비용은 평균적 의미에서 한 병당 얼마 드는지 알려주지만 와인 10병을 생산한 상태에서 1병을 더 생산하는 데 드는 추가비용에 대해서는 알려주지 않는다. 질문 2의 와인 1병을 더 생산하는 데 드는 추가비용은 **한계비용**(marginal cost)이라고 한다. 따라서 한계비용은 추가생산에 따르는 가변비용의 증가분을 말한다.

그렇다면 평균비용과 한계비용의 관계는 무엇일까? 예를 들어 추가비용이 평균비용보다 더 높으면 그 추가비용을 포함하는 새로운 평균비용은 상승하게 되며, 추가비용이 평균비용보다 더 낮으면 추가비용을 포함하는 새로운 평균비용은 하락하게 된다. 따라서 평균비용이 상승할 때 추가비용, 즉 한계비용은 이보다 더 높아야 하고 평균비용이 하락할 때 한계비용이 이보다 더 낮아야 한다. 이를 정리하면 다음과 같다.

평균과 한계

- 평균비용증가: 한계비용 > 평균비용
- 평균비용감소: 한계비용 < 평균비용
- 평균비용일정: 한계비용 = 평균비용

3. 기업은 어떻게 이윤을 극대화하는가?

생산비용을 말할 때 눈에 보이는 명시적인 것도 있지만 눈에 잘 보이지 않는 암묵적 비용도 있다. 예를 들어 포장마차 주인이 우동을 만들 때 우동에 들어가는 재료비와 인건비는 **명시적 비용**이다. 그런데 포장마차 주인이 짜장면도 잘 만들어서 중국집 주방장으로 일하면 월 100만 원을 벌 수 있다고 하자. 이 경우 자신의 포장마차를 경영하는 관계로 중국집 주방장의 월급을 포기하는 것이므로 포기한 월급도 생산비용의 일부로 보아야 한다. 이러한 비용을 **암묵적 비용(잠재적 비용)**이라고 한다.

회계사들은 암묵적 비용을 포함시키지 않지만 경제학자는 암묵적 비용을 생산비용에 포함시킨다. 경제학자는 이 암묵적 비용이 포장마차 경영자와 중국집 주방장 간의 선택에서 결정적일 수 있다고 보기 때문이다. 예를 들어 주방장의 인기가 높아져서 월급이 1,000만 원 정도 된다면 포장마차 운영의 기회비용이 너무 높아져서 중국집 주방장이 되는 것이 옳기 때문이다.

이렇게 암묵적 비용을 고려하는지 아닌지에 따라 이윤도 달라진다. 이윤은 총수입에서 총비용을 뺀 것이지만 경제학자들은 총수입에서 모든 생산비용을 뺀 **경제학적 이윤**을, 회계사는 총수입에서 명시적 비용만을 뺀 **회계학적 이윤**을 말한다. 다음 **그림 4-2**는 이를 보여주고 있다.

그림 4-2 암묵적 비용과 두 가지 이윤개념

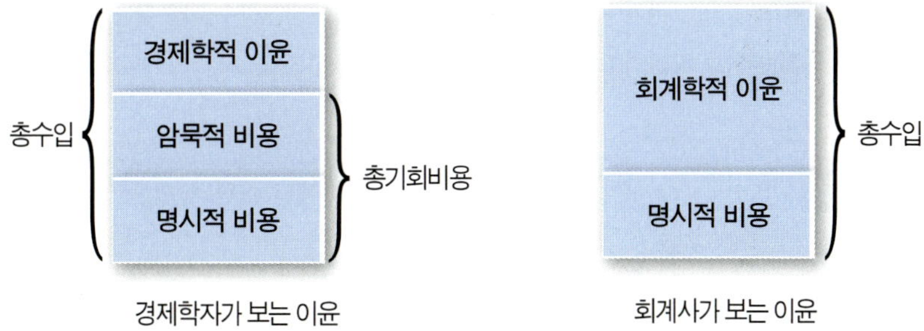

기업이 이윤을 극대화하기 위해서는 총비용뿐만 아니라 총수입도 고려하여야 한다. 이윤을 극대화하는 생산량은 총수입과 총비용의 차이가 가장 큰 생산량을 찾으면 된다. 또 다른 방법으로 한계수입과 한계비용이 같아지는 생산량수준을 찾는 간접적인 방법이 있다.

총수입-총비용접근: 이윤은 총수입과 총비용의 차이이므로 총수입과 총비용의 차이가 가장 클 때 이윤이 극대화된다.

한계수입-한계비용접근: 이윤을 극대화하는 생산량을 찾는 또 다른 방법은 한계수입과 한계비용이 같아지는 생산량수준을 찾는 간접적인 방법이다.

$$한계수입 = 한계비용$$

총수입곡선의 기울기가 한계수입이고 총비용곡선의 기울기가 한계비용이므로 총수입곡선의 기울기가 총비용곡선의 기울기와 같아지는 생산량을 찾으면 된다.

이때 한계수입과 한계비용이 일치해야 한다는 조건을 기업의 **이윤극대화조건**이라고 한다. 따라서 직접 총수입과 총비용을 비교하여 그 차이가 가장 큰 생산량을 찾거나 한계비용과 한계수입이 일치하는 생산량을 찾는 접근 모두 동일한 결과를 보여준다.

정석 사고

이윤을 극대화하는 생산량은 총수입과 총비용을 비교하여 그 차이가 가장 큰 생산량을 찾으면 된다. 다른 방법으로 한계수입과 한계비용이 같아지는 생산량수준을 찾는 간접적인 방법이 있다. 이 간접 방법을 기업의 이윤극대화조건이라고 한다.

[정석사례연구 4-3] 공부와 수확체감

경제와 관련되지 않은 문제에도 수확체감현상이 작용한다. 우리가 경제학을 공부할 때 시간당 학습량은 지적수준, 학습자료품질, 수강시간, 공부시간 등에 의존한다. 학습량과 공부시간의 관계를 보기 위해 지적수준, 학습자료품질, 수강시간은 고정되어 있다고 가정한다. 이제 경제학 과목에 대하여 하루에 공부하는 시간을 증가시켜 보자. 이 과목에 대하여 하루에 한 시간 더 공부하면 총학습량은 커진다. 그런데 공부의 둘째 시간은 첫째 시간만큼 총학습량을 증가시킬까? 아마 첫째 시간의 학습량이 둘째 시간의 학습량보다 더 클 것이다. 이것이 공부의 수확체감현상을 말해주고 있다.[3]

[정석사례연구 4-4] 보조금 차별금지: 단통법 시행

미래창조과학부는 휴대폰의 공정하고 투명한 유통질서를 확립하기 위해 2014년 10월에 단말기 통신법을 시행하게 된다. 단말기 통신법의 정식명칭은 "이동통신단말장치 유통구조 개선에 관한 법률안"으로 단말기 출고가와 판매가가 상이하여 생기는 혼란을 없애자는 취지이다. 그 핵심내용은 휴대폰 매장에서 특정 단말기별 요금제에 따른 지원금, 즉 보조금이 사전 공시되고 약정기간이 끝난 뒤 쓰던 폰을 그대로 이용하는 고객들은 추가 요금할인을 받을 수 있다.

단말기 유통법에 의하면 가입유형과 지역 등에 따라 이용자 간 부당한 보조금 차별이 금지된다. 그러나 이동통신사는 요금제에 따라 차별적으로 보조금을 지급할 수 있다. 그리고 휴대폰을 구입할 때 지원되는 보조금과 서비스 약정가입 시 지원되는 요금할인액을 합쳐 공짜폰인 것처럼 소비자를 기만해 허위광고하는 행위도 금지된다. 미래창조과학부는 이 법으로 과도하게 지원금을 받는 불법행위가 없어지고, 휴대폰을 자주 바꾸는 소비자들이 줄고, 차별 없는 보조금을 받게 되어 소비자의 혜택이 커질 것으로 예상했다. 또한 이통사 제조사들이 보조금지급경쟁 대신 품질·서비스·요금경쟁을 하게 되어 소비자의 후생이 증가할 것이라고 전망했다.[4]

그러나 소비자들은 불만의 목소리를 높였다. A에게 10만 원에 팔고 B에겐 90만 원에 팔았던 기존 구조에서 A, B에게 똑같이 50만 원에 팔 수 있게 한다는 취지였지만, A에게도 80만 원, B에게도 80만 원에 파는 현상이 나타나기 때문이다. 또한 각 통신사 자체의 위약금제도로서 단말기할인반환금제도에도 불평을 한다. 게다가 휴대폰 제조사의 출고가가 인하되는 효과는 전혀 없었다.

2017년 10월 1일 단통법 중 단말기 지원금 상한제는 3년 일몰조항에 의해 폐지되었지만 요금할인, 지원금 공시의무 등은 여전히 유효하고, 지원금차별금지도 유지되었다.

제4절 정석 교양경제 기업은 왜 시장점유율에 사활을 걸까?

우리가 알고 있는 초기투자비용이 많이 드는 산업으로 통신산업, 자동차산업, 조선산업, 전력산업, 철강산업 등이 있다. 초기투자비용이 많이 든다는 것은 토지나 공장, 설비 등에 투자하는 고정비용이 많이 든다는 의미이다. 고정비용이 많이 들기 때문에 중소기업보다 대기업이 투자하기 쉬운 산업이 된다. 이러한 대기업들은 생산량을 증대시켜야 평균비용을 낮출 수 있기 때문에 시장점유율을 확대하는 데 사활을 걸고 있다.

그렇다면 대기업들이 생산량을 증대시켜야 평균비용을 낮출 수 있는 이유는 무엇일까? 앞 절에서 보았듯이 평균비용은 평균고정비용과 평균가변비용의 합이다. 그런데 평균고정비용은 고정비용을 생산량으로 나눈 값이므로 생산량을 늘릴수록 계속 감소한다. 총비용 중 고정비용이 차지하는 비중이 큰 산업일수록 생산량증가에 의한 평균고정비용의 하락은 더욱 크게 나타난다. 예를 들어 자동차회사가 신차를 개발하는 비용이 100억 원이라고 하자. 이 개발비는 신차의 생산량이 0이든 100대이든 발생하는 고정비용에 속한다. 만약 10대를 생산하면 평균고정비용은 100억 원을 10대로 나눈 10억 원으로 감소한다. 이와 같이 고정비용이 큰 기업일수록 생산량의 증대는 생산비의 절감으로 직결되기 때문에 시장점유율을 확대하는 데 사활을 거는 것이다.

그런데 생산량을 증대시키면 노동과 원료와 같은 가변비용도 증가한다. 그러나 어떤 기업의 총비용 중 고정비용이 차지하는 비중이 월등히 크다면 평균가변비용이 증가하더라도 평균고정비용이 훨씬 더 크게 하락하므로 평균비용이 감소하게 된다. 이러한 산업을 **자본집약적인 산업**, 반대로 가변비용이 차지하는 비중이 더 큰 산업을 **노동집약적인 산업**이라고 한다.

일반적으로 경기불황에 빠질 때 상품판매량은 감소하고 판매가격도 하락하므로 기업의 매출액은 급격히 감소한다. 이 경우 자본집약적인 산업은 계획했던 생산설비의 투자를 취소하거나 연기하고 때로는 생산설비의 일부를 분할매각하거나 경쟁기업과 합병을 하기도 한다. 한편 노동집약적인 산업은 주로 정리해고나 명퇴, 근무단축 등을 통해 인건비를 줄이려고 한다.

앞에서 고정비용이 차지하는 비중이 큰 산업은 생산량을 늘릴수록 평균비용이 감소한다고 하였다. 그런데 시설규모가 주어진 상태에서 노동투입량만 늘릴 경우 노동생산성이 하락하여 평균가변비용이 급격히 증가하고, 이에 따라 평균비용이 빠르게 증가할 수 있다. 이때에는 장기적으로 공장을 새로 짓는 등 시설규모를 늘려서 장기평균비용을 줄이는 전략을 선택해야 한다. 이와 같이 시설규모를 늘리고 노동투입량을 늘릴 때 장기평균비용이 계속 감소하는 현상을 **규모의 경제**(economy of scale)라고 한다.

그러나 규모의 경제가 무한히 발생하는 것은 아니다. 시설규모를 지나치게 확대하면 생산설비의 과잉투자로 오히려 장기평균비용이 증가하는 **규모의 불경제**(diseconomy of scale)가 발생할 수 있다. 따라서 시장의 규모가 협소할 때에는 중소기업이 작은 시설규모로 상품을 생산하는 것이 유리하고, 시장의 규모가 클수록 대규모시설에 투자할 수 있는 대기업이 생산하는 것이 유리하다.

정석 사고 초기투자비용이 많이 드는 산업에서는 생산량을 증대시켜야 평균비용을 낮출 수 있기 때문에 시장점유율을 확대하는 데 사활을 걸고 있다. 이러한 산업은 **규모의 경제**가 작용하기 때문이다.

[정석사례연구 4-5] 국내서 하이브리드카, 이것밖에 못 파나

*자료: 한국자동차산업협회, 한국자동차수입협회

하이브리드 차량(휘발유·전기혼용차)은 1997년 세계 최초로 도요타 프리우스(Toyota Prius)의 판매가 시작되었으며, 국내에는 2006년 렉서스 RX400h가 출시되며 하이브리드 시장을 개시하였다. 도요타는 전 세계 하이브리드 차량 판매량의 75%를 차지하며, 렉서스를 포함해서 30여 종이 넘는 하이브리드 모델을 갖고 있다. 현대기아차는 2009년 아반떼 LPi 하이브리드 출시를 시작으로, 2011년 소나타와 K5 하이브리드, 2013년 그랜저 하이브리드, 2014년 K7 하이브리드를 출시하며 꾸준히 하이브리드 차량을 개발 및 판매 중이다. 또한 2016년 1월 하이브리드 전용 모델인 현대 아이오닉 하이브리드를 출시한 후, 2016년 4월 기아 니로 하이브리드를 연달아 출시하며 본격적인 시장 확대에 나서고 있다.

2015년 국내 시장에서 하이브리드 차량은 현대차 2만 3천 대, 기아차 6천 대, 한국 지엠 44대, 도요타(렉서스 포함) 9천 대 등 총 3만 9천 대가 판매되었으나, 2015년 국내 전체 자동차 판매량(183만 대) 중 차지하는 비중은 2.1%가량으로 낮은 수준이다. 또한 현대기아차의 기존 하이브리드 모델은 동일 차종의 가솔린 차량 대비 차량 가격이 높아, 차종별 하이브리드 판매 비율은 10% 선에 그치고 있다.

정몽구 현대자동차그룹 회장은 최근 국내 하이브리드 차량 사업부진을 강도 높게 질책하고 대책마련을 지시했다. 계열사 주요 경영진이 참석한 경영전략회의를 주재하면서 "한국에서 하이브리드카를 이것밖에 팔지 못하느냐"고 질책했다. 하이브리드카의 선발주자인 일본 도요타가 국내시장에서 최근 약진하고 있는 데 반해 현대차 판매량이 저조하다는 점을 지적한 것이다.[5)]

제5절 정석 교양경제 수취용의액과 실제수취액은 왜 서로 다를까?

어떤 생산자가 상품 10개를 생산하여 10,000원을 수취하였다면 1개당 실제로 수취한 금액은 1,000원이다. 즉, 가격이 1,000원인데 10개를 생산한다는 것은 10개까지의 생산에서 개당 비용, 즉 평균비용이 1,000원 이하라는 점이다. 이 생산자가 11개를 초과해서 생산하지 않는 것은 11개째의 비용이 1,000원 이상으로 증가하기 때문이다. 이처럼 평균비용이 급격히 증가하여 가격보다 높아지면 그 이상 생산을 하지 않는다.

시장가격이 평균비용보다 높은 만큼 기업은 이윤의 형태로 가져간다. 경제학자는 이윤을 **생산자잉여**(producer surplus)라고도 하며, 말 그대로 생산자가 시장에서 판매를 통해 얻는 이윤의 크기를 나타내는 척도이다. 정확히 정의하면, 생산자잉여는 공급자가 실제로 받는 금액에서 공급자가 그 물건을 제공하는 비용을 뺀 나머지 금액을 말한다.

예를 들어 짜장면을 공급하는 톰, 제리, 아서, 버스터 네 사람이 있다고 하자. 각자는 고객에게 단 한 그릇씩만 만들어 공급한다. 톰은 짜장면 한 그릇에 2,500원을 받아야 들어간 모든 비용을 회수할 수 있고, 제리는 3,000원, 아서는 4,500원, 버스터는 5,000원이 최소한 받아야 하는 수취용의액이다.

제1편
제2편
제3편
제4편
제5편

이것을 그림으로 나타내 보면 그림 4-3과 같다. 그림에서 각자가 최소한 받고자 하는 액수를 높이로 나타낸 후 그것을 연결하면 공급곡선이 된다. 예를 들어 짜장면의 가격이 2,500원 이하이면 아무도 판매하지 않기 때문에 공급량이 0, 가격이 2,500원에서 3,000원 사이이면 오직 톰만 짜장면을 공급하기 때문에 공급량이 1, 가격이 3,000원에서 4,500원 사이이면 톰과 제리가 공급하기 때문에 공급량이 2, 가격이 4,500원에서 5,000원 사이이면 톰, 제리, 아서가 공급하기 때문에 공급량이 3, 가격이 5,000원 이상이면 모두 공급하기 때문에 공급량이 4가 된다.

따라서 공급곡선의 높이가 생산자의 **수취용의액**(willingness-to-accept)을 나타낸다는 사실을 이용하여 생산자잉여를 계산할 수 있다. 만약 짜장면의 가격이 5,000원이라면 모든 생산자들이 짜장면을 만들어 팔 수 있다. 그러면 각자의 생산자잉여가 어떻게 되는지 살펴보자.

먼저 톰의 생산자잉여는 5,000원－2,500원＝2,500원이고, 제리의 생산자잉여는 5,000원－3,000원＝2,000원, 아서의 생산자잉여는 5,000원－4,500원＝500원, 버스터의 생산자잉여는 수취용용의액과 짜장면의 시장가격이 같아서 0이다. 이 네 사람의 생산자잉여를 모두 더하면 짜장면 시장의 생산자잉여를 구할 수 있다. 즉, 5,000원이 된다. 이 거래에서 아무도 손해 본 사람은 없다. 오히려 모두 이익을 보았는데, 손해를 본다면 짜장면을 공급하지 않을 것이기 때문이다. 이것이 바로 시장에서 거래를 통한 공급자의 교환의 이익이다. 그림을 통해 생산자잉여를 구하는 방법은 시장가격의 아래와 공급곡선 위 사이의 면적을 보면 쉽게 계산된다.

그림 4-3 생산자잉여

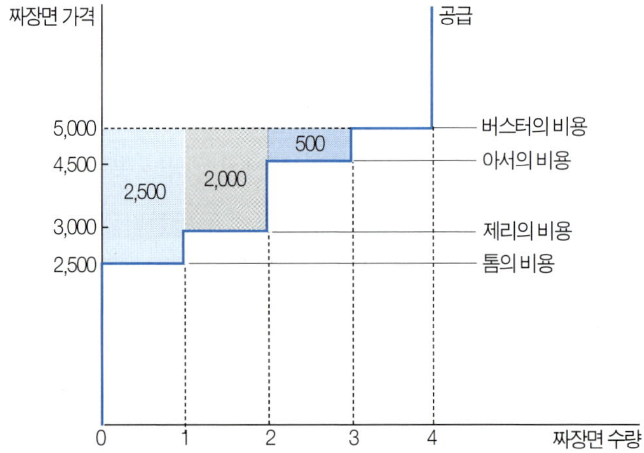

이 생산자잉여는 실제로 교환의 이익을 말하지만 더 중요한 것은 수취하고자 했던 액수보다 실제 지불받는 액수가 크기 때문에 그 남은 돈으로 공장을 더 지을 수도 있고, 종업원을 더 고용할 수도 있고, 생산에 필요한 다른 상품을 구매할 수도 있다. 이러한 투자로 인해 생산이 늘고 소득이 증가하게 되어 경제적 후생이 증가하는 것이다. 바로 이러한 이유로 소비자잉여와 함께 생산자잉여도 **경제적 후생지표**라고 말하는 것이다. 다음 장에서 학습할 완전경쟁시장이 가장 효율적인 자원배분을 하면 소비자잉여와 생산자잉여의 합이 가장 크게 된다는 사실이다.

정석 사고

경제학자는 이윤을 **생산자잉여**(producer surplus)라고 하여 생산자의 후생지표로 생각한다. 생산자잉여는 공급자가 실제로 받는 금액에서 공급자가 그 물건을 제공하는 비용을 뺀 나머지 금액을 말한다. 소비자잉여와 함께 생산자잉여를 합하여 **경제적 후생지표**라고 한다.

[정석사례연구 4-6] 인간장기 매매시장

최근 사람의 혈액, 신장, 간, 폐 등을 아픈 사람에게 이식하는 일이 점점 보편화되고 있다. 그러나 의사는 이식가능한 장기가 부족하여 환자들에게 공급하기 어렵다고 불평한다. 2010년 미국에서만 10만 5천 명이 이식대기 중이다. 실제로 기증되는 장기공급이 부족하여 6,900명이 사망한 것으로 추정하고 있다.

장기공급이 부족한 이유는 장기매매가 불법이라서 합법적 시장이 존재하지 않기 때문이다. 인간장기에 대한 시장은 장기를 기증할 인센티브를 증가시킨다. 개인이 자신의 사망에 가까운 시점에서 장기를 팔 의지가 있다는 법적 서류를 작성하고 판매대금이 어디에 귀속될지 정할 수 있다. 장기공급이 늘어나면 더 많은 생명이 구원되고 개선될 수 있다. 그럼에도 불구하고 인간의 장기에 대한 시장은 왜 존재하지 않을까? 그 이유는 도덕적으로 인간의 장기를 상품화하는 데에 대한 거부감이 있고, 장기에 대한 시장이 의료비를 현저히 증가시킬 우려감 때문이다. 무료로 기증받는 대신 장기에 시장가격을 책정해 매매한다면 의료관리의 비용이 현저히 증가할 것이다.[6)]

제3편
시장구조의 이해

제5장 시장구조와 경쟁원리

제5장
시장구조와 경쟁원리

세상에 공짜점심은 없다.

- 밀턴 프리드먼 -

시장은 거래당사자인 소비자들과 공급자들이 서로 거래를 하는 곳이다. 어떤 상품에 대한 수요와 공급이 형성되기만 하면 그 상품시장이 형성된다. 따라서 상품의 성격에 따라 사과시장, 배시장, 커피시장, 아이스크림시장, 음료수시장 등 무수히 많은 시장이 있다. 그런데 이 시장들이 모두 다른 특성을 가진다. 유사한 제품들이 많아서 소비자들이 큰 차이를 못 느끼는 시장이 있고, 제품들이 모두 달라서 소비자가 다르게 느끼는 시장도 있다. 예를 들어 사과시장에서 어느 사과인지 구별이 쉽지 않지만 철도나 항공시장처럼 항공사별 서비스가 쉽게 구별되는 시장도 있다.

이러한 시장의 차이는 그 상품이 가진 특성과 관련되어 있으며 시장구조를 경쟁적으로 만들기도 하고 비경쟁적으로 만들기도 한다. 여기서 경쟁이라는 의미는 소비자들과 생산자들이 시장에서 차지하는 비중이 아주 작아서 자신의 행동이 시장의 가격과 수요량, 공급량에 거의 영향을 미치지 못한다는 것을 말한다. 만약 어떤 기업이나 소비자가 공급하거나 구매하는 수량이 시장규모에 비해 매우 많다면 시장에 영향을 미칠 수 있다. 이때 시장은

제5장 시장구조와 경쟁원리

한 기업 혹은 한 소비자에 의해 지배당한다고 하여 시장지배력을 가진다고 말한다. 시장지배력을 가지면 경쟁이 약화되고 바람직하지 못한 시장구조를 가지게 된다. 이외에도 시장에서 어느 한쪽은 정보를 많이 가지고 있고 다른 한쪽은 정보가 적은 경우 경쟁을 약화시킬 수 있다.

이 장에서는 왜 경쟁적 시장구조를 추구하게 되는 것인지 알아볼 것이다. 또한 경쟁을 통해 모든 수요자와 공급자가 어떻게 자신의 정보를 숨기지 못하고 드러내게 되는지도 알아본다. 그리고 비경쟁적 시장구조는 왜 바람직하지 못한지, 이러한 시장구조를 어떻게 규제하고 개선시킬지도 살펴본다. 이러한 모든 문제를 살펴보는 첫걸음으로서 경제학자들은 왜 가장 이상적인 시장으로서 경쟁적인 시장구조를 말하는지 살펴보면서 이야기를 시작하려고 한다.

이 장에서 배울 것

- 왜 경쟁적인 시장구조를 추구할까?
- 비경쟁적 시장구조는 왜 나쁠까?
- 독점은 규제해야 마땅할까?
- 시장경제에서 정보가 왜 중요할까?

제1절 정석 교양경제 왜 경쟁적인 시장구조를 추구할까?

1. 시장구조의 형태

시장(market)이란 특정 장소를 의미하는 것이 아니라, 특정 상품에 대한 수요와 공급이 지속적으로 이루어지고, 그 상품에 관한 정보가 교환되며, 그 결과로 상품의 매매가 지속적으로 이루어지는 추상적인 기구다. 시장구조(market structure)란 소비자와 기업들이 참여하고 있는 시장의 형태를 말한다. 광의로 시장구조는 경쟁적 시장구조와 비경쟁적 시장구조로 나눌 수 있다. 시장구조가 경쟁적인지 비경쟁적인지를 구별하는 기준은 소비자가 많다고 가정하면 기업들이 어느 정도의 시장지배력을 행사할 수 있는가에 달려있다.

만약 기업들이 제품가격을 조절하고 생산량을 조절할 수 있다면 기업들은 시장지배력을 가진다. 이때의 시장구조는 비경쟁적 시장구조라고 한다. 반면에 기업들이 다수의 소비자와 기업들에 의해 결정된 제품가격을 주어진 것으로만 받아들이고 이에 맞추어 적자가 나지 않는 범위에서 생산을 할 수 있다면 기업들은 시장지배력을 가지지 못한다. 이때의 시장구조는 경쟁적 시장구조라고 한다. 예를 들어 삼성과 엘지는 휴대폰 생산에 경쟁을 하지만 각자 자신의 제품에 대한 가격과 생산량을 조절할 수 있으므로 비경쟁적 시장구조이며, 쌀을 생산할 때 전라도 농부와 충청도 농부가 경쟁은 하지만 전라도 농부가 쌀 생산을 줄여도 쌀 가격에 거의 영향을 미치지 못하므로 이는 경쟁적 시장구조다.

일반적으로 경쟁적 시장구조를 완전경쟁시장, 비경쟁적 시장구조를 불완전경쟁시장으로 구분한다. 또, 불완전경쟁시장은 다시 독점시장, 과점시장 및 독점적 경쟁시장으로 구분한다. 경쟁이 가장 심한 시장구조가 완전경쟁시장이고, 경쟁이 거의 없는 시장구조가 독점시장이다. 그 사이에 독점적 경쟁시장과 과점시장이 있다. 현실에는 완전경쟁시장이나 독점시장이 거의 없으며 주로 독점적 경쟁시장이나 과점시장이 대부분이다.

2. 완전경쟁시장의 의미와 추구 이유

어느 동네에서 햄버거 가게마다 파는 모든 햄버거의 맛이 똑같다고 해보자. 그리고 모든 고객이 똑똑해서 어느 가게가 얼마에 파는지 알고 있다. 햄버거 가게가 잘 된다는 소문이 퍼지면 언제든지 새로운 가게가 들어서고 햄버거가 잘 안 팔린다는 소문이 퍼지면 언제든지 가게는 문을 닫을 수 있다. 이런 조건을 갖춘 시장을 **완전경쟁시장**이라고 한다. 이상의 조건을 요약하면 **표 5-1**과 같다.

표 5-1 완전경쟁시장의 조건

조건 1	수요자와 공급자의 수가 대단히 많아야 한다.
조건 2	상품이 동질적이어야 한다.
조건 3	시장에의 진입(entry)과 퇴거(exit)가 자유로워야 한다.
조건 4	정보획득이 용이하여 완전한 정보를 가져야 한다.

완전경쟁시장의 본질적인 특징은 아니지만 정보를 얻는 데 비용이 든다면 경쟁이 약해진다. 예를 들어 롯데리아, 맥도날드, 버거킹의 햄버거가 모두 맛이 같고 가격도 동일하더라도 수요자들이 알지 못하거나 여러 가게의 가격정보를 얻는 데 시간과 비용이 든다면 롯데리아의 햄버거를 사먹던 사람은 계속 그것만 사먹으므로 시장의 경쟁이 약해질 수 있다.

정석 사고 경제학에서는 시장형태를 보통 완전경쟁시장, 불완전경쟁시장(독점시장, 과점시장 및 독점적 경쟁시장)으로 구분한다. 이들 시장형태를 구별하는 요소는 수요자와 공급자의 수, 상품의 동질성, 진입과 퇴거의 자유, 정보획득의 용이성이다.

만약 우리가 햄버거 가게를 운영하고 있다면 돈을 많이 벌기 위해 어떻게 행동할까? 햄버거 가격을 올리면 1개 팔 때마다 수입이 많아질 수 있다. 하지만 똑똑한 고객은 다른 가게로 가버린다. 햄버거 가격을 내리면 똑똑한 고객들이 몰려온다. 하지만 1개 팔 때마다 손해를 볼 수 있다. 그 이유는 다른 햄버거 가게들과의 치열한 경쟁으로 현재의 햄버거 가격이 거의 생산비용에 가까운 수준까지 떨어진 상태이기 때문이다. 결국 고객은 얼마든지 많으므로 햄버거를 시세대로 팔면서 열심히 장사하기로 마음먹게 된다.

완전경쟁시장은 좋은 시장일까? 경쟁의 원리는 바람직할까? 관점에 따라 조금씩 달라질 수 있지만 완전경쟁시장에서 경쟁을 통해 시장거래자들이 최소의 비용으로 최대의 만족을 얻게 된다는 사실은 분명하다. 수많은 경쟁기업들끼리 경쟁적으로 상품을 공급하면 경쟁기업이 생산할 수 있는 가장 낮은 가격까지 시장가격이 떨어지며 그 가격에서 적자 없이 생산할 수 있는 기업들만 상품을 생산한다. 결과적으로 자원을 효율적으로 사용하여 생산비용을 최대로 낮출 수 있는 기업만 경쟁에서 살아남게 되므로 최소비용으로 생산하게 된다.

한편 완전경쟁시장에서는 소비자들도 경쟁을 통해 다른 소비자보다 더 높은 가격을 지불하려는 소비자가 가장 먼저 상품을 살 수 있다. 결국 여러 소비자 중 가장 큰 만족을 얻는 소비자가 가장 먼저 상품을 소비하게 되므로 소비를 통해 최대만족을 얻게 된다.

구체적인 사례로서, 만약 햄버거 1개에 4,000원이라면 그 가격보다 자신의 한계효용이 더 커야만 구매를 하게 된다. 햄버거 1개에 4,000원보다 큰 만족을 느끼는 소비자들을 만족도순으로 줄을 세워 그 마지막에 선 소비자를 **한계소비자**라고 해보자. 한계소비자는 가격이 4,000원보다 높아지면 즉시 구매를 포기하는 소비자이다. 따라서 한계소비자는 가격이 한계효용과 같은 소비자이다.

가격 = 한계효용

마찬가지로 햄버거 가게도 그 가격보다 더 낮은 비용이 들어야 공급을 하게 된다. 햄버거 1개에 4,000원보다 작은 비용이 드는 공급자들을 낮은 비용순으로 줄을 세워 그 마지막에 선 공급자를 **한계공급자**라고 해보자. 한계공급자는 가격이 4,000원보다 낮아지면 즉시 공급을 포기하는 공급자다. 따라서 한계공급자는 가격이 한계비용과 같은 공급자이다.

가격 = 한계비용

결국 가격보다 작거나 같은 비용이 드는 가게만 햄버거를 공급하게 되므로 생산을 통해 최소비용과 최대이윤을 얻게 된다. 따라서 햄버거시장에서는 다음이 성립한다.

가격=한계효용=한계비용

이것은 햄버거 시장가격이 공급자에게 가장 효율적으로 생산하도록 유도하는 동시에 적어도 그 가격 이상으로 효용을 느끼는 소비자들이 구매를 하도록 유도하는 매개체 역할을 한다는 의미이다. 다시 말해서 완전경쟁시장은 어떤 제3자의 의도나 개입 없이도 사회의 희소한 자원이 가장 효율적으로 배분되도록 한다. 이러한 가격의 기능을 시장경제의 '보이지 않는 손'이라고 한다. 한 가지 주의할 점은 장기적으로 기존공급자들이 이윤을 누리면 새로운 공급자가 진입하게 되어 모든 공급자가 한계공급자가 되며, 가격이 개별기업의 개당 생산비용까지 내려가게 된다는 것이다.

경제학자가 꿈꾸는 가장 아름다운 세상이 완전경쟁시장이다. 경제학자는 완전경쟁시장이야말로 가장 효율적인 세상이라고 믿는다. 그런데 완전한 경쟁시장은 실제 세계에는 존재하지 않는다. 그럼에도 불구하고 완전경쟁시장의 형태는 현실에 존재하는 여러 종류의 시장에서 작용하는 원리와 효과를 분석하는 데 중요한 실마리를 제공한다. 이를 통해 그 시장의 단점을 발견하고 개선할 수 있는 여지를 찾아낼 수 있다. 이것이 경제학자들이 꿈꾸는 완전경쟁시장을 꼭 알아야 하는 이유이기도 하다.

정석 사고

완전경쟁시장의 본질적인 특징은 수요자와 공급자의 수가 대단히 많아야 하고, 상품이 동질적이어야 하며, 시장에의 진입(entry)과 퇴거(exit)의 자유가 보장되어야 하고, 정보가 완전해야 한다는 것이다. 이 조건들이 충족되는 시장을 완전경쟁시장(perfect competitive market)이라고 부른다. 완전경쟁시장에서는 '가격=한계비용=한계효용'이 성립하므로 어떤 제3자의 의도나 개입 없이도 사회의 희소한 자원이 가장 효율적으로 배분된다. 이러한 경쟁가격의 기능을 시장경제의 '보이지 않는 손'이라고 한다.

[정석사례연구 5-1] 리모델링 혹은 퇴거

인적이 드문 지역을 지날 때 낡고 오래된 가게를 바라보면 이런 생각이 든다. "가게를 고치든가, 접든가 하지!" 경제학자의 답변은 간단하다. 가게를 수리해서 영업을 하자니 손해를 보고, 낡고 더러운 상태로 영업을 하면 수리비라도 아껴 손해 보지는 않을 수 있다는 것이다. 결국 이 문제는 영업을 계속할 것인지, 문을 닫을 것인지를 결정하는 문제이다. 지방국도를 지나다 보면 외진 곳에 낡은 모텔이나 펜션들이 보인다. 사실 그 모텔주인도 몇십 년 전에는 교통흐름과 주변에 위치한 가게와의 경쟁을 생각해 가며 지었을 것이다. 그런데 주변에 고속도로가 뚫리고 사람들의 왕래가 줄어들면서 수입이 줄어만 간다. 그래도 영업을 하면 간간이 들어오는 수입으로 보험료와 재산세와 같은 고정비용을 내고 조금은 남아 문은 닫지 않고 버텨 나간다. 그러던 어느 순간 남은 돈으로 수리비도 충당이 되지 않아 수리하지 않은 채 영업을 하다가, 그나마 오던 고객도 사라지면 이제 고정비용도 충당하지 못하여 문을 닫고 사라지게 된다.[1)]

제2절 비경쟁적 시장구조는 왜 나쁠까?

정석 교양경제

1. 독점시장의 의미와 경제적 후생

독점시장의 의미

여행할 때 공항에 가보면 햄버거 하나에 만 원씩 내며 사먹어야 한다. 공휴일에 나들이하러 놀이공원에 갔다가 빵이나 갈비탕을 말도 안 되는 가격을 지불하고 사먹은 경험이 있을 것이다. 우리는 이같이 좋지 않은 추억들을 하나씩은 가지고 있다. 이런 일은 그 가게들이 희소성을 가짐으로써 **시장지배력**(market power)을 행사하기 때문에 가능하다. 시장지배력은 시장가격을 지배하는 힘을 말하며, 독점시장은 간단히 말해서 공급자가 하나뿐이기 때문에 시장가격을 설정하는 힘을 가진다. 다른 기업이 진입하기 어려운 이유는 독점기업이 희소성을 가지기 때문인데, 그 희소성을 가지는 원인에 따라 독점을 몇 가지 형태로 분류한다.

진입장벽은 여러 가지 형태가 있다. 첫째, 초기투자비용이 많이 드는 경우 흔히 생산이 많을수록 추가적으로 드는 비용은 별로 많지 않거나 오히려 감소한다. 이런 시장에 새로운 기업이 사업을 시작하려면 막대한 초기투자비용과 함께 기존에 사업을 하고 있는 기업과 불리한 가격경쟁을 해야 한다. 기존 기업이 가격을 낮추면 신규기업은 이를 감당하지 못하여 살아남지 못하므로 자연독점이 형성된다.

둘째, 정부가 어떤 기업에게 합법적으로 배타적인 공급권을 부여함으로써 독점이 발생할 수 있다. 마이크로소프트사가 세계 윈도우 운영체제의 대부분을 장악하고 있는 것도 정부가 특허권을 부여했기 때문이다. 어떤 제약회사가 특정 암을 치료할 수 있는 새로운 항암제를 발명하고 정부가 특허권을 그 회사에 부여한다면 그 회사는 독점적으로 항암제를 생산할 권리를 가지게 되어 독점기업이 된다.

셋째, 어떤 상품을 생산하기 위해 꼭 필요한 생산자원을 특정기업만 소유한 경우에도 진입장벽으로 작용하여 독점이 형성된다. 역사적으로 잘 알려진 주요자원 독점의 대표적인 예로서 남아프리카 공화국의 다이아몬드 회사 '드비어스(DeBeers)'와 미국의 베릴륨 판매업체 '브러시 웰맨(Brush-Wellman)'을 들 수 있다.

독점시장의 경제적 후생

독점시장에서 햄버거가격은 어떻게 결정될까? 완전경쟁시장은 한계효용을 나타내는 수요와 한계비용을 나타내는 공급에 의해 가격이 결정된다. 그러나 독점시장에서 가격이 결정되는 방식은 이와 전혀 다르다. 독점기업은 가격을 올려도 다른 기업이 없으므로 고객을 빼앗길 우려가 없다. 이러한 상황에서 독점기업은 우선 각 가격에 대한 자신의 제품 수요가 얼마나 되는지 조사하여 가장 많은 이익을 주는 가격을 결정한다.

완전경쟁기업은 장기적으로 개당 생산비용수준에 가까운 가격에 상품을 공급하지만 독점기업은 시장수요를 조사하여 이익이 가장 크게 되는 가격을 선택한다. 이러한 이유로 독점가격은 일반적으로 경쟁기업의 가격보다 높다. 독점가격이 높다는 것은 완전경쟁시장보다 생산량이 적다는 것을 의미한다. 이러한 차이로 완전경쟁기업은 자신의 진실한 비용을 드러내는 반면, 독점기업은 자신의 진실한 비용을 숨기게 된다. 독점기업은 가격이 한계비용보다 높은 수준에서 생산을 하게 되므로 독점기업에게 '최대행복'을 주는 좋은 일일지 모르지만 소비자의 입장에서 볼 때 적은 생산량과 높은 가격은 좋은 일이 아니다. 그러나 냉정하게 사회 전체적으로 볼 때, 소비자에게 돌아가는 손해보다 독점기업에게 돌아가는 이익이 훨씬 크다면 독점도 바람직할 수 있다.

2. 과점시장의 의미와 경제적 후생

과점시장의 의미

슈퍼마켓에서 라면을 살 때 우리는 짜장라면, 짬뽕라면, 신라면, 삼양라면, 진라면, 안성탕면, 해물탕면, 너구리, 스낵면, 꼬꼬면 등에서 취향에 맞는 것을 하나 고른다. 라면의 종류는 많지만 사실 삼양과 농심이 판매량의 대부분을 차지하고 있다. 비슷한 예로 비행기를 타고 제주도를 가려고 한다면 대한항공, 아시아나항공, 제주항공사의 티켓을 구매할 것이다. 이처럼 라면, 항공, 전화 등과 같은 서비스업의 시장은 소수의 기업들이 시장에서 상품을 공급하는 과점시장이다.

과점시장에서도 새로운 기업이 시장에 진입하는 데 장애가 되는 진입장벽이 존재한다. 독점시장처럼 초기투자비용이 많이 드는 산업에 소수의 기업들이 시장을 분할하여 시장을 지배하기도 하고 소수의 기업들이 주요 자원을 나누어 가지거나 정부가 소수의 기업들에게만 사업허가를 내주는 경우 진입장벽이 생길 수 있다. 하지만 과점시장의 가장 큰 특징은 소수의 기업 간 상호의존성이 높기 때문에 한 기업의 행동이 다른 기업의 가격과 생산량에 대한 의사결정에 중요한 영향을 미친다는 점이다. 따라서 과점기업들은 상대기업이 어떻게 행동할 것인가를 예측하고 이에 따라 반응할 전략을 가지고 있어야 한다. 이런 의미에서 과점기업들의 행동은 '**전략적 행위**(strategic behavior)'라고 할 수 있다.

그러나 과점기업들이 전략적 행위를 통한 경쟁으로 서로 피해를 보기보다는 가격과 생산량을 협의하여 결정함으로써 이익을 최대화할 수 있다. 이런 묵시적 또는 명시적 협의를 **담합**

(collision)이라고 하며, 명시적 담합행위에 참여한 기업들의 모임을 **카르텔**(cartel)이라고 한다. 이처럼 과점시장은 전략적 행위를 통한 경쟁이 나타날 가능성과 담합이 이루어질 가능성을 모두 가지고 있다.

과점시장의 경제적 후생

과점시장에서 담합이 가능할지 전략적 경쟁을 하게 될지 불분명하므로 기업들의 가격이 어떻게 결정되는지도 불분명하다. 만약 담합이 이루어지면 과점기업들은 하나의 독점기업처럼 행동하면서 시장 전체의 이윤을 극대화하고, 그 이윤을 협의대로 참가기업에 할당한다. 반대로 담합이 깨지고 서로 경쟁하게 되면 고객확보와 판매량증가를 위해 가격은 하락하게 된다(베르뜨랑 경쟁). 이처럼 과점기업은 가격을 통해 경쟁하기도 하지만 공급량을 통해 시장점유를 위한 경쟁을 하기도 한다(꾸르노 경쟁). 이것은 상대기업의 반응에 대한 추측에 따라 경쟁방식이 달라지기 때문이다. 이를 **추측된 변화**(conjectural variation)라고 한다.

과점시장은 완전경쟁시장처럼 '최대다수의 최대행복'을, 아니면 독점시장처럼 '독점기업의 최대행복'을 실현시켜 줄까? 만약 과점기업들이 담합을 한다면 독점시장처럼 '과점기업들의 최대행복'을 실현시켜 줄 수 있다. 그러나 과점기업들이 서로 경쟁하게 되면 담합의 경우보다는 가격이 내려간다. 하지만 과점시장에서도 진입장벽이 존재하므로 완전경쟁시장처럼 이윤이 사라질 때까지 가격이 평균생산비용수준으로 내려가지는 않는다.

결론적으로 과점기업은 흔히 제품차별화를 통해 어느 정도의 시장지배력을 가지고 상대기업과 경쟁을 피하고 싶어 한다. 이런 면에서 과점기업은 비록 독점처럼 행동하려고 하지만 미국의 수학자 존 내쉬(John F. Nash)의 말처럼 자신의 이익만 추구하고 모두를 위하지 않기 때문에 결국 상대기업과 경쟁하게 된다. 따라서 소수의 기업만 존재하는 과점시장에서는 그 기업들이 얼마나 서로 협조적인가에 따라 독점처럼 될 수도 있고, 치열한 경쟁관계에 있을 수도 있다. 이는 '**죄수의 딜레마**(prisoner's dilemma)'와 같이 서로 협조하는 것이 최고의 전략이지만 자신의 이기심에 따라 행동함으로써 최고가 아닌 차선의 선택에 만족해야 함을 보여준다.

3. 독점적 경쟁시장의 의미와 경제적 후생

독점적 경쟁시장의 의미

서점에서 소설책을 구매하려고 한다고 해보자. 애정소설, 공포소설, 추리소설 등 무수히 많은 종류의 책들이 있다. 이 중 우리 입맛에 맞는 책을 구입하게 되는데, 소설책을 공급하는 공급자는 무수히 많지만 모든 소설책이 같지는 않다. 소설책뿐만 아니라 소설책을 인쇄하는 출판사들 간의 경쟁이 이루어지는 출판시장도 이와 유사하다. 영화, 음반, 과자, 가구 등이나 식당, 목욕탕, 이발소, 세탁소와 같은 서비스업 등과 같은 시장도 유사한 특징을 가진 시장이다. 이러한 소설책, 출판사, 서비스업종과 같은 시장을 독점적 경쟁시장이라고 하는데, **독점적 경쟁시장**(monopolistic competition market)이란 다수의 공급자들이 서로 경쟁하면서 장기적으로 새로운 기업이 자유롭게 진입하고 퇴거할 수 있어서 완전경쟁시장의 성격을 가지는 한편, 기업들이 공급하는 제품이 차별화되어 있어 어느 정도의 시장지배력을 가지는 독점시장의 특징을 보이는 시장을 말한다.

독점적 경쟁시장의 경제적 후생

완전경쟁시장에서는 경쟁기업들이 똑같은 상품을 가지고 경쟁하기 때문에 주로 가격경쟁을 하지만 독점적 경쟁시장에서는 기업들이 가격경쟁 이외에도 차별화된 자신만의 독특한 상품의 특성을 가지고 경쟁을 하게 된다. 또한 기업들은 제품차별화의 효과를 최대한 발휘하기 위해 광고를 활용한 경쟁을 하기도 한다. 이러한 기업들의 **제품차별화** 전략 때문에 자신의 제품에 대한 충성도 높은 고객을 확보하여 이들에 대해 영향력을 행사할 수 있다. 이와 같이 제품을 차별화하고 그 서비스의 대가로 높은 가격을 설정할 수 있는 독점적 경쟁시장의 특징 때문에 경제학자가 꿈꾸는 완전경쟁시장과 멀어지는 것이다.

그렇다면 현실에 가장 보편적인 독점적 경쟁시장은 좋은 시장이 아닐까? 결론부터 말하자면 독점적 경쟁시장은 반드시 좋은 시장이라고 보기도 어렵고 나쁜 시장이라고 보기도 어렵다. 독점적 경쟁시장이 기업들의 제품차별화 전략으로 완전경쟁시장의 가격보다 높게 결정된다는 점에서는 좋은 시장이 아니다(진입장벽이 없어서 장기적으로는 이윤이 사라진다는 점은 완전경쟁시장과 유사하다). 개별기업의 입장에서는 높은 가격이 이익을 높인다면 좋은 일이지만 소비자 입장에서는 반가운 일이 아니다. 또한 제품차별화를 위해 많은 돈을 들여서 광고를 한다면 생산비용이 크게 증가할 수 있는 점도 반가운 일은 아니다. 그러나 제품차별화를 통해 소비자의 다양한 취향에 맞는 여러 가지 제품을 공급하는 것은 소비자의 입장에서 좋은 소식일 수도 있다.

결론적으로 독점적 경쟁시장은 완전경쟁시장보다 가격이 높다는 점에서 완전경쟁시장보다 비효율적이지만 이러한 비효율성은 제품의 다양성에 기인하는 것이므로 제품다양화 효과를 생각한다면 사회적으로 좋거나 나쁘다고 단정적으로 판단하기 어려운 점이 있다.

정석 사고

완전경쟁기업은 자신의 진실한 비용을 드러내는 반면 독점기업은 자신의 진실한 비용을 숨기게 된다. 독점기업은 가격이 한계비용보다 높은 수준에서 생산을 하게 되므로 독점기업에게 '최대 행복'을 주는 좋은 일이지만 소비자의 입장에서 적은 생산량과 높은 가격은 좋은 일이 아니다. 과점시장에서도 진입장벽이 존재하므로 완전경쟁시장처럼 이윤이 사라질 때까지 가격이 생산비용수준으로 내려가지는 않는다. 독점적 경쟁시장은 완전경쟁시장보다 가격이 높지만 시장지배력이 독점이나 과점보다 작아서 이들처럼 높지 않을 가능성이 크다. 독점적 경쟁시장의 비효율성은 제품의 다양화효과에 기인하므로 사회적으로 좋고 나쁨을 단정적으로 판단하기 어렵다.

[정석사례연구 5-2] 영화산업은 공정한가: 롯데시네마, CGV

공정거래위원회는 영화보급업체인 롯데엔터테인먼트와 CJ엔터테인먼트 등에서 만든 영화만 상영관과 시간을 늘려주는 식으로 시장지배적 지위를 남용한 혐의를 조사하고 있다. 세월호 참사를 다룬 다큐멘터리 '다이빙벨'을 공동 연출한 이상호 기자는 미디어의 가장 중요한 것이 다양성과 접근권인데 국내 대기업 멀티플렉스들은 자신들이 만들고 배급하는 영화만 쇼윈도에 깔고 다른 업체들이 만든 것을 외면하고 있다고 주장한다. 대기업의 계열사 밀어주기보다 더 한 땅 짚고 헤엄치기 행태를 보이는 그들이 과연 영화를 유통할 만한 자격이 있는지 문화산업의 관점에서 살펴볼 때라고 주장한다.

영화관계자는 대기업이 제작부터 배급 상영까지 모든 것을 주무르는 것은 한국의 이상하고 특수한 상황이라고 말했다. 멀티플렉스 3사의 스크린 점유율이 전체의 95%에 육박하는 것은 명백히 독점이라고 하며 개봉관을 적게 연 뒤 잘될 것 같으면 확 몰아주는 식으로 독점력을 휘두른다고 말한다. 한국영화계의 양심으로 불리는 정지영 감독은 관객이 많이 오면 극장 문을 열고 없으면 닫는 게 시장질서인데, 어떠한 압력인지 모르지만 그것이 잘 이뤄지지 않아 시장질서가 깨지고 작은 영화들이 피해를 보고 있다고 주장한다. 특히 자신들이 만들어 배급하는 영화를 시장의 수요공급과 관련 없이 많이 걸어 국민들의 선택권을 제한한다고 토로하며 근본적인 해결책은 법제화를 통해 수직계열화를 정리하는 것이라고 주장한다. 덧붙여 대기업이 제작부터 투자, 배급, 상영까지 주무르는 것은 하나의 큰 권력이며, 이 힘에 줄을 서야 하는 구조라면 부패하기 마련이라고 말한다.[2)]

제3절 정식 교양경제 독점은 규제해야 마땅할까?

완전경쟁기업과 달리 독점기업은 자신의 진실한 비용을 숨기게 된다. 독점기업은 가격이 한계비용보다 높은 수준에서 생산을 하게 되므로 기업에게 '최대행복'을 주는 좋은 일일지 모르지만, 소비자 입장에서 적은 생산량과 높은 가격은 좋은 일이 아니다. 특히 생산량의 크기는 매우 중요한 의미를 가지는데, 상품은 우리의 욕구를 충족시키는 수단이므로 되도록 많은 상품을 생산하는 것이 바람직하다.

그렇지만 이러한 결론은 동일한 상품을 수많은 기업들이 생산할 때와 독점기업 혼자서 생산할 때 생산비용이 같다고 가정한 후에 도출한 것이기 때문에 주의해서 받아들여야 한다. 만약 작은 다수의 기업이 한 산업을 차지하기보다는 대규모의 한 기업이 한 산업을 차지하는 것이 사회적 비용을 경감시키고 보다 낮은 가격으로 재화를 더 많이 공급할 수 있다면, 대규모의 독점기업은 사회적으로도 이익이 될 수 있다. 즉, 규모의 경제가 크게 작용하는 산업에 대해서는 독점을 허용하는 것이 바람직할 수 있다.

많은 사람들은 독점기업이 의도적으로 생산량을 제한하여 높은 가격을 받고 있다고 생각한다. 따라서 독점기업은 큰 이윤을 얻기 위해 소비자의 희생을 요구한다는 것이다. 독점기업의 주주나 소유자들은 대개 중산층 이상의 소득계층이라고 본다면 장 · 단기적으로 독점이윤을 안정적으로 배당받음으로써 사회의 소득분배구조를 악화시킬 수 있다.

독점에 대한 이러한 비난에도 불구하고 새로운 시각에서 독점을 옹호하는 사람들도 있다. 조셉 슘페터(J. A. Schumpeter)와 같은 학자는 독점을 한 시점에서 정태적으로 완전경쟁시장과 비교하는 것을 비판하면서, 동태적으로 판단해야 한다고 제안하였다. 슘페터는 경제적 진보는 기술혁신에 따른 새로운 상품의 등장에 달려 있다고 주장했다. 말이 끄는 마차 대신 자동차, 아이스박스 대신 냉장고, 빨래판 대신 세탁기와 같이 새로운 상품의 등장은 우리의 생활수준을 향상시킨 대표적 사례들이다. 그런데 새로운 상품을 출시하기 위해서는 연구 · 개발(Research and Development: R&D)을 할 막대한 투자자금이 필요하다. 완전경쟁시장에 있는 기업보다 시장지배력을 지닌 독점기업들은 더 많은 경제적 이윤(독점이윤)을 획득하기 때문에, 더 많이 연구개발을 할 여력이 있고, 더 많은 신상품을 개발할 가능성도 높다. 이런 면에서 독점은 기술혁신을 촉진할 수 있다.

현실에서는 독점기업이 여러 방식으로 소비자들에게 다른 가격을 매기기도 한다. 이처럼 생산비용이 같은데도 불구하고 소비자에 따라 다른 가격을 매기는 행위를 **가격차별**(price discrimination)이라고 한다. 가격차별의 가장 놀라운 경제적 효과는 사회적 후생을 증가시킨다는 점이다. 어떤 유명소설책에 대해 높은 독점가격을 매기면 광팬에게만 책을 판매하게 되고 일반팬들이 책을 구입하지 못하여 사회적 후생손실이 발생한다. 그러나 독점출판사가 가격차별을 하면 모든 독자들이 책을 구입할 수 있으며, 그 결과 모든 사람에게 이익이 된다.

이와 같이 독점에는 폐해도 있는 반면에 장점도 있기 때문에 독점의 장점을 살리면서 독점의 폐해를 제거하는 방향으로 정책을 펴는 것이 바람직하다. 소비자와 다른 기업들을 보호하기 위해서는 독점금지법을 만들어 기업분할 등의 규제를 할 수 있다. 독점금지법 이외에 정부가 직접 독점기업의 행동(가격설정)을 규제하는 방식도 있다. 철도, 통신, 전기, 수도와 같은 자연독점산업에서 가격을 규제하는 방식이 그것이다. 또 다른 규제방법으로 정부가 독점산업을 국유화해버리는 것이다. 유럽의 많은 국가들이 전화, 전기, 수도산업들을 국유화하고 있다. 미국의 경우 우체국서비스산업은 이미 국유화되어 있는 상태이다. 우체국서비스산업이 공공재의 외부효과와 규모의 경제로 자연독점산업이라고 생각하기 때문이다.

정석 사고

독점기업은 생산량을 제한하여 높은 가격을 받아서 큰 이윤을 얻으므로 소비자의 희생을 요구한다. 그러나 독점기업들은 더 많은 경제적 이윤을 획득하기 때문에, 더 많이 연구개발을 할 여력이 있으므로 기술혁신을 촉진할 수 있다. 또한 독점기업이 가격차별을 하면 더 많은 소비자에게 공급할 수 있으므로 소비자에게 이익이 된다. 독점의 장점을 살리면서 폐해를 제거하는 정책에는 독점기업의 행동(가격설정)을 규제하거나 국유화하는 방법들이 있다.

[정석사례연구 5-3] 경쟁과 창조적 파괴

1950년대 하버드대학의 경제학자 조셉 슘페터(J. A. Schumpeter)는 기업을 변화시키는 경쟁의 효과를 창조적 파괴라고 불렀다. 이러한 과정을 통해 경제성장과 삶의 질 향상에 큰 기여를 한다. 그는 신제품, 신기술, 새로운 공급요소, 새로운 형태의 경영조직 등으로부터 나오는 경쟁력을 강조하면서 다음과 같이 말한다.

"경쟁력은 평상적인 상황뿐만 아니라 끊임없이 일어나는 어려운 상황에서도 영향을 미치는데, 위험한 상황이 닥치기 전에 경쟁력의 요소들이 효과를 발휘한다. 따라서 기업인들은 그 산업에 독보적인 위치를 유지하고 있더라도 항상 경쟁상황에 노출되어 있다고 느낀다."

1800년대에 화물차는 철도가 나타나기 전까지 유일한 화물운송수단이었다. 이후 철도의 시장지배력은 트럭과 비행기에 의해 약화되었다. 음악을 듣는 레코더는 카세트 테이프에 의해 지배력이 약화되었고, 카세트 테이프는 콤팩트 디스크에 의해 시장지배력을 잃었고, 콤팩트 디스크는 인터넷 음악다운로드가 등장하면서 지배력이 약화되었다. 창조적 파괴의 '창조적' 부분은 저비용과 신제품 생산으로 삶의 질을 높이지만 '파괴' 부분은 사양산업에서 일하는 근로자들이 새로운 산업으로 이직할 여유가 부족한 경우 큰 시련을 안겨다 준다.[3)]

제4절 정석 교양경제 시장경제에서 정보가 왜 중요할까?

1. 정보의 비대칭성

정보는 그 자체가 경제재이다. 부동산중개시장을 생각해 보자. 우리가 땅이나 집을 사고자 할 때 부동산중개업자를 찾아간다. 그 이유는 부동산중개인이 땅과 집에 대한 유용한 정보를 제공하는 중개서비스 종사자이기 때문이다. 개별적으로 땅과 집에 대한 정보를 얻으려면 시간과 노력이 들기 때문에 이에 대한 대가로 중개수수료를 지불한다. 중개업자에게서 얻는 정보의 편익이 정보의 비용인 중개수수료와 같거나 크기 때문에 중개수수료를 지불하고라도 거래를 하는 것이다.

시장구조에서나 수요공급의 이론에서는 정보가 완전하다고 가정한다. 그러나 현실에서는 소비자나 공급자가 항상 완전한 정보를 가진다고 보기 어렵다. 그 이유는 정보를 얻는 데 비용이 들어가기 때문이다. 따라서 사람들이 얻는 정보량이 각자 다를 수 있다. 이처럼 어떤 상품거래에 필요한 정보가 거래당사자에게 공평하게 알려져 있지 않고 한 사람이 다른 사람보다 더 많은 정보를 가지고 있는 현상을 **정보의 비대칭성**(asymmetry of information)이라고 한다.

우리 주변에서 정보의 비대칭성을 자주 발견할 수 있다. 예를 들어 중고차시장을 생각해 보자. 미국 버클리대학의 경제학자 조지 애컬로프(George Akerlof)는 중고차시장을 레몬시장에 비유하면서 겉만 번지르르하고 속이 썩은 상품을 레몬, 겉과 속이 모두 좋은 상품을 복숭아라고 한다. 레몬과 같은 중고차 판매자는 정확한 정보를 가지고 있지만 소비자는 레몬인지 복숭아인지 알기 어렵다.

2. 정보의 비대칭성과 자원배분

거래당사자 간에 정보가 비대칭적으로 분포된다면 예기치 못한 문제가 발생하여 자원이 비효율적으로 배분될 수 있다. 다시 중고차시장으로 돌아가서 생각해 보자. 이 세상에는 레몬 중고차와 복숭아 중고차가 반반씩 섞여 있다고 하자. 중고차 구매자는 겉만 보고 레몬인지 복숭아인지 구별할 수 없다. 또 중고차에 대한 정보는 중고차 구매자보다 판매자가 훨씬 많이 가지고 있다. 만약 중고차 구매자가 레몬과 복숭아를 구별할 수 있다면 레몬에 낮은 가격을, 복숭아에 높은 가격을 지불하려고 할 것이다. 하지만 구매자는 이를 구별할 수 없기 때문에 두 종류의 중고차에 평균가격을 지불하려고 한다. 중고차가 복숭아인 것을 아는 판매자는 구매자가 제시하는 평균가격을 낮다고 보아 판매를 거절할 것이다. 반대로 중고차가 레몬인 것을 아는 판매자는 구매자가 제시하는 평균가격을 기꺼이 받아들여 판매하려고 할 것이다. 이처럼 구매자는 정보가 부족할 때 레몬 중고차를 구매하게 될 가능성이 높은데, 이러한 현상을 정보가 부족한 사람들이 만나고 싶지 않은 상대를 만나게 된다는 의미에서 **역선택**(adverse selection)이라고 한다.

정보의 비대칭성이 발생시키는 또 다른 문제가 있다. 보험시장의 예를 들어보면, 사람들은 보험에 가입을 한 후 행동을 바꾸는 경향을 보이기도 한다. 한 회사가 창고의 화재보험에 가입하고 나면 가입 이전보다 화재 위험에 좀 더 부주의한 경향을 보일 수 있다. 의료보험에 가입한 사람은 감기나 사소한 질병에도 병원을 자주 찾을 것이다. 이처럼 정보를 많이 가진 사람이 정보를 적게 가진 사람과 거래를 할 때 정보를 많이 가진 사람이 바람직하지 못한 행동을 하게 되는 현상을 **도덕적 해이**(moral hazard)라고 한다.

정보의 비대칭성으로 인한 역선택과 도덕적 해이의 문제가 우리에게 필요한 상품의 적정한 생산과 소비를 제공하지 못하게 한다면 시장의 자원배분이 효율적으로 이루어지지 않았다는 의미이다. 중고차시장에서 보듯이 레몬 중고차만 거래된다면 결국 시장이 사라질 수도 있다. 또한 보험시장에서도 가입자의 부주의한 행동은 보험료를 비싸게 하거나 아예 보험상품을 사라지게 할 수 있다. 미국의 경제학자 조셉 스티글리츠(Joseph E. Stiglitz)는 이러한 시장의 붕괴를 **마비된 손**(palsied hand)이라고 하였다.

3. 정보의 비대칭성의 해결방안

정보의 비대칭성으로 발생하는 첫 번째 문제로서 역선택은 **감추어진 특성**(hidden characteristics)으로 인해 발생하는 문제이다. 예를 들어 중고차의 경우 구매자가 어떤 결함이 있는지 모르기 때문에 발생하는 문제이다. 이러한 역선택의 문제를 해결하기 위해서 컬럼비아대학교의 조셉 스티글리츠(Joseph E. Stiglitz)는 정보를 가지지 못한 측에서는 **선별**을 통해서, 그리고 스탠포드대학교의 마이클 스펜서(Michael Spencer)는 정보를 가진 측에서는 **신호발송**을 하게 된다고 주장했다.

선별(screening)이란 보험회사와 같이 정보를 가지고 있지 못한 측이 먼저 나서서 간접적인 방법을 통해서라도 상대방에 관한 정보를 얻으려고 하는 노력을 말한다. 선별은 정보가 없는 측에서 감추어진 특성 때문에 생기는 역선택의 문제를 완화하기 위한 **자기선택장치**라고 할 수 있다. 예를 들어 기업의 입장에서 어떤 지망생이 가장 능력 있는 최적의 사원이 될지 눈을 크게 뜨고 선별한다. 이때 어떤 학력수준을 가지고 있으며, 어느 학교의 어느 학과를 나왔고, 어떤 과목을 수강했는가 등으로 그 사람의 능력을 판단하는 것이 그런 예이다.

신호발송(signalling)이란 취업지망생처럼 정보를 많이 가지고 있는 측이 자신의 감추어진 특성을 어떤 방법으로든 알리려고 하는 노력을 말한다. 예를 들어 기업은 품질보증이나 광고를 통해서 자사 상품의 품질이 우수하다는 것을 알리기도 한다. 그리고 취업시장에서 취업지망생들은 자신이 가장 우수한 적임자라는 신호발송을 계속하게 된다. 그 밖에 오랜 시간 쌓아올린 평판(reputation)도 하나의 신호로 작용하고, 어떻게 보면 앞의 품질보증, 광고 역시 평판을 쌓기 위한 수단이 될 수도 있다.

정보의 비대칭성으로 발생하는 두 번째 문제로서 도덕적 해이는 **감추어진 행동**(hidden action)에 의해서 발생한다. 예를 들어 자동차보험에 가입하고 난 후 운전할 때 부주의하게 행동하기 때문에 발생하는 문제다. 이러한 도덕적 해이를 해결하기 위해 정보를 가지지 못한 측이 **유인**(incentive)을 제공한다. 예를 들어 자동차보험의 경우 사고발생 시 보험가입자도 같이 일정한 부분을 **공동책임**지게 하여 사고에 대한 주의를 갖도록 유인한다. 또 회사가 유능한 취업지망생을 뽑고 난 후 게으르거나 나태해지는 문제를 해결하기 위해 **성과급**과 같은 유인을 통해 신입사원이 회사의 이익을 감소시키는 행동을 줄이려고 한다. 결국 유인의 제공은 도덕적 해이의 문제를 완화하여 기업의 이익에 충실하도록 하기 위한 수단이다.

그림 5-1 정보의 비대칭성과 해결

정석 사고

정보의 비대칭성으로 발생하는 첫 번째 문제로서 역선택(adverse selection)은 **감추어진 특성**(hidden characteristics)으로 인해 발생하는 문제이다. 이 문제를 해결하기 위해서 정보를 가지지 못한 측에서는 **선별**을, 그리고 정보를 가진 측에서는 **신호발송**을 하게 된다.

정보의 비대칭성으로 발생하는 두 번째 문제로서 도덕적 해이(moral hazard)는 **감추어진 행동**(hidden action)에 의해서 발생한다. 이를 해결하기 위해 정보를 가지지 못한 측이 **유인**(incentive)을 제공한다.

[정석사례연구 5-4] 차사고 과실 많은 쪽, 보험료 더 오른다

2016년 말부터 차사고 과실에 대한 잘못된 관행이 합리적인 방향으로 바뀌었다. 금융감독원은 자동차보험 관행 개선방안을 발표했는데, 핵심내용은 과실이 있으면 보험료 할증률이 무조건 25% 할증되던 관행을 개선하여 과실비율에 비례해서 차등화된다는 것이다. 쌍방과실이더라도 과실비율이 작으면 보험료 할증률이 낮아지고 과실비율이 크면 할증률이 높아진다. 다시 말해서 방어운전을 한 사람은 보험료가 덜 오르고 난폭운전을 한 사람은 보험료가 더 오른다는 얘기이다.

보험약관상 사망보험금도 두 배 이상(최대 4천5백만 원→최대 1억 원)으로 오른다. 현재 사망보험금은 2003년에 정한 금액이므로 현실에 맞지 않는다는 지적이 많았다. 이를 바로잡기 위해 그간 소득 증가와 물가상승률, 법원의 교통사고 사망위자료 판례 등을 종합적으로 고려해 사망보험금을 최대 1억 원으로 올리기로 했다. 사망보험금뿐만 아니라 장례비와 부상에 따른 장애보험금·휴업손해보험금도 오른다.

또한 어린 자녀가 둘 이상인 가정은 보험료를 할인받을 수 있다. 2016년 11월부터 각 보험사가 '다둥이 특약 자동차보험'을 출시하였다. DB손해보험(구 동부화재)이 가장 적극적으로 나섰는데, 이 회사는 여성이 둘째를 가지면 임신했을 때부터 아이가 태어나 돌이 될 때까지 가족의 자동차보험료를 깎아주는 다둥이보험을 준비하고 있다. 운전자 특성 분석 결과 임산부나 갓난아이가 있는 여성이 운전을 덜 하는 것으로 나타났기 때문이다.

자동차보험 가입경력 인정제도도 활성화한다. 이 제도는 가족명의로 된 보험차량을 운전할 때 보험사에 경력인정 요청을 하면 향후 자신 명의로 새 차를 살 때 보험료를 깎아주는 제도다. 3년 이상 경력을 인정받으면 최대 51.8%의 보험료를 할인받을 수 있다. 또 연소득 4천만 원 이하(부부 합산) 가구, 기초생활수급자, 장애인 등을 위한 서민우대 자동차보험도 활성화한다. 이 보험은 조건에 따라 보험료를 할인해 주지만 그간 보험사의 홍보 부족으로 가입자가 많지 않다.

이와 함께 사고처리를 자주 한 운전자(공동인수 대상)도 보험료가 싼 상품을 선택할 수 있다. 공동인수제는 사고빈도가 잦은 운전자가 보험금을 요청할 경우 보험사들이 공동으로 나눠 내는 제도다. 앞으로는 공개입찰제를 실시해 공동인수 대상 운전자가 상대적으로 값이 싼 보험을 선택할 수 있도록 한다. 금융감독원은 "자동차보험 가입자 2천만 명 시대에 맞춰 부당한 관행을 지속적으로 고쳐나가겠다"고 밝혔다.[4)]

〈자동차보험료 관행 어떻게 개선되나〉

항목	2016년 기준	개선안
보험료 할증률(12월)	사고건수 비례	사고건수+과실비율 비례
손해보험금(12월)	사고보험금 최대 4천5백만 원	사망보험금 최대 1억 원
다자녀가족 운전자보험료(11월)	다른 운전자와 차이 없어	다둥이 특약보험 출시
형사합의금(8월)	가해자가 피해자에게 지급한 뒤 보험사 정산	피해자에게 바로 형사합의금 지급
자동차보험 가입경력 인정(6월)	2013년 도입 후 유명무실	보험사가 소비자에게 가입 유도
치료비 지급내역 통보(7월)	가해자에게 피해자 병원비 총액만 통보	피해자 병원비 상세내역 통보
서민우대 자동차보험(6월)	가입실적 저조	취약계층에 홍보 강화

※ 괄호 안은 시행시기.

제2부
국민경제와 국제경제의 이해

제4편 국민경제의 이해

제6장 국민경제활동의 순환과 결정

나는 절대로 미래를 생각하는 일이 없다.

미래는 너무도 빨리 닥쳐오기 때문이다.

- 알버트 아인슈타인 -

개인의 소비활동과 기업의 생산활동을 분석하여 시장경제가 자원을 효율적으로 배분하는가를 살펴보는 경제학분야를 미시경제학이라고 한다. 정부는 미시경제학에 입각한 미시적 경제정책으로 상당수의 경제문제를 해결하기도 하지만 모든 경제문제를 해결해 주지는 않는다. 왜냐하면 개인의 입장에서 최적이라고 생각되는 경제활동이 국민경제 전체의 입장에서도 최적이라는 보장은 없기 때문이다.

국민경제 전체의 국민소득, 물가, 실업과 같은 내용을 학습하는 경제학분야를 거시경제학이라고 한다. 거시경제학은 이처럼 국민경제활동의 측정뿐만 아니라 어떻게 순환하는가에 관심을 가진다. 경제활동의 순환과정에서 국민소득은 증가하고 감소하는 경기변동이 발생한다. 이 과정에서 경제 내 자원이 최대한 활용되지 못하거나 자원배분이 왜곡되는 실업문제와 인플레이션문제가 발생한다. 국민경제 전체적으로 노동력을 최대한 고용하여 실업을 없애고 인플레이션을 억제하는 것은 매우 중요한 문제이다.

제6장 국민경제활동의 순환과 결정

이 장에서는 거시경제학의 기초가 되는 국민경제의 활동수준과 그 순환, 그리고 국민소득이 어떻게 결정되는지를 살펴본다. 국민경제의 활동수준을 살펴보기 위한 가장 중요한 경제지표가 국내총생산과 물가지수이다. 이러한 지표들이 어떻게 측정되며, 이를 통하여 국민경제활동수준을 알아보고 국민경제활동이 어떻게 순환하는지를 파악하고자 한다. 또한 물가가 고정되어 있을 때와 물가가 변동할 때 국민소득이 어떻게 결정되는지를 살펴볼 것이다.

이 장에서 배울 것

- 국민경제활동수준은 어떻게 측정할까?
- 국민경제활동은 어떻게 순환할까?
- 국내총생산(GDP)에는 어떤 유형들이 있을까?
- 고정물가에서 국민소득은 어떻게 결정될까?
- 물가와 국민소득은 어떻게 결정될까?

제1절 국민경제활동수준은 어떻게 측정할까?

1. 국민경제활동수준의 측정

미국, 독일, 일본, 한국 국민들의 평균수명은 80세가 넘는 데 비해서 아프리카 소말리아 국민은 그 절반인 40세에도 미치지 못한다. 아프리카 국민들의 평균수명이 크게 낮은 이유는 그 나라의 국민소득수준과 밀접한 관계가 있다. 소득수준이 높으면 교육도 많이 받을 수 있고, 의료시설도 잘 갖추어져 있다. 그러나 소득수준이 낮으면 생존에 필요한 의식주문제뿐 아니라 교육을 제대로 받지 못하고, 의료시설부족으로 질병에 걸리기 쉽다.

미국과 소말리아 중에 어느 나라가 잘 사는 나라일까? 모두 미국이 더 잘 산다고 대답할 것이다. 어떤 나라가 잘 사는지, 또 어떤 나라의 경제활동이 왕성하게 이루어지는지 알고 싶을 때 무엇을 보아야 하는가? 경제학자들은 한 국가의 생활수준을 알아보기 위해서 국내총생산(Gross Domestic Product: GDP)을 사용한다. **국내총생산**(GDP)을 간단히 말하면 일정 기간 동안 한 나라 안에서 새롭게 생산된 모든 것의 금전적 가치를 합한 것이다.

정석 사고

국내총생산(Gross Domestic Product: GDP)이란 일정 기간 동안에 한 나라 안에서 새롭게 생산된 모든 최종재화와 서비스(최종생산물)의 시장가치를 말한다.

예를 들어 휴대폰, 쌀, 옷, 자동차, 책, 모기약과 같은 재화를 포함해서 학원수업, 병원치료, 이미용서비스의 생산을 모두 더하여 하나의 숫자로 표시한 생산량통계가 국내총생산이다. 국내총생산의 정의가 단순해 보이기는 하지만 약간의 설명이 필요한 부분도 있다.

첫째, **일정 기간 동안에**: GDP는 일정 기간을 구체적으로 명기하는데, 보통 3개월 또는 1년을 기간으로 하여 측정된다.

둘째, **한 나라 안에서**: 한 국가의 영토 내에 생산된 모든 최종재화와 서비스의 가치로서 외국인 및 외국인 소유의 생산요소에 의하여 생산된 것도 포함한다.

셋째, **새롭게 생산된**: GDP는 이전에 생산된 중고품의 거래, 또는 이전에 있었던 외상거래의 지불을 포함하지 않는다.

넷째, **최종생산물**: 기업 간에 거래된 원재료와 반제품 같은 중간생산물은 GDP의 대상에서 제외하는데, 그 이유는 최종생산물의 가치가 중간생산물의 가치를 포함하기 때문이다.

다섯째, **시장가치**: 시장에서 거래되는 모든 최종생산물을 화폐가치로 평가한 화폐액을 말한다.

실제로 국내총생산을 측정할 때 생산물을 일일이 합산하기보다는 생산물에 대한 각 경제주체들의 총지출을 더하는 것이 편리하다. 경제주체는 가계, 기업, 정부, 해외로 나뉘고, 가계는 음식물과 가구와 같은 재화나 서비스를 구입하는 소비지출, 기업은 기계와 건물 등을 구입하는 투자지출, 정부는 공무원을 고용하여 공공서비스를 제공하는 정부지출, 해외부문은 외국인의 우리 상품에 대한 지출(수출)에서 우리 국민의 해외상품에 대한 지출(수입)을 뺀 순수출을 한다. 이와 같이 각 경제주체의 소비지출, 투자지출, 정부지출, 순수출을 모두 더하면 한 나라의 국내총생산을 구할 수 있다.

국내총생산=소비지출+투자지출+정부지출+순수출(=수출−수입)

정석 사고 국내총생산의 구성요소는 소비지출, 투자지출, 정부지출, 순수출이다.

국내총생산을 총지출로 측정하는 것은 편리할 뿐만 아니라 생산활동에 참가한 각 경제주체의 기여도를 추측할 수 있다. 예를 들어 어느 해의 국내총생산이 증가했는데 다른 지출은 일정한 데 비해서 투자지출이 많았다면 국민경제의 생산활동에서 기업부문의 기여가 많다는 것을 쉽게 파악할 수 있다.

2. 국내총생산의 유용성과 한계

국내총생산은 생활수준을 측정하거나 국민경제활동수준을 측정하는 데 자주 사용된다는 사실을 보았다. 국내총생산이 높은 나라는 대체로 생활수준이 높다. 기업은 국내총생산의 변화를 통해 생산설비를 확장할 것인지 결정한다. 정부는 국내총생산의 변화를 통해 거두어들일 세금규모를 예측한다. 경제학자는 이 통계를 통해 경기변동이나 미래를 예측한다. 증권투자가들은 이 통계를 통해 주식에 투자를 해야 할지 여부를 결정한다.

그러나 국내총생산이라는 잣대는 몇 가지 중요한 한계를 가진다. 첫째, 시장에 거래되지 않는 자가노동, 자가소비, 자가소득 등은 GDP에 포함되지 않는다. 가정주부가 청소하고 아이를 기르는 행위, 자신이 가꾸어 먹는 채소 등은 GDP에서 제외된다. 둘째, 지하경제와 자본이득은 GDP에서 제외된다. 밀수, 밀매, 마약, 탈세 등의 지하경제는 정상적 생산활동으로 간주하지 않기 때문이다. 또한 지가와 주가변동에 따르는 자본이득은 생산활동과 관련이 없다는 이유로 GDP에서 제외된다. 셋째, 가족과 휴가나 여가를 즐기는 것은 삶의 질을 높이는 행위이지만 돈으로 계산되지 않으므로 GDP에서 제외된다. 넷째, 생산활동과정에서 발생하는 환경오염비용은 GDP계산에서 제외된다. 공해를 증가시키는 물질적 생산은 GDP에 포함하면서 공해로 인해 발생한 피해는 빼지 않는다. 다섯째, 상품의 질의 변화는 GDP에서 제외된다. 기술혁신으로 제품의 질이 좋아지고 가격이 하락하면 오히려 GDP가 감소한다.

정석 사고

국내총생산은 상품과 서비스가 얼마나 많이 생산되었는지를 보는 **생산량지표**(output measure)이다. 이 지표의 문제점은 첫째, 자가노동, 자가소비, 자가소득 등은 GDP에 포함되지 않는다. 둘째, 지하경제와 자본이득이 생산활동에 기인한 것이 아니라는 이유로 GDP에서 제외된다. 셋째, 여가는 GDP에서 제외된다. 넷째, GDP는 생산활동으로 인한 생산들만 포함하고 공해는 고려하지 않는다. 다섯째, GDP는 상품의 질의 변화를 반영하지 못한다.

[정석사례연구 6-1] 지하경제는 얼마나 되나

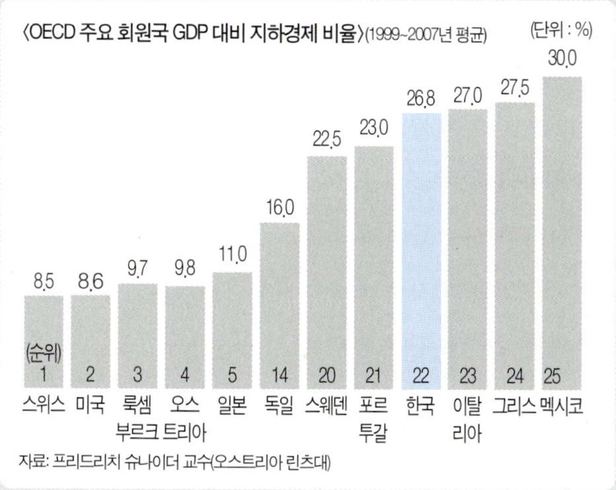

어느 더운 여름 날 오후에 누가 찾아와 문을 노크하더니 만 원만 주면 세차를 해주겠다고 했다. 나는 좋다는 의사표시를 하면서 만 원을 주었다. 공식적으로 말하면 이 거래는 비공식적 거래이므로 장부에 기록되지 않으며 세금도 내지 않는다. 이런 식의 불법거래는 늘 일어나는 일이다.

GDP로 측정한 2004년 미국의 공식적인 경제규모는 12조 달러에 달한다. 마약이나 매춘 같은 불법거래를 제외한 비공식부문의 추계규모는 GDP의 6~20%에 달한다. 이 수치의 중간값을 잡아보면 연간 1조 5천억 달러에 이른다. 한편 우리나라의 지하경제 비중은 OECD회원국 중 4번째로 크다고 알려져 있다. 2004~2005년 우리나라 지하경제의 비중은 GDP의 27.6%에 달한다. 프리드리히 슈나이더 교수가 2003년 발표한 지하경제 추정치를 보면 전 세계에서 가장 높은 지하경제비중을 가진 나라는 볼리비아로서 GDP의 68.3%에 달한다. 반면에 서구 나라들의 지하경제 비중은 평균 16.7%에 불과했다.

과연 내 차를 세차한 사람은 좋은 일을 한 것일까? 그 일을 시킨 나는 어떤가? 유모수당, 이웃끼리 돕는 품앗이, 과외소득 보고하지 않기 등도 모두 지하경제에 속한다. 지하경제라는 표현 때문에 사실보다 훨씬 더 부정적으로 들릴 뿐이다.[1)]

제2절 정석 교양경제 국민경제활동은 어떻게 순환할까?

1. 총생산과 총소득

우리나라는 전 세계 10위권의 경제대국으로서 해마다 엄청난 크기의 국내총생산을 만들어낸다. 이렇게 많은 생산물은 누구에게로 흘러가는가? 기업의 판매수입은 생산에 필요한 중간재구입과 생산에 필요한 생산요소, 즉 노동과 자본을 구입하는 데 사용되고, 그 나머지는 생산자의 이윤으로 분배된다. 예를 들어, 피자헛의 판매수입은 재료비를 제외하고 나머지는 피자 생산에 참여한 사람들의 소득으로 분배된다. 피자헛에서 일하는 직원이 기계를 이용해서 피자를 만들었다면 직원에게 임금을 지불하고, 기계설치 대금을 빌려준 사람에게는 이자를 지불한다. 나머지는 피자헛을 경영한 경영자와 주주들의 몫으로 분배한다. 그러므로 총생산물에 해당하는 피자는 피자 생산활동에 참가한 사람들에게 임금, 이자, 지대, 이윤의 형태로 모두 분배된다. 결과적으로 피자헛의 판매수입은 피자생산에 참가한 사람들이 받는 소득과 같게 된다. 이와 같은 원리에서 총생산액과 총소득을 같은 의미로 사용한다.[2)]

2. 국민소득의 순환

어떤 사람의 경제적 지위는 그 사람의 소득으로 알아볼 수 있듯이 한 경제의 생활수준은 그 경제 내의 사람들이 얼마나 벌고 있는지 보면 알 수 있다. 경제 내의 모든 사람이 벌어들인 소득은 국내총소득 혹은 국내총생산(GDP)이다. 국내총생산은 경제학자들이 가장 선호하는 생

그림 6–1 가계와 기업의 국민소득순환

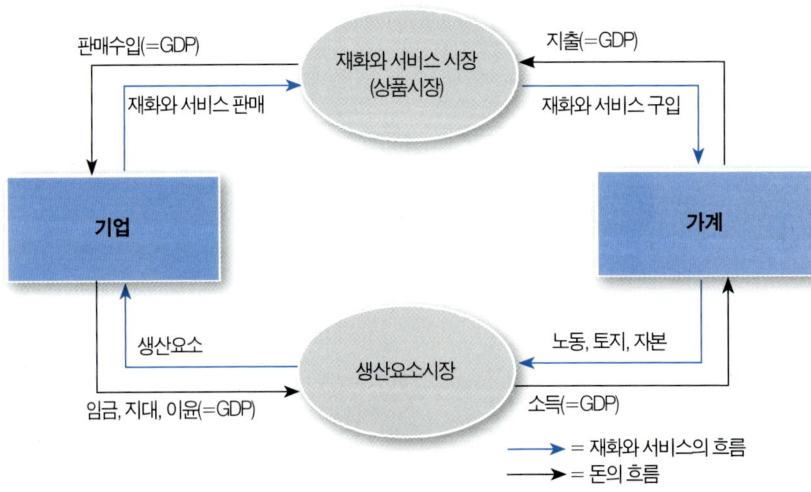

산량측정법인데, 이것이 생산량의 합이지만 소득의 합과 같기 때문에 국내총소득이 된다.

국내총생산은 경제 내 모든 사람들의 총소득과 그 경제 내 생산된 모든 생산물(재화와 서비스)에 대한 총지출이라는 두 측면을 동시에 보여준다. 이것은 경제 전체로 볼 때 총소득과 총지출은 항상 같다는 것을 의미한다. 그림 6-1과 같이 정부와 해외부문이 없는 단순한 경제를 생각해 보자.

한 나라 경제에 가계와 기업만 존재하고 기업은 재화와 서비스를 생산한다고 가정한다. 가계는 재화와 서비스를 구입하며, 구입지출은 재화와 서비스시장으로 흘러 들어간다. 한편 기업은 재화와 서비스(상품)를 판매하고 그 판매수입으로 생산과정에 참여한 근로자에게 임금을, 토지소유자에게 지대를, 주주들에게 이윤을 지불하며, 지불액은 생산요소시장으로 흘러 들어간다. 결론적으로 가계의 총지출은 총생산이 분배되는 총소득(임금, 지대, 이윤의 합)과 같다. 경제의 모든 지출은 결국 누군가의 소득들이기 때문에 '총소득=총지출'이 항상 성립하게 된다. 이처럼 총소득과 총지출이라는 측면에서 살펴본 국민경제의 순환적 과정을 **국민소득의 순환**이라고 한다. 단순경제에서 국민소득의 순환은 일단 시작되기만 하면 최초의 소득수준에서 영원히 계속된다.

국민소득의 순환에서 가계가 재화와 서비스를 구입하기 위해 지출한 금액을 **지출국민소득**이라고 한다. 그리고 기업이 근로자를 고용하고 자금과 토지를 빌려 재화와 서비스를 생산하는데 이 생산액을 **생산국민소득**이라고 한다. 마지막으로 생산액은 생산활동에 참여한 근로자에게 임금, 자금대여자에게 이자, 토지소유자에게 지대, 주주에게 이윤으로 분배되는데, 이 분배된 소득을 **분배국민소득**이라고 한다. 이러한 국민소득의 세 가지 얼굴인 생산, 분배, 지출은 그 크기가 항상 같기 때문에 이를 **국민소득의 3면 등가의 법칙**이라고 한다.

이제 정부와 해외부문을 포함한 개방경제를 생각해 보자. 개방경제에서 국내총생산은 국내에서 생산된 모든 재화와 서비스에 대한 모든 종류의 지출을 포함한다. 따라서 총지출은 ① 가계의 소비지출, ② 기업의 투자지출, ③ 정부의 정부지출, ④ 해외부문의 순수출(=수출−수입) 네 가지 범주로 나눌 수 있다. 개방경제에서 국민소득의 3면 등가의 법칙을 설명하면 그림 6-2와 같다.

제1편
제2편
제3편
제4편
제5편

그림 6–2 개방경제의 국민소득 3면 등가의 법칙

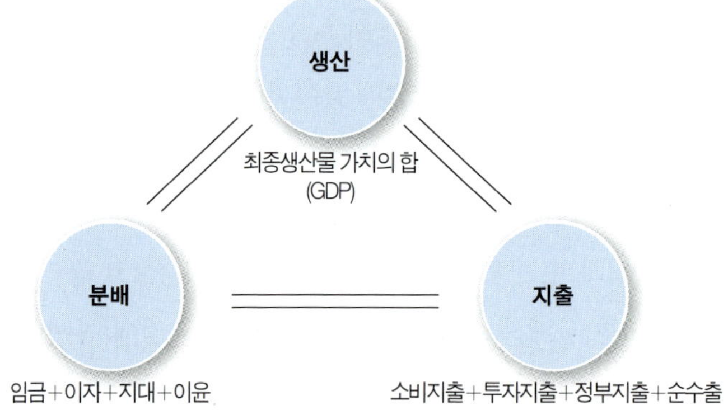

정석 사고 소득과 지출이라는 측면에서 살펴본 국민경제의 순환적 과정을 **국민소득의 순환**이라고 한다. 생산국민소득과 분배국민소득, 지출국민소득이 동일한 크기라는 사실을 국민소득의 **3면 등가의 법칙**이라고 한다.

[정석사례연구 6-2] 총저축률 11년 만에 최고: 소비와 투자는 줄고, 한국경제의 악순환

국내 총저축률이 11년 만에 가장 높은 수준을 기록했다. 한국은행이 2016년 3월 25일 발표한 '2015년 국민계정 잠정'에 따르면 2015년 정부와 기업, 민간을 포함한 국내 총저축률은 35.4%로 전년 대비 0.9%포인트 상승했다. 이는 지난 2004년 35.5% 이후 11년 만에 가장 높은 수치이다.

반면 국내 총투자는 17년 만에 가장 낮은 수치를 보였다. 국내 총투자율은 전년 대비 0.8%포인트 하락한 28.5%를 기록하여 2011년 32.9% 이래 4년 연속 하락세다. 또 1998년 29.95% 이후 17년 만에 가장 낮은 기록이다. 경기불황이 계속되자 경제주체들이 투자와 소비를 줄이고 저축만 늘린 결과다.

현대경제연구원은 "경기부진이 장기화되면서 미래에 대한 불안감이 큰 것 같다"며 "미래에 대한 불안감이 저축을 늘리고 투자를 줄이게 했다"고 설명했다. 저축증가는 주로 가계의 소득이 소비보다 빠르게 상승한 결과이다. 투자감소는 주로 기업이 주도했는데, 부문별로 민간투자가 24.1%로 전년 대비 0.8%포인트 떨어졌고 정부투자는 4.4%로 지난해와 동일했다. 이는 주로 기업의 연구개발 투자의 부진에 기인한다. 키움증권은 "수출이 역대 최저를 기록하고 있는 상황에서 기업이 막연히 투자를 늘리기는 어려운 상황"이라며 "수출부진은 단시간에 해결되는 문제가 아니니, 금리인하로 가계소비를 진작시켜 경기하방을 막는 방법으로 문제를 해결하는 것이 좋다"고 설명했다.[3]

제3절 정식 교양경제 국내총생산(GDP)에는 어떤 유형들이 있을까?

GDP의 측정은 합산과 시장거래를 원칙으로 한다. 이처럼 모든 상품의 가치를 시장가격으로 측정하는 것은 종류가 다른 상품을 하나로 묶을 수 있는 장점이 있다. GDP를 당해 연도의 시장가격으로 평가하여 얻은 생산물가치를 명목GDP(nominal GDP)라고 하는데, 이는 생산량이 변하지 않아도 가격이 오르면 증가한다. 실제로 우리의 생활수준이나 소득수준이 증가하려면 가격이 아니라 생산량이 증가해야 한다. 이를 보기 위해 만든 것으로서, 특정연도(기준연도)의 가격으로 평가하여 매년 변하는 가격변동을 제거한 생산물가치를 실질GDP(real GDP)라고 한다.

명목GDP에서 물가지수를 사용하여 실질GDP를 구할 수 있다. 물가는 시장에서 거래되는 상품의 평균적인 가격수준을 말하며, 물가지수는 이렇게 작성된 물가의 변화를 보기 위하여 만들어진 숫자이다. 물가지수는 어떤 시점을 기준으로 그 시점의 물가를 100으로 하여 비교시점의 지수를 계산한다. 물가지수에는 소비자물가지수와 생산자물가지수가 있다. 가장 중요한 소비자물가지수(Consumer Price Index: CPI)는 도시가계의 소비자가 일상 소비생활에서 구입하는 재화와 서비스의 가격변동을 측정하기 위한 물가지수이다. 소비자물가지수는 지수작성과 신속성, 경제성을 고려하여 라스파이레스 산식을 이용한다. 즉

$$\text{소비자물가지수} = \frac{\Sigma P_t Q_0}{\Sigma P_0 Q_0}$$

(단, P_t : 비교시점가격, P_0 : 기준시점가격, Q_0 : 기준시점수량)

소비자물가지수는 생계비지수라고 부르기도 한다. 이외에 생산자물가지수(Producer Price Index: PPI)는 국내시장의 제1차 거래단계에 있는 기업들 간에 거래되는 모든 재화와 서비스의 평균적인 가격변동을 측정하기 위하여 작성되는 물가지수이며, 소비자물가지수보다는 대상품목이 많아 전반적인 상품의 수급동향이 반영된다. 어느 해의 소비자물가지수가 120이라면 기준연도에 비해서 생계비나 물가가 20% 상승했다는 것을 의미한다.

소비자물가지수와 유사한 지수로서 각 연도의 명목GDP를 기준연도의 실질GDP로 나눈 물가지수를 **GDP디플레이터**(GDP deflator)라고 한다.

$$\text{GDP디플레이터} = \frac{\text{명목GDP}}{\text{실질GDP}} \times 100$$

GDP디플레이터는 한 경제에서 생산된 모든 최종생산물의 평균가격을 나타내는 물가지수이다. GDP디플레이터는 소비자물가지수와 몇 가지 차이점이 있다. 첫째, 소비자물가지수는 대다수의 소비자가 주로 구입하는 500여 개의 재화와 서비스를 대상으로 산출하지만 GDP디플레이터는 국내에서 생산하는 모든 재화와 서비스를 대상으로 산출한다. 둘째, 소비자물가지수는 5년마다 대상품목을 선정하여 산출하지만 GDP디플레이터는 매년 생산하는 모든 품목을 대상으로 산출한다. 이 때문에 정보통신 관련 신제품이 나올 때 소비자물가지수에 제때 반영하기는 어렵다.

GDP와 관련된 다른 유용한 개념들로서 **실제GDP**(actual GDP)는 한 나라에서 '실제로' 생산된 모든 최종생산물의 시장가치를 말한다. 반면에 **잠재GDP**(potential GDP)는 한 나라에 존재하는 모든 생산요소, 즉 노동과 자본 등이 정상적이고 효율적으로 고용될 경우 달성할 수 있는 '최대의' GDP를 말한다. 어떤 나라의 모든 생산요소들이 정상적이고 효율적으로 고용되는 상태가 바로 완전고용을 의미하므로 잠재GDP는 **완전고용국민소득**과 같은 의미이다. 이때 잠재GDP와 실제GDP의 차이를 **GDP갭**(GDP gap)이라고 한다. 경기침체로 불완전고용상태이면 GDP갭이 양수이다. 반대로 경기호황이면 GDP갭이 음수이다. 이를 정리해 보면 다음 **표 6-1** 과 같다.

표 6-1 GDP의 유형과 관련 개념들

국내총생산의 유형	내용
명목GDP	총생산량×당해연도 시장가격(=경상가격)
실질GDP	실질GDP=명목GDP/물가지수
GDP디플레이터	GDP디플레이터=명목GDP/실질GDP
실제GDP	실제로 측정된 GDP
잠재GDP	완전고용GDP
GDP갭	잠재GDP−실제GDP

정석 사고

명목GDP에서 물가변동을 제거하면 **실질GDP**(real GDP)가 된다. **실제GDP**(actual GDP)는 한 나라에서 '실제로' 생산된 모든 최종생산물의 시장가치이며, **잠재GDP**(potential GDP)란 완전고용 상태의 GDP로서 '최대의' GDP를 말한다. 잠재GDP와 실제GDP의 차이를 **GDP갭**(GDP gap)이라고 한다.

[정석사례연구 6-3] 실질GDP와 기술진보

실질GDP를 계산하는 데 있어서 문제는 기존의 상품의 품질 변화를 고려하기 어렵다는 점이다. 컴퓨터의 경우는 기술혁신의 속도가 매우 빠르기 때문에 특히 문제가 된다. 1981년 처음 등장한 IBM의 PC와 지금 출시되는 컴퓨터의 품질이 동일하다고 생각하는 사람은 없을 것이다. 이러한 문제를 개선하기 위해서 특정연도에 상이한 특성을 가진 컴퓨터의 가치를 감안하는 방법이 있다. 컴퓨터의 처리속도뿐만 아니라 내부속도, RAM, 인터넷 접속 가능성 등 이전에 비해서 향상된 컴퓨터의 성능도 반영해야 할 것이다. 시장에서 3GHz 속도의 컴퓨터에 비해서 4GHz 속도를 지닌 컴퓨터에 사람들이 가격의 10% 정도를 더 지불할 용의가 있다고 상정해 보자. 만일 전년도에 3GHz 속도였던 컴퓨터가 올해 들어 4GHz 속도로 바뀌었는데 동일한 가격에 판매된다고 하면, 새로운 컴퓨터는 사실상 전년도의 컴퓨터가격보다 10% 하락했다고 할 수 있다. 이처럼 상품의 특성(컴퓨터의 속도, 메모리 등) 각각에 암묵적인 가격을 부과하는 가격측정방식을 '헤도닉 가격모형(hedonic pricing)'이라고 한다.[4]

제4절 고정물가에서 국민소득은 어떻게 결정될까?

정식 교양경제

물가와 국민소득이 어떤 수준에서 결정될 것인가는 거시경제이론의 주요한 관심사 중의 하나다. 이에 대한 답을 하기 위해서는 총수요-총공급모형이 필요하다. 이러한 분석에 들어가기 전에 우선 '물가가 일정한 수준으로 주어졌다'고 가정한 상황에서 국민소득이 어떻게 결정되는지 알아보자.

우리는 국민소득의 순환에서 국민소득이 각 생산요소의 소유자에게 분배되고 이것이 다시 지출되는 순환과정을 보았다. 따라서 국민소득은 순환의 생산 측면 또는 분배 측면이나 지출 측면에서 모두 동일하게 측정된다. 다시 말해서 국민소득 순환과정의 생산 혹은 분배 측면에서 파악된 국민소득과 지출 측면에서 파악된 국민소득이 일치한다. 또한 이것은 생산 혹은 분배 측면의 국민소득이 총생산 혹은 총소득, 지출 측면의 국민소득이 총지출이라는 점을 보여준다. 이러한 사실을 이용하면 국민소득이 어떻게 결정되는지 알아볼 수 있다.

국민소득의 처분

총생산을 통해 얻어진 국민소득은 각 생산요소에 분배되고 다시 여러 형태로 처분된다. 개인이 생산활동에 참여하여 얻는 총소득은 여러 가지 방식으로 처분된다. 개인은 총소득의 일부를 소비하고 그 나머지는 저축한다. 또한 정부에 조세를 납부하므로 총소득의 모든 처분방식을 더하면 다음과 같다.

$$총소득 = 소비 + 저축 + 조세$$

이 식은 단순히 생산을 통해 얻은 총소득이 처분되는 형태를 나열한 것이므로 항상 성립한다.

국민소득의 창출

생산된 상품에 대한 수요가 없으면 생산이 이루어지지 않는다. 또한 생산되더라도 팔 수 없게 된다. 반대로 수요가 있으면 그만큼 생산이 증가하고 소득이 창출된다. 개방경제에서 생산된 상품은 우선 개인들의 생활에 필요한 것이므로 개인들이 구매하여 소비지출한다. 그러나 생산된 상품을 개인들이 모두 구입하는 것은 아니다. 기업은 일부 상품을 미래의 확대생산을 위해 가져가고(투자행위), 다른 나라와 교역을 통해 상품의 일부를 수출하고 수입한다. 정부는 정부지출행위로서 공무원에게 월급을 지불하고 필요한 물품을 구입한다. 따라서 국민소득을 창출하는 모든 지출방식을 더하면 다음과 같다.

총지출=소비지출+투자지출+정부지출+순수출(수출−수입)

총지출의 마지막 구성요소는 해외부문의 지출인데, 국내에서 생산된 상품에 대한 지출만을 뜻하므로 수입된 상품의 가치를 빼는 과정이 꼭 필요하다. 이 식도 상품에 대한 지출의 여러 형태를 나열한 것이기 때문에 항상 성립한다.

균형국민소득

국민소득의 순환이 일정하게 계속되려면 물통에 누출과 주입이 같아야 물의 양이 일정하듯이 국민소득의 처분과 창출이 같아야 한다. 이때의 국민소득을 균형국민소득이라고 한다. 균형국민소득이 존재하려면 다음 조건이 성립되어야 한다.

총소득=총지출

이 균형조건은 방정식으로서 항등식이 아니므로 항상 성립하는 것이 아니다. 소비를 제외하고는 총소득과 총지출을 구성하는 요소들이 다르기 때문에 총소득이 총지출보다 더 클 수도, 작을 수도 있다. 총지출이 더 크면 생산이 증가하고 소득이 증가한다.

정석 사고

국민소득의 처분은 생산활동에 참여하여 얻는 모든 요소소득에 달려 있으므로 국민경제의 총생산 혹은 총소득과 일치한다. 국민소득의 창출은 생산된 상품에 대한 총수요에 달려있으므로 국민경제의 총지출과 일치한다. 국민소득의 처분과 창출이 총소득과 총지출에서 나오므로, 균형국민소득은 '**총소득=총지출**'에서 결정된다.

[정석사례연구 6-4] 실질 국내총생산(GDP)과 실질 국내총소득(GDI), 어떻게 다른가?

유엔의 국민계정체계는 한 나라의 국민소득을 생산지표와 소득지표로 구분하도록 권고하고 있다. 앞에서 살펴본 것처럼 국내총생산(GDP)이란 생산활동을 기준으로 측정한 것으로서 '한 나라의 국민과 외국인이 국내에서 생산한 최종생산물의 가치'이다. 반면 국내총소득(GDI)은 생산활동을 통하여 벌어들인 소득의 구매력을 나타낸 것이다. 두 지표는 당해연도 가격으로 평가할 때에는 국민소득 3면 등가의 법칙에 따라 서로 같을 수밖에 없다. 그러나 기준연도 가격으로 평가할 때에는 실질GDP에 교역조건 변화에 따른 실질무역손익을 합하여 실질GDI를 구한다.

양 지표는 비슷한 것 같지만 실제 크기는 다소 차이가 난다. 예를 들어 2007년 실질GDP는 798조 570억 원인데 비해 실질GDI는 719조 6천626억 원이다. 이처럼 실질지표에 있어서 두 지표가 서로 다른 것은 수출품과 수입품 가격 사이의 상대적 비율, 즉 교역조건이 변하면 그 나라 국민의 실질구매력도 변하기 때문이다. 간단한 예를 들어 설명해 보자. 어떤 나라가 2007년에 반도체를 20만 개 생산해 1개당 4달러에 전량 수출하고 배럴당 100달러의 가격으로 원유 8천 배럴을 수입했는데, 2008년 들어 반도체 수출가격이 1개당 2달러로 떨어진 반면 원유의 수입가격은 변화하지 않았다고 가정해 보자. 이렇게 되면 2008년에 반도체 20만 개를 수출한 대금으로 수입할 수 있는 원유가 4천 배럴로 줄어들게 된다. 즉 두 기간 중 국내총생산에 아무런 변화가 없어도 교역조건이 변화함에 따라 그 나라 국민의 실질구매력이 줄어드는 결과가 나타난 것이다. 우리는 신문에서 지표경기와 체감경기 간에 괴리가 크다는 보도를 종종 보게 된다. 이는 실질GDP 성장률과 국민이 피부로 느끼는 실질GDI 증가율 간에 큰 차이가 나는 상황을 말하는 것이다.[5)]

제5절 정석 교양경제 물가와 국민소득은 어떻게 결정될까?

물가가 고정되어 있어 그 고정물가수준에서 국민소득이 결정되는 가정이 비현실적이라고 생각할 수 있다. 왜냐하면 현실경제를 보면 물가가 고정되어 있기는커녕 수시로 오르내리기 때문이다. 이제 물가가 변동할 수 있는 현실적인 세계에서 물가와 국민소득이 어떻게 동시에 결정되는지 알아보자.

1. 총수요란 무엇인가?

국민소득의 창출은 생산된 상품에 대한 총수요에 달려있으므로 국민경제의 총지출과 일치한다고 하였다. 이때 물가가 고정된 수준에 있다는 가정하에서 설명한 것인데, 만약 물가가 변동한다면 어떻게 될까?

우선 앞에서 설명한 총지출이 고정물가수준에서 측정한 것이므로 물가가 변동하면 총지출의 크기가 변동할 것이다. 따라서 총수요라고 하면 각 물가수준에 상응하는 총지출의 조합이다. 그렇다면 물가가 변동할 때 총지출이 어떻게 변동하는지 살펴보자.

금리효과: 물가가 올라가면 상품거래를 위해 더 많은 화폐가 필요하므로 화폐수요가 늘어나서 금리가 상승한다. 금리의 상승은 기업의 투자지출을 줄여서 국민경제의 총지출을 감소시킨다.

실질자산효과: 물가가 올라가면 사람들이 가진 자산의 가치하락으로 인해 더 가난하게 느껴 소비지출을 줄이게 된다. 따라서 소비자의 소비지출이 감소하여 국민경제의 총지출이 감소한다.

무역효과: 물가가 올라가면 수출품물가가 올라가서 수출이 감소하게 된다. 따라서 국민경제의 총지출이 감소한다.

이상의 세 가지 이유로 물가가 올라가면 총지출이 감소하여 국민소득이 감소하게 된다. 따라서 총수요는 물가와 국민소득이 서로 음(−)의 관계를 가진다는 사실을 보여준다. 그림 6-3 은 이러한 관계를 보여주고 있다.

그림 6-3 총수요곡선

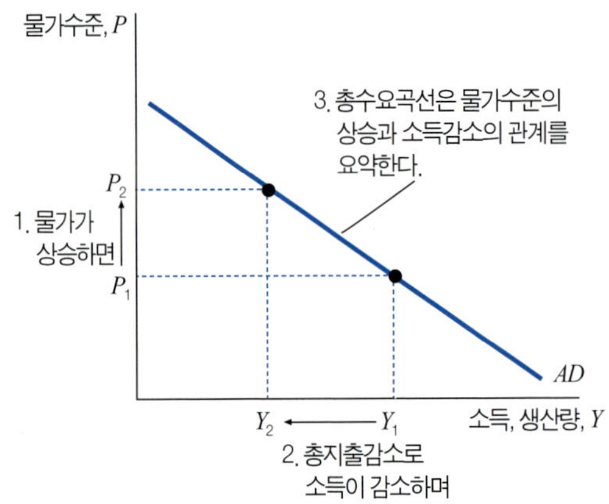

2. 총공급이란 무엇인가?

국민소득의 처분은 생산활동에 참여하여 얻는 모든 요소소득에 달려 있으므로 국민경제의 총생산 혹은 총소득과 일치한다. 이때 물가가 고정된 수준에 있다는 가정하에서 설명한 것인데, 만약 물가가 변동한다면 어떻게 될까?

우선 앞에서 설명한 총생산 혹은 총소득이 고정물가수준에서 측정한 것이므로 물가가 변동하면 총생산의 크기가 변동할 것이다. 따라서 총공급이라고 하면 각 물가수준에 상응하는 총생산의 조합이다. 그렇다면 물가가 변동할 때 총생산이 어떻게 변동하는지 살펴보자.

불완전정보에 의한 착각: 기업들은 상품수가 많아 모든 가격을 알 수는 없다. 물가가 오를 때 이러한 불완전한 정보 때문에 기업은 자신이 생산한 상품가격만 오르고 다른 모든 기업의 상품가격이 오르지 않았다고 착각하여 고용을 증가시켜서 보다 많은 상품을 생산하고 큰 이윤을 얻으려고 한다. 이러한 이유로 총생산이 물가에 같은 방향으로 반응한다.

엇갈린 가격설정과 가격경직성: 기업이 물가를 착각하지 않더라도 제품가격을 즉시 인상하면 다른 기업들이 늦게 가격을 인상하거나 하지 않을 경우 많은 고객을 잃게 되므로 가격인상에 먼저 나서기 어려워 시간이 걸린다. 또한 가격변경에는 메뉴비용(메뉴판을 수시로 바꾸는 비용)이 발생하므로 가격인상에 주저하게 되어 소비자의 수요가 증가하는 동시에 생산이 증가하게 된다.

이상의 두 가지 이유로 물가가 올라가면 총생산이 증가하여 국민소득이 증가하게 된다. 따라서 총공급은 물가와 국민소득이 서로 양(+)의 관계를 가진다는 사실을 보여준다. 그림 6-4는 이러한 관계를 보여주고 있다.

그림 6-4 총공급곡선

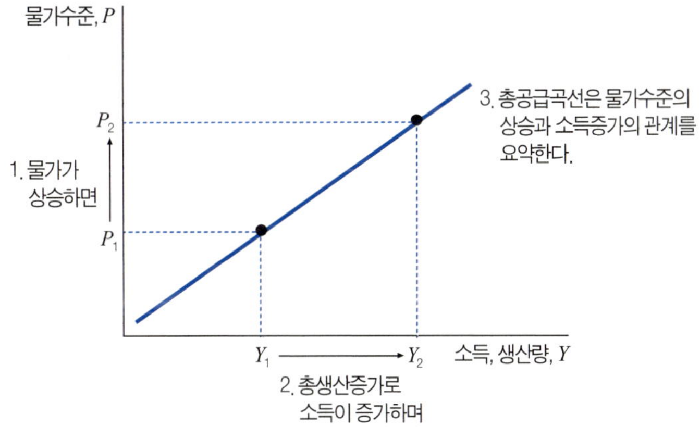

3. 물가와 국민소득은 어떻게 결정되는가?

이제 총수요와 총공급의 상호작용에 의해 국민경제 전체의 생산수준 혹은 소득수준과 물가가 결정되는 과정에 대해 살펴볼 차례다. 개별 상품시장에서 상품의 수요와 공급에 의해 균형가격과 균형거래량이 결정되듯이 국민경제의 균형 역시 총수요와 총공급이 일치하는 상태에서 찾을 수 있다.

만약 높은 물가수준에서 총공급이 총수요보다 더 커서 판매되지 않은 상품이 재고로 쌓이면 기업은 생산을 줄이는 반응을 보인다. 반대로 낮은 물가수준에서 총수요가 총공급보다 더 커서 판매할 상품이 부족하면 기업은 재고를 보충하기 위해 생산을 늘리는 반응을 보인다. 이러한 반응이 총수요와 총공급이 일치하도록 하는 힘으로 작용하게 된다. 총수요와 총공급이 일치하는 균형상태에서 국민경제의 균형물가와 균형국민소득이 결정된다.(그림 6-5)

그림 6-5 총수요–총공급 모형

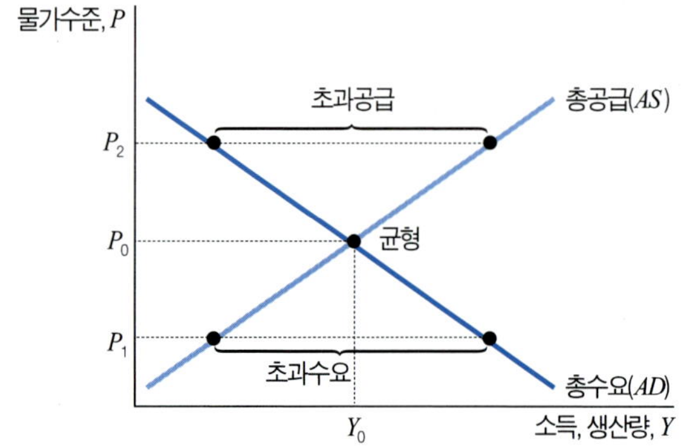

정석 사고

총수요곡선은 각각의 물가수준에 대응하여 한 나라 생산물에 대한 실질총지출을 보여주는 곡선이다. 총수요곡선이 음(−)의 관계를 보여주는 이유는 케인즈의 금리효과, 피구의 실질자산효과, 무역효과(환율효과)로 설명될 수 있다.

① **금리효과**: 물가상승 → 실질화폐잔고감소 → 이자율상승 → 투자감소 → 총지출감소

② **실질자산효과**: 물가상승 → 민간실질자산 감소 → 소비위축 → 총지출감소

③ **무역효과**: 물가상승 → 수출가격상승 → 수출감소, 수입증가 → 총지출감소

총공급곡선은 다른 조건이 일정불변일 때 각 물가수준에 대응하여 공급자들이 공급하고자 하는 실질총생산량을 나타내는 곡선을 말한다. 불완전한 정보와 엇갈린 가격설정, 가격경직성으로 물가와 총생산량이 양(+)의 관계를 보여준다.

한 나라의 물가와 소득수준은 총수요와 총공급의 상호작용에 의해 결정된다.

[정석사례연구 6-5] 총수요 · 총공급의 기원은?

총수요 · 총공급모형은 단기 경기변동을 설명하기 위해 생겨났다. 경제학자들이 경기변동에 대해 심각하게 받아들인 사건이 바로 1930년대의 세계대공황이다. 이에 1936년 케인즈(J. M. Keynes)는 고용과 이자 및 화폐에 관한 일반이론에서 당시 지배하고 있던 고전학파의 경제이론은 단기적 충격에 의한 경기변동을 설명할 수 없다고 비판했다. 그는 세계경제가 높은 실업률에 신음할 때 총수요를 조절하여 사람들을 살려내는 것이 시급한 과제라고 주장했다. 그가 이러한 경기변동과 대공황에 대한 설명과 처방을 시도하는 과정에서 총수요 · 총공급모형이 탄생한 것이다.[6)]

제1편
제2편
제3편
제4편
제5편

제7장
실업과 인플레이션

나의 여러 가지 발명은 그 어느 것이나 우연히 된 것은 아니다. 그것은 모두 일함으로써 성취된 것이다.

- 토머스 에디슨 -

우리는 불확실하기는 하지만 완전한 세계에 살고 있는 것인가? 아니면 불확실하고 불완전한 세계에 살고 있는가? 비록 완전하지는 않지만 충분한 자기조절기능을 가지고 항상 극복할 수 있다고 보는가? 아니면 인간은 너무 나약하고 시장 또한 나약해서 때때로 자기조절능력을 상실한다고 보는가? 이상적인 세계에서는 모든 가격이 신축적이어서 시장이 완전하며 자기조절기능이 있어 항상 어려운 경제상태를 극복한다. 그러나 현실경제에서는 모든 가격이 신축적이지는 않으며 시장이 불완전하여 때때로 자기조절기능을 상실하기도 한다.

현실경제가 불완전하기 때문에 누구나 직장에서 일하고 돈을 벌어 가족을 먹여 살리기를 원하지만 그렇게 되지 않는 경우도 있다. 또한 물가가 크게 올라서 여태 열심히 일해서 모아놓은 돈으로는 집을 구입하기에 턱없이 부족해지기도 한다. 이러한 상황에 우리가 지

제7장 실업과 인플레이션

향하는 궁극적인 목적은 실업문제와 인플레이션문제를 해결해서 보다 나은 삶을 살아가는 것이다. 이것은 경제학자들의 의무인 동시에 정부가 존재하는 이유이기도 하다.

이 장에서는 우리의 삶을 황폐화시키는 실업문제의 발생원인과 그 해결책을 살펴볼 것이다. 이어서 우리가 노력해서 모은 재산을 하루아침에 날릴지도 모르는 인플레이션문제의 발생원인과 그 해결책을 모색할 것이다. 또한 실업과 인플레이션의 관계는 무엇이며, 이 두 가지 문제를 동시에 해결하는 방법은 존재하는지 살펴볼 것이다. 오늘날 눈부신 과학의 발전에 비하면 우리가 가진 지식이 너무 얕아서 현실을 해결하기에 너무 벅찬 일일지도 모른다. 그러나 현실을 직시하고 과제를 하나하나 극복하다 보면 더 나은 삶이 우리를 기다리고 있을 것이다. 이 장은 바로 이러한 우리의 힘든 삶에 관한 이야기이기도 하다.

이 장에서 배울 것

- 실업은 왜 발생할까?
- 인플레이션은 왜 발생할까?
- 실업과 인플레이션은 어떤 관계가 있을까?
- 실업과 인플레이션에 대한 새로운 이론은?

제1절 실업은 왜 발생할까?

정석 교양경제

국민경제에서 궁극적으로 잡아야 할 두 마리 토끼가 있다면 실업과 인플레이션이라고 할 수 있다. 토끼라고 비유한 데서 알 수 있듯이 그 두 마리 토끼는 때때로 서로 다른 방향으로 달려가기 때문에 동시에 잡기가 쉽지 않다. 우선 실업에 대하여 살펴본 후 인플레이션문제를 보도록 하자. 국민경제가 항상 완전고용상태라면 실업문제가 없을까? 완전고용은 실업이 없다는 의미는 아니다. 사람들 중 일하기 싫어하는 사람들까지 일터로 데려가기는 어렵다. 또한 사람들이 더 좋은 일자리를 얻기 위해 잠시 학습과 탐색기간을 가지는 것까지 막으며 아무 일터에나 끌고 가기도 어렵다. 따라서 실업은 항상 존재한다. 다만 완전고용상태에서의 실업문제는 사회적으로 문제가 되지 않을 뿐이다.

현실세계에서는 완전고용에 못 미치는 경우가 많다. 이때 실업문제는 사회적으로 큰 문제가 된다. 경제학에서 '**실업자**'라는 말은 단순히 직업이 없는 사람을 의미하는 것이 아니라, 일할 의사가 있는데도 직장을 얻지 못한 사람을 뜻한다. **실업**은 사람들이 일할 의사와 능력이 있음에도 불구하고 취업의 기회가 주어지지 않는 상태이다. 따라서 **실업률**(unemployment rate)이란 실업자의 수를 경제활동인구(15세 이상의 인구 중 일할 의사와 능력을 가진 인구)로 나눈 비율을 말한다. 정리해 보면 다음과 같다.

정석 사고

- 실업: 일할 의사와 능력을 가진 사람(경제활동인구)이 일자리를 갖지 못한 상태
- 실업률: 경제활동인구에서 실업자 수가 차지하는 비율
- 경제활동인구: 15세 이상의 인구(생산가능인구) 중에서 일할 의사와 능력이 있는 사람
- 경제활동인구=취업자+실업자
- 실업률 $= \dfrac{\text{실업자수}}{\text{경제활동인구}} = \dfrac{\text{실업자수}}{\text{실업자수}+\text{취업자수}}$

실업을 엄밀하게 구분해 보면, 보다 나은 직장을 얻기 위해서 계속 탐색하고 있는 경우와 같이 취업할 능력은 있지만 현재의 임금과 근로조건 아래에서 취업할 의사가 없어 자발적으

로 취업하고 있지 않은 상태를 **자발적 실업**(voluntary unemployment)이라고 한다. 이 실업은 직업탐색과정에서 발생한다는 점에서 **탐색적 실업**(search unemployment)이라고도 한다. 따라서 탐색적 실업만 존재하는 상태를 **완전고용**이라고 하며, 이때의 실업률을 **자연실업률**(natural rate of unemployment)이라고 한다. 국민경제가 자연실업률상태에 있을 때의 총생산량을 **자연생산량** 혹은 **완전고용국민소득**이라고 한다.

한편 취업할 능력과 의사가 있으나 취업을 못하고 있는 상태를 **비자발적 실업**(involuntary unemployment)이라고 한다. 비자발적 실업은 노동에 대한 수요가 노동의 공급에 미치지 못하여 일자리부족으로 발생한다. 산업구조가 변하면 노동력에 대한 수요구조도 변화한다. 사양산업에서의 일자리는 줄어들고 성장산업의 일자리는 늘어난다. 사양산업에서 일하던 사람들이 성장산업으로 바로 옮길 수 있다면 사회적 문제가 되지 않지만 현실적으로 성장산업은 첨단기술과 지식정보 등이 요구되므로 직장이동이 쉽지 않다. 이런 성격의 실업을 **구조적 실업**(structural unemployment)이라고 한다. 학자에 따라서는 구조적 실업에서 기술혁신에 따라 발생하는 실업을 별도로 **기술적 실업**(노동절약적 신기술을 사용하는 기계의 사용으로 발생하는 실업)으로 구분하기도 한다. 한편 경기침체가 지속되면 기업들은 생산된 상품이 판매되지 않기 때문에 생산과 고용을 줄이게 된다. 경제가 회복되기 전까지 일자리는 늘어나지 않으며 일자리를 기다리는 대기실업이 존재하게 된다. 이러한 성격의 실업을 **경기적 실업**(cyclical unemployment)이라고 한다.

앞서 언급했듯이 비자발적 실업은 노동의 수요가 노동의 공급에 못 미치기 때문에 발생한다. 이러한 현상이 발생하는 이유를 알아보자.

① 최저임금제

정부가 임금이 균형임금보다 낮아지는 것을 금지하면 임금경직성이 발생한다. 최저임금제는 기업이 노동자에게 지급하는 임금의 하한선을 정하는 것이다. 따라서 최저임금은 기업이 수요하는 노동량을 감소시킨다.

② 실업보험

실업보험이 존재하면 노동자들이 낮은 임금의 일자리를 거절하고 오히려 실업을 선택할 수 있다. 이 때문에 노동자의 유보임금수준(reservation wage level, 최소수용임금수준)이 높아지고 기업의 제시임금수준이 낮아지기 어렵다. 따라서 임금이 하방경직적일 수 있으며 항상 노동의 수요가 공급에 못 미치게 된다.

③ 내부자-외부자이론

노동조합의 독점권 때문에 임금경직성이 생길 수 있다. 노동조합에 가입한 노동자의 임금은 수요와 공급이 아니라 노동조합과 기업 사이의 교섭에 의해 결정된다. 이렇게 결정된 임금은 노동조합이 없는 기업의 임금에도 영향을 미친다. 그 이유는 그 기업의 노동자들이 노동조합을 결성하겠다고 위협하면 임금을 균형수준 이상으로 상승시키게 되기 때문이다. 이미 취업해서 일하고 있는 노동자, 즉 **내부자**(insider)는 임금을 높게 유지하려고 하는 반면 실업자, 즉 **외부자**(outsider)는 낮은 임금에서도 취업하고 싶어 한다. 그러나 기업은 생산성이 높은 내부자를 외부자로 대체할 경우 따르는 이직비용(turnover cost, 전환비용) 때문에 내부자가 제시하는 임금수준을 받아들여 임금이 균형수준보다 높아지게 된다. 결국 외부자까지도 높은 임금에 수반되는 비용을 분담하게 된다.

④ 실업의 이력현상

경기후퇴에 접어들면 내부자였던 일부가 외부자가 된다. 외부자는 실업상태에서 자신이 가진 기술을 잃어버려 경기후퇴가 끝나도 일자리를 얻을 능력을 잃게 된다. 또 실업기간이 길어질수록 일자리에 대한 희망을 접을 수도 있다. 한편 내부자는 높은 고용보다 높은 실질임금에 더 관심이 있다. 경기가 회복되어도 내부자는 고용증가보다 내부자의 이익을 위해 임금결정과정에서 협상력을 발휘하여 실질임금은 계속 균형수준 이상으로 상승하게 되고 실업규모가 증가한다.

따라서 새고전학파의 용어를 빌어 표현하면, 경기후퇴는 외부자의 직업탐색과정을 없애고 마찰적 실업규모를 크게 증가시킨다. 경기가 회복되어도 내부자에 의해 외부자는 취업하기 어려워져 실업률은 감소하지 않고 더욱 증가하게 된다. 이로 인해 자연실업률 자체가 높아져서 경제에 영원히 흔적을 남길 수 있다. 이것을 내부자-외부자에 의한 **실업의 이력현상**(hysteresis phenomenon)이라고 한다. 이 내용이 얼마나 설득력이 있는지는 모르겠지만 여전히 논쟁이 되고 있는 이론이다.

⑤ 효율임금이론

전통적인 경제이론에서는 임금의 크기가 근로자의 생산성이 높고 낮음에 따라 결정된다고 본다. 그러나 높은 임금을 주면 생산성이 높아질 수 있다는 반대의 임금역할을 제시한 것이 **효율임금이론**(efficiency wage theory)이다. 효율(성)임금이론은 근로자의 생산성이 임금수준에 의해 영향을 받는다는 사실에 입각해 임금이 쉽게 하락하지 않는 현상을 일부 설명할 수 있다.

임금이 생산성에 영향을 준다고 볼 수 있는 이유는 다음과 같다. 첫째, 기업의 입장에서 보면 높은 임금은 근로자들의 태만과 같은 도덕적 해이(moral hazard)를 막는 기능을 함으로써 생산성을 높인다. 둘째, 기업이 임금을 낮추면 가장 능력 있는 근로자와 오랫동안 일한 경험 근로자들부터 먼저 회사를 그만둘 가능성이 크기 때문에 높은 임금은 이러한 역선택(adverse selection)의 문제를 막을 수 있다. 셋째, 선진국에 적합한 것으로 높은 임금은 계속 일하려는 동기를 부여하므로 노동자의 이직률을 낮춘다. 넷째, 후진국에 적합한 것으로 높은 임금은 노동자의 영양상태를 높여 생산성을 높인다.

이와 같이 임금이 생산성에 영향을 미치는 여러 원인들이 있지만 기본적으로 효율임금이론은 노동자에 대한 불완전정보 때문에 실업이 존재해도 임금이 균형수준보다 높게 책정된다는 것으로서 임금의 경직성을 설명해 주고 있다.

이상의 이유들로 비자발적 실업이 지속적으로 장기간 발생한다. 이를 해소하기 위해 강력한 경제안정화정책을 시행해야 한다는 결론을 이끌어낼 수 있다.

정석 사고

비자발적 실업이 발생하는 이유는 임금이 제대로 낮아지지 않기 때문이다. 기업이 임금을 낮출 수 없는 이유는 최저임금제와 실업보험, 노동조합의 독점력(내부자-외부자이론과 이력현상), 효율임금이론에 있다.

[정석사례연구 7-1] 우리나라의 실업통계

우리나라의 실업률 추이를 보면 1970년대 초에 4%를 웃돌던 실업률이 1990년대 초반에는 2~3%대에서 안정화된 양상을 보인다. 이러한 실업률은 선진국에 비해 매우 낮은 수준을 보여주는 것이다. 사실 우리나라 실업통계는 국제노동기구(ILO)의 권고에 따라 작성되는데, 실제 고용상태를 제대로 반영하지 못한다는 비판이 있다.

국제노동기구에서 권고하는 방법은 설문조사에서 다음 세 가지 질문을 통과하여 실업자를 파악하는 것이다. 지난주에 1시간 이상 일하지 않았고, 지난 4주 동안 적극적인 구직활동을 하지 않았고, 지난주에 일자리를 제안받았다면 수락했을 것이라는 질문에 모두 그렇다고 응답한 경우 실업자로 분류된다.

이 질문에 따르면 실업자로 분류되는 것 자체가 어렵다. 예를 들어 지난주에 1시간 이상 일했다면 실업자로 분류되지 않는다. 또한 지난 4주 동안 열심히 일자리를 구해 보았지만 뜨내기일로 푼돈을 받게 되어도 실업자로 분류되지 않는다. 이 때문에 체감실업률과 상당히 큰 차이가 발생한다.

세계금융위기로 어려웠던 2011년 실업통계를 보면 3% 수준으로 매우 낮다. 일자리를 원하지만 지난 4주 동안 구직활동을 하지 않아 실업자가 아닌 비경제활동인구로 분류된 사람을 잠재적 실업자로 간주하여 실업통계에 포함시킨다면 이보다 훨씬 높은 수준이었을 것이다. 실제 황수경(2011)의 "설문구조에 따른 실업측정치의 비교"(KDI)에 따르면 5배 이상 실업률이 높아질 수 있다고 한다.[1]

제2절 정석 교양경제 인플레이션은 왜 발생할까?

1. 인플레이션은 사회적 문제가 되는가?

인플레이션(inflation)이란 물가가 전반적으로 상승하는 현상을 가리킨다. 물가의 상승은 한 상품의 가격이 아니라 대부분의 상품가격이 함께 상승할 때 일어난다. 그렇다면 대부분의 상품가격이 함께 상승하는 현상은 왜 일어나는 것일까? 전반적으로 물가가 상승하면 일정한 돈으로 살 수 있는 상품의 양이 줄어들게 된다. 이처럼 인플레이션은 화폐의 구매력을 떨어뜨린다. 어떤 경제학자는 실업보다 인플레이션이 더 심각한 문제라고 주장한다. 인플레이션이 우리에게 어떤 문제를 가져오는지 잠시 생각해 보자.

인플레이션이 문제가 되는 것은 이로 인해 화폐의 구매력이 떨어져서 우리가 화폐로 받은 소득의 구매력이 감소하기 때문이라고 생각하는 사람이 많다. 사람들에게 인플레이션의 고통이 무엇인지를 물어보면 대부분은 화폐의 구매력이 약화되어 빈곤해지는 것이라고 대답한다. 그렇지만 상품들의 가격이 전반적으로 상승하는 과정에서 사람들이 버는 화폐소득도 함께 증가한다. 이때 인플레이션으로 우리의 생활에 무슨 변화가 생기는가? 모든 숫자가 더 커졌다는 것 이외에 변한 것은 없다. 따라서 경제적 후생은 전반적인 물가수준에 의존하지 않음을 알 수 있다.

예를 들어 대출이자에 대하여 생각해 보자. 우리가 돈을 거래할 때에는 이자를 붙여 빌리거나 돌려받는다. 이때 인플레이션이 있다면 실질이자율에 인플레이션율을 더해야 아무도 가난해지지 않는다. 이 관계는 실질이자율(real interest rate)에 예상된 인플레이션율을 더한 것이 명목이자율(nominal interest)이라는 **피셔방정식**(Fisher equation) 혹은 **피셔가설**로 요약할 수 있다.

명목이자율＝실질이자율＋예상된 인플레이션율

사람들은 임금이나 화폐소득에 대해서도 마찬가지로 행동하려고 할 것이다. 사람들이 관심을 가지는 것은 화폐액으로 표현된 소득(명목소득, 화폐소득)의 크기라기보다 화폐소득이 지니는 실질구매력, 실질소득이다. 인플레이션이 발생할 것으로 예상되면 사람들은 그로 인해 실질소득이 줄어드는 것을 막기 위해 화폐소득을 물가상승률만큼 추가로 올리기 위한 행동을 하게 된다.

2. 예상된 인플레이션은 어떤 사회적 문제를 가져오는가?

모든 사람이 인플레이션을 예상하여 행동하면 생활에 아무런 변화가 없고 사회적 문제나 비용도 없다. 그러나 완벽하게 예상된 인플레이션의 경우라 하더라도 여러 특성 때문에 어떤 사

제1편
제2편
제3편
제4편
제5편

람에게는 비용을 초래할 수 있다. 예를 들어 매달 물가수준이 1%씩 지속적으로 증가하여 연간 12%의 인플레이션이 예상된다고 하자. 이때 비록 사소하지만 예상된 인플레이션이 초래하는 사회적 비용으로 '메뉴비용(menu cost)'과 '구두창비용(shoe leather cost)', 인플레이션조세를 들 수 있다.

① 메뉴비용

기업이 자신의 제품가격을 새로운 가격으로 계속 조정하는 데 드는 비용, 새로운 가격표를 인쇄하고 발송하여 부착하는 작업에 드는 비용, 가격의 잦은 변동에 대한 소비자들의 불만에 대한 대응을 총칭하여 **메뉴비용**(menu cost)이라고 한다. 인플레이션이 심할수록 메뉴비용이 커진다.

② 구두창비용

물가가 뛸 것이라고 예상하는 사람들은 현금을 최소한으로 보유하고 나머지는 은행예금에 넣어놓고 필요할 때마다 빼서 사용하는 식으로 행동함으로써 상실하게 되는 이자를 최소화시키려 할 것이다. 은행에 자주 들락거리면서 구두창이 닳게 되는 것에 비유하여 이를 **구두창비용**(shoe leather cost)이라고 부른다. 인플레이션이 심할수록 구두창비용이 커진다.

③ 인플레이션조세

전반적으로 물가가 상승하면 화폐소득도 증가한다. 그렇지만 소득세법이 개정되지 않는 한 화폐소득의 증가로 더 많은 소득세를 내게 된다. 더구나 소득세는 누진세이기 때문에 사람들의 세금부담은 더 커진다. 다시 말해서 인플레이션은 개인으로부터 정부로 소득을 이전시킨다. 이를 **인플레이션조세**(inflation tax)라고 한다.

3. 예상치 못한 인플레이션은 어떤 사회적 문제를 가져오는가?

예상된 인플레이션의 사회적 비용들을 사소한 것으로 무시하더라도 왜 우리는 인플레이션에 주목하는가? 일반물가수준이 상승할 것을 미리 예상하는 경우에는 숫자만 커지고 변하는 것은 없다. 그러나 일반물가수준을 예상하지 못한 경우 문제가 될 수 있다. 이것을 좀 더 치밀하게 경제학자처럼 사고해 보자. 미리 말하자면 예상된 인플레이션의 경우에는 우리의 삶에 거의 변화가 없지만 예상치 못한 인플레이션이 발생하는 경우 우리의 삶은 빈곤해질 수 있다. 예상치 못한 인플레이션은 여러 경로를 통해 매우 큰 사회적 비용을 발생시킨다.

① 소득재분배

예상치 못한 인플레이션은 그만큼 실질이자율을 하락시킨다. 돈을 빌려준 사람은 받아야 할 돈의 가치가 낮아진 만큼 손해를 보게 되고 반대로 채무자는 갚아야 할 돈의 가치가 낮아진 만큼 이익을 본다. 또한 명목임금의 실질가치가 하락하여 임금노동자의 생활수준은 하락한다.

② 장기계약과 투자의 위축

기업은 투자에 따르는 불확실성과 위험을 더 크게 느끼게 된다. 따라서 가급적이면 장기적인 대차계약을 기피하며 단기로 자금을 빌려주려 하게 된다. 그로 인해 기업은 투자에 필요한 자금을 장기적으로 안정되게 빌려 쓰기 어렵다. 따라서 기업은 자금조달의 불확실성 때문에 투자를 주저하게 된다.

③ 경상수지악화

인플레이션이 발생하면 외국 상품에 비해 국내 상품이 상대적으로 더 비싸지기 때문에 수출의 감소와 수입의 증가를 유발하여 경상수지적자가 발생한다.

이제 인플레이션이 예상되지 않았을 때 심각한 사회적 비용이 초래된다는 것을 알았다. 그렇다면 이러한 인플레이션은 어떤 원인에 의해 발생하는 것일까?

4. 인플레이션은 어떻게 발생하는가?

총수요-총공급모형은 인플레이션이 발생하는 원인을 설명하는 데 매우 적합한 분석틀이 될 수 있다. 인플레이션이 발생하려면 경제가 초과수요상태에 놓여야 한다. 경제가 초과수요상태에 놓이게 되는 계기는 두 가지로 나눌 수 있다. ① 총공급은 가만히 있는데 총수요가 늘어나는 경우다. 이렇게 총수요의 증가에 의해서 인플레이션이 발생하는 경우를 **수요견인 인플레이션**(demand-pull inflation)이라고 한다. ② 총수요는 가만히 있는데 총공급이 줄어들 때도 경제는 초과수요상태에 놓이게 된다. 이렇게 생산비용이 반영된 총공급의 감소에 의해서 인플레이션이 발생하는 경우를 **비용인상 인플레이션**(cost-push inflation)이라고 한다. 그리고 두 가지 원인이 혼재되어 발생하는 경우를 **혼합형 인플레이션**(mixed inflation)이라고 한다. 특히 주목할 점은 비용인상 인플레이션은 생산량의 감소, 실업률의 증가와 더불어 물가도 상승하는 **스태그플레이션**(stagflation)을 야기한다는 것이다.

정석 사고 인플레이션은 총수요가 증가하거나 총공급이 감소하거나 이 두 가지가 동시에 발생하는 경우 발생한다.

[정석사례연구 7-2] 적정 인플레이션율은 얼마일까?

인플레이션은 재산을 잠식하고 경제에 불안정을 초래하는 도깨비로 인식되어 왔다. 그러나 최근에는 적절한 인플레이션율은 바람직하다는 주장이 제기된다. 그 이유를 보면 낮은 인플레이션율과 그에 수반되는 낮은 이자율은 경제에 충격이 올 때 중앙은행이 이자율을 거의 0%로 낮추고 나면 더 인하할 부양책을 사용할 수 없다는 것이다. 이것을 경제학자는 '0% 금리하한'이라고 부른다. 이러한 하한을 피하기 위해 처음부터 인플레이션율이 약간 더 높았더라면 중앙은행이 이자율을 더 인하하여 경제를 회복시킬 여력이 생긴다는 것이다.

유럽이나 미국 중앙은행은 적정 인플레이션율을 소비자물가지수가 2% 이내로 상승하는 것으로 설정한다. 오스트레일리아, 스웨덴, 영국, 캐나다 등의 중앙은행은 1.5~2.5% 사이의 인플레이션율을 적정하다고 보고 있다. 경제학자들은 2% 인플레이션율을 '곰 세 마리' 접근법을 통해 도출하였다. 이 접근법은 영국의 전래동화 '골디락스와 곰 세 마리'에서 유래한 것인데, 주인공 소녀 골디락스(Goldilocks)는 세 그릇의 스프를 맛보았는데 큰 그릇은 너무 뜨거웠고, 중간 그릇은 너무 차가웠으며, 작은 그릇은 적당했다. 그래서 소녀는 그 작은 그릇의 스프를 다 마셔버렸다고 한다. 이처럼 바로 2% 인플레이션율은 오랫동안 경제에 너무 덥지도, 너무 춥지도 않은 것으로 여겨져 왔던 것이다.

최근 IMF 수석 경제학자 올리비에 블랑샤르(Olivier Blanchard)는 한 논문에서 적정 인플레이션율이 4%가 되어야 한다고 주장한다. 인플레이션율이 낮으면 0% 금리하한에 잡히기 쉽고 경기침체기에도 실질임금이 떨어지지 않아 고용이 늘 수가 없다는 것이다. 오랫동안 인기가 있었던 2% 인플레이션율 목표치가 이상적이지 않을 수도 있지만 상당기간 모든 사람이 거기에 묶여 있을 것이다.[2]

제3절 정석 교양경제 실업과 인플레이션은 어떤 관계가 있을까?

총공급은 각 물가수준에서 경제 내의 생산주체들이 생산해 내려는 여러 상품들의 공급총계이고, 총수요는 각 물가수준에서 경제주체들이 국내에서 생산된 여러 가지 상품들에 대해 구매하려는 수요총계이다. 그런데 총수요가 총공급을 초과하게 되면 대다수 상품들이 초과수요상태에 놓이게 되고 개개의 상품들은 가격의 상승압력을 받게 된다. 자신이 생산한 상품이 초과수요상태에 놓인 기업은 생산한 상품을 다 팔고도 부족해서 상품을 추가로 생산하여 판매하려 한다. 이를 위해서는 노동과 자본 같은 생산요소를 더 고용해야 한다.

만약 국민경제가 경기침체상태에 있다면 놀고 있는 생산요소가 많으므로 추가고용을 위한 기업들 간의 경쟁은 별로 발생하지 않으며, 생산요소의 가격상승 없이 추가고용이 가능하므로 경제활동이 활발하게 이루어지고 실업률이 낮아진다. 그런데 경기호황상태에 있다면 이미 모든 생산요소들이 어딘가에 고용되어 있으므로 추가고용을 위한 기업들 간의 경쟁과정에서 생산요소들의 가격이 상승한다. 생산요소의 가격상승은 기업들의 생산비용을 상승시켜 제품가격을 인상하게 된다. 이는 바로 전반적인 물가상승을 초래한다. 정리하자면 경기호황으로 실업률이 낮을수록 물가상승압력은 강하고 반대로 경기침체로 실업률이 높을수록 물가상승압력이 약하다.

이처럼 경제의 총공급능력이 일정한 크기로 주어져 있는 단기를 놓고 볼 때 실업률과 인플레이션율 간에는 서로 음(−)의 관계 혹은 상충관계가 존재한다. 따라서 정부가 실업률을 낮추려면 인플레이션 압력이 강해지고 인플레이션율을 낮추려면 실업률이 높아지는 상호 충돌이 발생한다. 단기적으로 한 나라의 매년 실업률과 인플레이션율을 추적해 보면 우하향하는 곡선이 나타난다. 이처럼 실업률과 인플레이션율의 상충관계를 나타낸 곡선을 **필립스곡선**(Phillips curve)이라고 한다.

필립스곡선은 영국의 경제학자 필립스(A. W. Phillips)와 립시(R. G. Lipsey)가 실업과 인플레이션에 안정적인 역의 관계가 존재한다는 경험적인 사실을 밝혀내면서 처음 등장하였다. 이후에 프리드만(M. Friedman)과 펠프스(E. S. Phelps)는 단기와 장기로 필립스곡선을 구별한

그림 7-1 **필립스곡선**

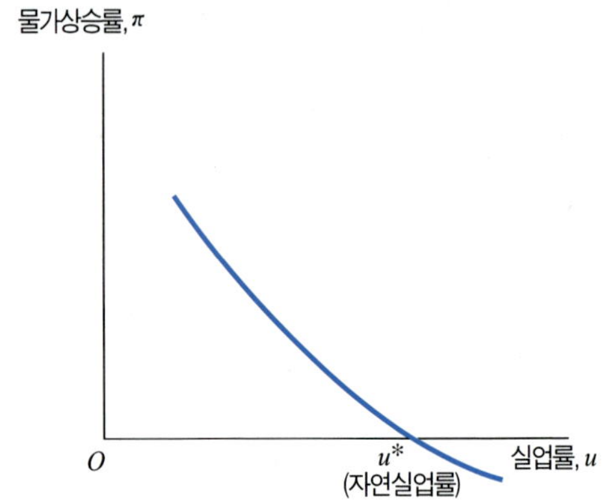

자연실업률가설을 제시하게 된다. **자연실업률가설**(natural rate of unemployment hypothesis)은 장기적으로 초과수요상태가 물가상승만 초래하고 자연실업률을 변화시키지 않는다는 가설이다. 가장 최근에는 자연실업률가설에 합리적 기대를 접목시켜 실업과 인플레이션 사이에 역의 관계가 아예 존재하지 않는다는 이론으로 진화하고 있다. 이때 **합리적 기대**(rational expectation)란 사람들이 이용 가능한 모든(all available) 정보를 통해서 미래를 합리적으로 예상하려고 시도한다는 가설이다. 인플레이션은 한 번 발생하게 되면 그 자체의 동력을 지니고 동태적으로 전개되는 속성이 있다. 인플레이션 진행과정에서 인플레이션에 대한 사람들의 기대 자체가 인플레이션을 촉발하기 때문이다. 이때 기대가 합리적으로 형성되면 물가만 상승하고 자연생산량과 자연실업률에 변화가 없다.

정석 사고

총수요가 증가하면 물가가 올라가고 총생산량이 증가하여 실업이 감소한다. 이처럼 실업률과 인플레이션율의 상충관계를 나타낸 곡선을 **필립스곡선**(Phillips curve)이라고 한다. **자연실업률가설**은 장기적으로 총수요의 증가는 물가만 상승시키고 자연생산량 혹은 자연실업률을 변화시키지 않는다는 가설이다.

[정석사례연구 7-3] 애그플레이션

영국의 경제주간지 〈이코노미스트(*The Economist*)〉는 "지난 30년간 지속된 '값싼 농산물 시대'는 종말을 고했다"며 전 세계적으로 애그플레이션(agflation)이 발생할 위험이 있다고 경고했다. 애그플레이션이란 농업(agriculture)과 인플레이션(inflation)을 합친 신조어로 농산물 가격 상승이 주도하는 물가상승을 말한다. 2007년 12월, 밀 가격은 1톤당 400달러를 넘어서 사상 최고가 기록을 연일 갈아치웠고, 쌀값은 20년 만에 최고치에 근접했다. 옥수수 역시 2년 사이 두 배나 값이 오르면서 사상 최고가 경신을 눈앞에 두었다. 〈이코노미스트〉가 발표하는 세계식품가격지수는 2007년 12월, 1년 사이 3분의 1이나 상승해 1845년 이 지수가 처음 도입된 이후 최고치를 기록했다.

2008년 최초 애그플레이션으로 곡물가격의 상승을 촉발시킨 원인은 두 가지로 볼 수 있다. 첫 번째는 중국과 인도의 소득증가이다. 식용곡물의 소비량은 대체로 인구증가에 비례하는데, 지난 수십 년간 별다른 변화가 없다가 중국과 인도의 경제붐이 계속되면서 육류소비가 급증하기 시작했다. 평균적인 중국인의 연간 육류소비량은 1985년 연간 20kg에서 최근에는 연간 50kg으로 늘었다. 같은 열량(calorie)을 내는 데 육류는 빵이나 쌀에 비해 훨씬 많은 곡물이 필요하다. 1kg을 생산하는 데 돼지고기는 3kg, 쇠고기는 8kg의 곡물이 들어간다. 육류소비는 곡물의 3~8배와 동등한 수준이다.

두 번째는 미국의 바이오에너지정책이다. 미국 정부의 에탄올 지원에 힘입어 식용 및 사료용 옥수수가 대거 연료용으로 전환되었는데, 여기에 쌀이나 밀 등 다른 작물의 경작지마저 옥수수밭으로 바뀌고 있다. 여타 곡물까지 연쇄적인 품귀현상이 빚어진 이유다. 결국 미국의 바이오에너지정책이 애그플레이션의 직접적인 진원지인 셈이다. 이렇게 만든 에탄올은 비효율의 극치다. 레저용차량(SUV) 연료통을 에탄올로 가득 채우는 데 필요한 곡물은 성인남자가 1년간 먹고도 남는 양이기 때문이다. 이러한 애그플레이션으로 인해 우리 식탁의 밀가루와 식용유가격이 급등하고 우유와 치즈가격이 오르게 되는 것이다.[3]

제8장
국민경제활동의 안정화

장기적으로 보면, 우리는 모두 죽는다.

- 존 메이너드 케인즈 -

국민경제는 자연실업률상태에 안정적으로 머물러 있지 않고 변동한다. 어떤 해의 국민경제는 경제활동이 활발하여 생산량과 고용량이 증가함으로써 실업률이 낮고 성장률은 높으며 국민소득의 크기가 커지는 호황상태에 놓인다. 그런가 하면 또 다른 해에는 국민경제활동이 위축되어 생산량과 고용량이 감소함으로써 실업률이 높고 성장률은 낮으며 국민소득의 크기가 작아지는 불황상태에 놓이기도 한다. 장기적으로는 대부분의 경우 경제활동 수준은 증가하는 추세를 보인다. 장기적으로는 사람들이 많이 태어나고, 자본이 축적되기도 하고 기술이 발전하기 때문에 경제성장이 이루어진다.

단기적으로도 경제가 안정되어 있어 사람들이 실업이나 물가불안과 같은 문제를 걱정하지 않고 살 수 있다면 좋은 일이다. 그러나 경제는 이런 저런 이유로 불안정한 양상을 보여 수많은 사람들이 실업과 물가안정에 고통을 받는다. 경제가 너무 불안정하다고 판단될 경

제8장 국민경제활동의 안정화

우 정부는 나름대로의 정책수단을 동원해서 경제를 안정시키려고 한다. 한편 중앙은행은 물가불안을 해소하기 위한 여러 가지 안정화정책을 실시한다.

이 장에서는 경제가 불안정한 상황이 어떻게 전개되는지, 경제가 불안정할 때 정부와 중앙은행의 역할을 살펴볼 것이다. 특히 중앙은행의 역할을 살펴볼 때 앞에서 무시한 화폐부문을 고려하여 경제안정화를 살펴볼 것이다. 경제학자들 사이에 이견이 있지만 대부분의 학자들은 우리가 배운 총수요 · 총공급이론을 자주 사용한다. 총수요 · 총공급이론은 단기적인 경기변동을 설명할 수 있을 뿐만 아니라 어떤 경제안정화정책이 유효한지도 판단할 수 있게 하는 매우 강력한 무기가 된다. 따라서 경제안정화정책의 유형을 살펴보는 동시에 그 유형의 유효성 정도를 알아볼 것이다.

이 장에서 배울 것

- 경기는 왜 좋아졌다, 나빠졌다를 반복할까?
- 국민경제활동의 안정화에 정부는 어떤 역할을 할까?
- 국민경제활동의 안정화에 중앙은행은 어떤 역할을 할까?
- 국민경제활동의 안정화정책은 효과가 있을까?

제1절 경기는 왜 좋아졌다 나빠졌다를 반복할까?

정식 교양경제

모든 자본주의 시장경제에서 국민경제의 활동수준은 활발하기도, 위축되기도 한다. 예를 들어 국민경제의 활동이 활발하면 생산량과 고용량이 증가함으로써 실업률이 낮고 성장률은 높으며 국민소득의 크기가 커지는 호황상태에 놓인다. 또 어떤 때는 국민경제의 활동이 위축되어 생산량과 고용량이 감소함으로써 실업률이 높고 성장률은 낮으며 국민소득의 크기가 작아지는 불황상태에 놓이기도 한다. 이처럼 경기가 좋아졌다, 나빠졌다 반복되는 현상을 **경기변동**(business cycle) 혹은 **경기순환**이라고 한다. 경기변동은 피할 수 없는 자본주의적 경제현상이다.

대부분의 나라에서 장기적으로 자본축적과 기술발전으로 인해 꾸준히 경제활동수준이 높아지므로 성장추세선을 따라 경제가 움직인다. 그러나 성장하는 가운데, 경기는 단기적으로 계속 변동한다. 일반적으로 경기변동의 국면은 회복, 호황, 후퇴, 불황의 네 단계로 나눈다. 보통 4국면을 모두 거치면 한 주기 혹은 한 순환이 완성된다. 이때부터 다음 순환이 시작되는 것이다. 이와 같은 회복-호황-후퇴-불황의 네 단계를 **경기변동의 4국면**이라고 하며 회복과 호황

그림 8-1 경기변동의 4국면

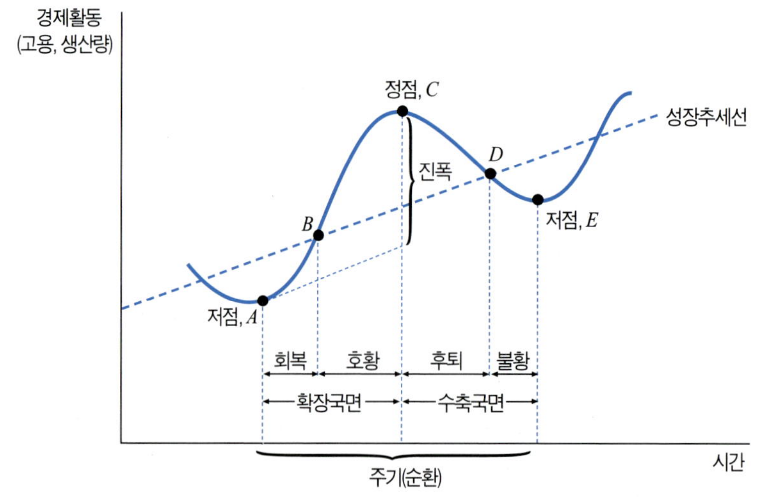

을 경제활동의 확장국면, 후퇴와 불황을 경제활동의 수축국면으로 볼 수 있다.

경기변동의 원인이나 국면전환의 원인을 세밀히 분석하기 전에 경기변동과 관련한 몇 가지 특징을 살펴보기로 하자.

첫째, 경기변동은 반복적이고 주기적이지만 불규칙적이고 예측하기 어렵다.

둘째, 대부분의 거시경제활동의 변수들이 같이 움직인다(공행성).

셋째, 경기변동은 지속적이다.

넷째, 경기변동은 비대칭적이다. 보통 확장국면이 서서히 일어나 수축국면보다 길다.

다섯째, 생산이 감소하면 고용이 감소한다.

경기변동은 다음 두 가지 이유에서 발생한다. 첫째, 수출이 증가하거나 통화공급이 증가하면 기업이 장래에 대한 기대를 변화시키고 이에 따라 투자가 변동하면서 경기변동이 촉발된다. 둘째, 기술이 변화하거나 생산성이 변화하면 기업의 생산능력과 생산비용에 변화를 발생시켜서 경기변동이 촉발된다. 이외에도 선거와 같은 정치적 과정에서 경기변동이 발생한다는 견해도 있다.

경기가 호황이면 왜 지속되지 않을까? 경기가 호황일지라도 시간이 지나면 더 많은 생산요소가 필요하고 재고가 부족하므로 임금과 물가(금리포함)가 급상승하게 되어 경제에 애로가 발생한다. 임금과 물가가 상승하면 기업은 생산을 줄이기 시작하여 점차 경기후퇴로 돌아서게 되는 것이다. 경기가 불황일지라도 시간이 지나면 재고가 남아돌고 임금과 물가(금리포함)까지 하락하여 조금씩 낡은 기계를 대체하는 대체투자를 늘리기 시작하면서 경기가 회복되기 시작한다. 이처럼 시장경제에서는 자율적으로 경기가 좋아졌다, 나빠졌다를 반복하게 되는 것이다.

정석 사고

경기변동은 경제활동의 변동이 확장국면과 수축국면으로 반복되어 나타나는 현상이다. 확장국면을 회복과 호황으로, 수축국면을 후퇴와 불황으로 나누어 회복 - 호황 - 후퇴 - 불황의 네 단계를 **경기변동의 4국면**이라고 한다. 경기변동의 특징은 경기변동이 반복적 · 주기적 · 불규칙적 · 공행적 · 지속적 · 비대칭적이고 생산이 감소하면 고용이 감소한다.

[정석사례연구 8-1] 경기침체란?

경제는 살아 있는 생명체와 같아 확장과 수축을 반복한다. 시장에 존재하는 수많은 상품을 포함하는 종합적인 경제지표를 활용해서 경제의 상황이 확장국면인지 침체국면인지 판단하게 된다. 리세션(recession)은 경기후퇴를 말하는데 물가를 포함하지 않은 GDP의 움직임을 설명한다. 따라서 경기가 리세션에 진입해도 물가는 상승하거나 하락할 수 있다.

이웃집 사람이 직장을 잃으면 경기후퇴(economic slowdown)이고, 내가 실직을 당하면 불황(recession)이 온 것이며, 경제학자가 실직되면 공황(depression)이 닥친 것이라는 말이 있다. 우리는 흔히 불황이라는 말을 많이 사용하고 있지만 경제가 어떤 상태로 침체된 것을 불황이라고 하는지 명확한 정의는 없다. 미국의 권위 있는 민간경제연구기관인 전미경제연구소(National Bureau of Economic Research: NBER)에서는 경기정점에서 경기저점까지의 수축국면을 리세션이라고 정의한다. 현재의 경제 상황은 현시점에서는 판단할 수 없고 어느 정도 시간이 지나야 알 수 있다. 보통 2분기 연속 GDP성장률이 감소하는 경우 경기가 리세션에 진입했다고 한다. 그러나 불황의 여부를 판단하는 기준은 포괄적이다. 산업생산, 실업, 실질소득, 도소매물가 등의 월별 동향을 총체적으로 평가해 전반적인 경제활동의 절대적 수준이 하락하는 시기를 불황이라고 한다. 흔히 사용되는 '경기침체'는 불황과 공황을 포함한다. 불황은 경기후퇴로, 미국에서는 2분기 연속 GDP가 전분기보다 하락할 때를 말한다. 공황은 명확한 정의는 없으나 불황보다 경기침체의 정도가 더 심하고 긴 기간을 표현할 때 사용한다. 영국의 경제주간지 〈이코노미스트(*The Economist*)〉는 공황을 판단하는 기준으로 실질GDP가 10% 이상 급락하는 침체가 일어나거나 경기침체가 3년 이상 지속되는 때라고 제시했다. 이 기준에 의하면, 30% 마이너스 성장을 기록한 1929년에서 1933년에 이르는 대공황 시기가 해당한다고 볼 수 있다.[1]

제2절 정석 교양경제 국민경제활동의 안정화에 정부는 어떤 역할을 할까?

정부는 국민의 생명과 재산을 지켜주는 국방, 치안, 소방 등의 공공서비스를 제공하거나 시장에서 체결된 계약이 잘 이행되도록 또는 거래와 경쟁이 공정하게 이루어지도록 뒷받침해주는 역할을 담당한다. 이때 공공욕구를 충족시키기 위해서 정부가 수행하는 재원조달 및 지출활동을 **재정**(public finance)이라 한다. 이때 재원조달자금을 세입, 정부의 지출을 세출이라고 한다. 흔히 말하는 재정은 예산에 의한 정부의 활동을 가리킨다.

정부의 재정수입과 재정지출의 차이를 **재정수지**라고 한다. 재정수지가 0보다 크면 재정흑자, 0보다 작으면 재정적자라고 한다. 만약 재정수입과 재정지출이 같다면 균형재정이라고 한다. 재정지출은 정부지출로도 사용되는데, 정부지출은 총수요(=소비+투자+정부지출+순수출)의 세 번째 구성요소로서 정부가 재화와 서비스를 구입하기 위한 지출, 어떤 특정한 개인이나 단체에 대하여 지출하는 보조금, 직접 또는 간접으로 민간에 대여하는 것 등을 말한다. 경제적 성질에 따라서 **정부지출**은 ① 경상지출(소비지출)과 ② 자본지출(투자지출), ③ 순융자로 구분한다. 이때 **경상지출**로서 정부는 공무원들에게 봉급을 주고, 공공도서관의 책을 구입하며, 경상지출의 한 형태인 **이전지출**로서 노인에 대한 사회보장, 저소득층에 직접 소득을 보조하는 보조금을 지불하기도 한다. **자본지출**로서 정부는 도로 및 공공 토목공사를 시행하기 위해 지출한다. 그리고 **순융자**로서 정부가 직접 또는 간접적으로 민간을 포함한 각종 기관에 융자금을 빌려줄 수 있으며, 회수금을 빼고 나면 순융자가 된다.

재정에서 국민경제에 중요한 영향을 미치는 것은 이전지출과 순융자를 제외한 정부지출을 말한다. 그 이유는 이전지출과 순융자는 생산과 관련이 없어서 재화와 서비스의 교환이 발생하지 않기 때문이다. 좁게 보아서 정부지출(G)과 조세(T)의 차이를 재정수지라고 정의하면 균형재정은 다음과 같다.

$$\text{정부의 예산제약식: 정부지출} = \text{조세}$$

경기가 나쁠 때에는 총수요가 부족하므로 적자재정이 바람직하고 경기가 좋을 때에는 흑자재정을 통해 총수요를 억제하는 것이 바람직하다. 이처럼 재정을 변경시켜 국민경제의 안정과 성장, 복지증대를 추구하는 정책을 **재정정책**(fiscal policy)이라고 한다. 특히 정부지출이 총수요의 구성요소이므로 정부지출을 조절하여 경제를 안정화시키는 정책을 **총수요관리정책**이라고도 한다.

재정적자가 발생하면 정부는 그 부족한 돈을 어떻게 메울까? 크게 세 가지 방법이 있는데, ① 중앙은행으로부터 차입하는 방법(통화공급의 증가), ② 국채를 발행하는 방법, ③ 해외에서 차입하는 방법이 있다. 반대로 재정흑자가 발생하면 국가채무를 비롯한 기존의 차입금을 갚을 수 있다.

그런데 정부지출을 국채발행으로 메우면 시중자금을 거둬들이는 효과가 발생하므로 이자율 혹은 금리가 상승하게 된다. 금리상승은 기업의 투자를 위축시키고 정부지출의 효과를 상쇄시키는 현상이 발생하는데 이를 **구축효과**(crowding-out effect)라고 한다. 구축이라는 용어는 몰아낸다는 의미로서 정부지출이 민간부문의 투자를 몰아낸다는 것이다. 이 구축효과의 크기에 따라 재정정책의 효과가 달라진다.

정석 사고

재정지출 혹은 정부지출은 경제적 성질에 따라서 ① 경상지출(소비지출)과 ② 자본지출(투자지출), ③ 순융자로 구분한다. 정부지출(G)과 조세(T)의 차이를 **재정수지**라고 정의하는데 정부지출이 조세보다 크면 적자재정, 그 반대이면 흑자재정이라고 한다. **재정정책**(fiscal policy)이란 조세를 부과하거나 정부지출을 변경시켜 국민경제의 안정과 성장, 복지증대를 추구하는 정책을 말한다. 특히 정부지출의 조절을 통한 경제안정화정책을 **총수요관리정책**이라고 한다.

[정석사례연구 8-2] 국가채무와 재정위기

로고프(K. Rogoff)와 라인하트(C. Reinhart)가 쓴 《이번엔 다르다(*This Time Is Different*)》에 보면, 과거 200년 동안의 자료를 분석한 결과 선진국은 GDP 대비 국가채무비율이 90%를 초과하게 되면 경제에 중대한 영향을 미치고, 신흥개발도상국의 경우는 GDP 대비 국가채무비율이 60%를 넘어설 때 경제구조에 큰 변화가 발생하였다. 현대사회에서 국가채무가 증가하는 이유는 전쟁이나 재앙에 의해서라기보다 막대한 공적자금 지원과 과다한 복지정책의 결과 때문이다. 국가채무가 지나치게 높아지면 국채 투자자들은 더 높은 신용위험 할증을 요구하게 되고 그 결과 국채금리가 상승하게 되어 정부의 이자부담은 커진다.

최근에 재정위기에 직면한 유로존 국가는 국채금리가 갑자기 높아지게 되면서 향후 정부의 채무 부담이 더 증가하게 되고, 추가적인 위험할증으로 연결되어 국채금리가 추가적으로 상승하는 악순환에 빠질 수 있다. 유럽 과다채무국들의 국채금리는 세계경제의 불확실성 증대에 따라 높아지는 추세를 보이며 최근 들어 하락세를 나타내고 있다. 그러나 그리스와 이탈리아의 국채금리는 여전히 높은 수준을 유지하고 있다.[2)]

〈유럽 과다채무국의 국채금리〉

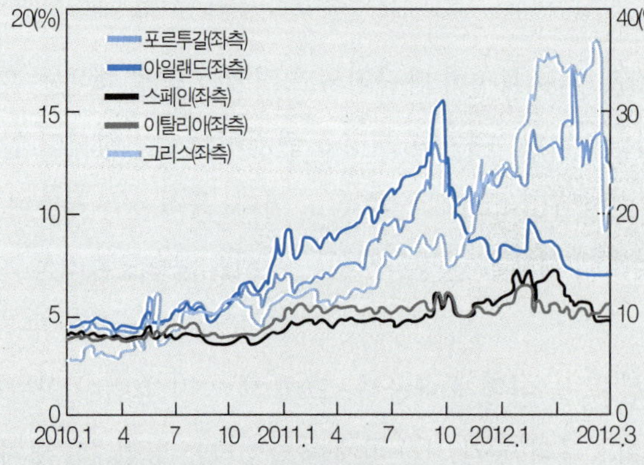

주: 아일랜드(9년물)를 제외하고 10년물 기준
자료: Bloomberg

제3절 정석 교양경제 국민경제활동의 안정화에 중앙은행은 어떤 역할을 할까?

1. 통화는 무엇인가?

경제학자들은 돈이라는 말 대신 화폐 혹은 통화라는 말을 사용한다. 통화(money)는 상품을 매매하고 채권과 채무를 청산하는 거래에서 일반적으로 통용되는 지불수단인 동시에 회계단위로서의 가치척도이자 미래의 지불을 위한 가치저장수단이다. 통화의 범주에는 수표, 어음, 신용카드처럼 교환의 매개물이나 거래의 지불수단이 될 수 있는 것 모두가 속할 수 있다. 또한 가치를 저장하는 수단에는 화폐 이외에 주식이나 채권, 금, 쌀, 미술품, 악기, 주택, 토지 등 많은 자산들이 존재한다. 그러나 그중에서 화폐는 가장 빠르고 쉽게 현금화할 수 있다. 현금화는 어떤 자산의 가치를 즉시 결제할 수 있는 수단으로 바꾸는 정도를 말한다. 이처럼 어떤 자산을 쉽게 현금화할 수 있는 정도를 경제학자들은 유동성(liquidity)이라고 한다.

경제에 유통되는 화폐의 양, 즉 통화량은 경제에 매우 큰 영향을 미친다. 이것을 살펴보기 전에 화폐의 양을 어떻게 측정할 수 있을까? 화폐의 기능을 하는 것이 점차 다양해짐에 따라 이제는 어떤 것까지 화폐의 범위에 포함시켜야 할지 불분명해졌다. 이러한 문제는 화폐의 양을 나타내는 통화량을 조절하는 데 어려움을 안겨주고 있다. 현실에서 통화당국은 편의상 협의통화(M1), 광의통화(M2) 혹은 총유동성(M3) 등 여러 가지 통화지표(measures of money)를 설정해 놓고, 이 중 하나로 통화량을 측정하고 있다.

통화지표란 한 경제에 유통되는 화폐의 양, 즉 통화량을 나타내는 지표를 말한다. 그런데 어떤 것까지 화폐로 포함시키느냐에 따라 현금통화, M1, M2, M3와 같은 여러 가지 통화지표가 만들어지고 있으며 유동성(liquidity)의 정도를 기준으로 분류하고 있다.

민간이 보유하고 있는 지폐와 주화(동전)를 현금 혹은 현금통화라고 한다. 협의통화라고 불리는 M1은 현금통화에 당좌예금, 보통예금과 같은 은행의 각종 요구불예금, 은행의 저축예금, MMF(Money Market mutual Fund)와 같은 자유입출식예금의 합계를 말한다. 자유입출식예금은 즉각 현금화할 수 있는 것이 보통이므로 실질적으로는 현금과 거의 같으며, 이를 예금통화라고 한다. 결론적으로 협의통화는 현금통화와 예금통화의 합계를 말한다.

협의통화=현금통화+예금통화

광의통화라고 불리는 M2는 협의통화(M1)에 은행의 정기예금이나 정기적금 같은 각종 저축성예금, 양도성 예금증서(CD)나 환매조건부채권매도(RP)와 같은 시장형 금융상품, 그리고 수익증권과 금전신탁 같은 실적배당형 금융상품, 거주자 외화예금 및 금융채 등의 합계를 말한다. 다만 만기 2년 미만인 단기금융상품만 포함한다. 은행이 취급하는 만기 2년 미만의 저축성예금과 각종 수익형 금융상품을 **준예금통화**라고 하면, 광의통화는 협의통화와 준예금통화의 합계를 말한다.

광의통화=협의통화+준예금통화

총유동성으로 불리는 M3는 광의통화(M2)에 유동성이 상대적으로 크게 떨어지는 기타금융기관의 금융자산까지 포함시켜 만든 통화지표이다. M3는 어느 정도의 유동성을 갖고 있어 실질적으로 화폐의 기능을 수행할 수 있는 모든 금융자산을 화폐의 범위에 포함시킨다는 점에서 가장 포괄적 통화이다. 그러나 우리나라의 경우 2006년에 총유동성은 **유동성지표**라고 불리는 두 가지 지표로 개편되었다.

① 금융기관유동성(Lf)

한국은행은 기존의 유동성지표인 총유동성(M3)을 2006년 6월부터 금융기관유동성(Liquidity Aggregates of Financial Institution: Lf)이라는 새로운 명칭으로 개편 사용하고 있다(내용은 동일하다). **금융기관유동성**은 금융기관이 공급하는 유동성만을 측정하는 지표로 광의통화(M2) 이외에 은행의 만기 2년 이상 장기금융상품, 보험회사 및 증권회사의 금융상품이 포함된다. 결론적으로 금융기관유동성은 '광의통화+은행의 장기금융상품+보험회사 및 증권회사의 금융상품'을 합한 것이다.

금융기관유동성=광의통화+은행 장기금융상품+보험·증권 금융상품

② 광의유동성(L)

이 지표는 금융기관유동성 외에 기타금융기관상품, 기업과 정부 등이 발행하는 기업어음, 회사채, 국채, 지방채 등의 유동성 금융상품이 포함된다. 광의유동성(Liquidity Aggregates: L)은 한 경제에 풀려 있는 전체 유동성을 측정하는 지표로서 금융기관이 공급하는 유동성만을 포괄하는 금융기관유동성에 비해 금융자산의 포괄범위가 훨씬 더 넓은 지표이다. 결론적으로 광의유동성은 '금융기관유동성+기타금융기관상품+정부 · 기업의 유동성 금융상품'을 합한 것이다.

광의유동성=금융기관유동성+기타금융기관상품+정부·기업발행 유동성 금융상품

그림 8–2 통화지표

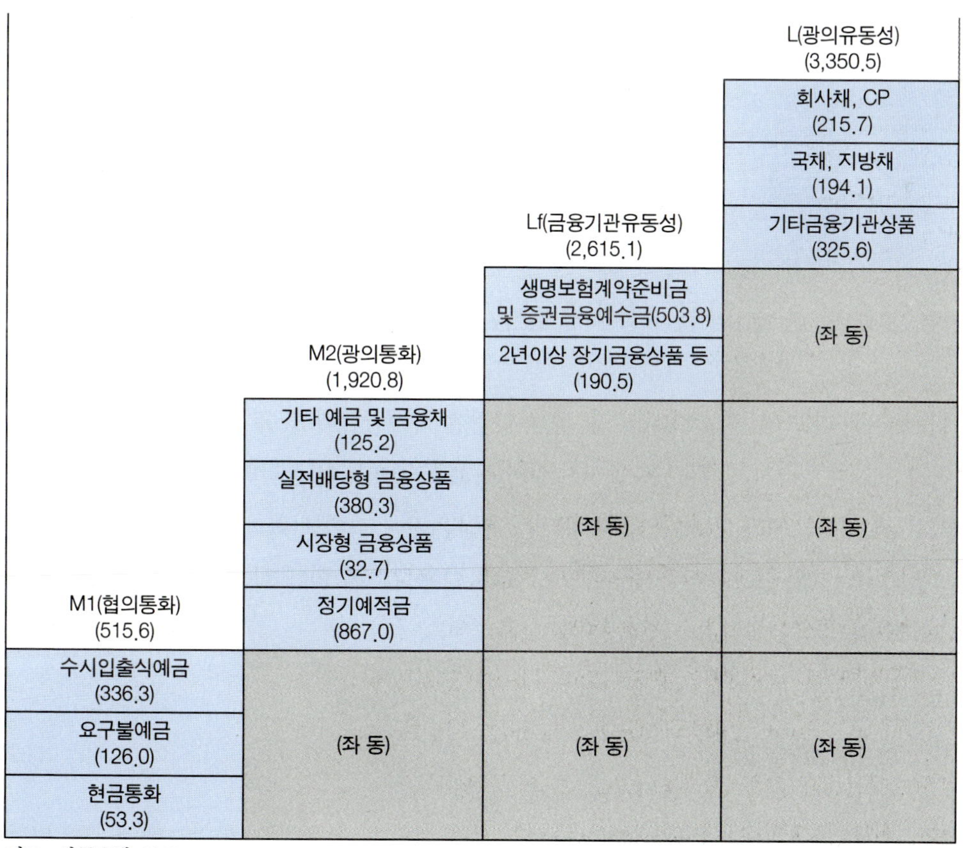

자료 : 한국은행, 2013.

우리나라는 1979년까지 주로 M1을 목표치에 접근시키려는 방식으로 통화를 관리했다. M1은 한국은행이 통제하기 쉬울 뿐 아니라 실물경제와 밀접한 관계를 갖는다고 생각했기 때문이다. 그러나 경제규모가 커지고 다양한 금융기관이 출현하면서 M1이 실물경제의 동향을 제대로 반영하지 못한다는 생각에서 1979년부터는 M1 대신 M2를 통화관리의 중심지표로 사용하고 있다. 최근에는 금융국제화와 금융증권화의 진전으로 인해 금융자산이 무척 다양해지고 있을 뿐 아니라 금융시장구조가 급격히 변화해가는 추세이다. 이런 환경에서는 M2도 더 이상 적절한 통화지표가 될 수 없어 한층 더 포괄적인 통화지표를 사용해야 한다는 주장이 제기된다.

정석 사고

통화지표란 한 경제에 유통되는 화폐의 양, 즉 통화량을 나타내는 지표를 말한다. 어떤 것까지 화폐로 포함시키느냐에 따라 현금통화, 협의통화(M1), 광의통화(M2), 총유동성(M3)과 같은 여러 가지 통화지표가 만들어진다.

협의통화 = 현금통화 + 예금통화

광의통화 = 협의통화 + 준예금통화

총유동성 = 금융기관유동성 = 광의통화 + 은행 장기금융상품 + 보험·증권 금융상품

광의유동성 = 금융기관유동성 + 기타금융기관상품 + 정부·기업발행 유동성 금융상품

2. 중앙은행은 통화를 어떻게 공급하는가?

시중에 유통되고 있는 한 화폐의 양, 즉 통화량은 화폐공급과 같은 의미인데, 화폐공급은 두 가지 경로로 이루어진다. 하나는 중앙은행이 화폐를 찍어내어 공급하는 화폐량으로, 이를 본원통화(reserve base)라고 한다. 다른 하나는 중앙은행이 찍어낸 화폐량을 기초로 예금은행들이 만들어 내는 예금창조(deposit creation) 혹은 신용창조에 의해 화폐공급이 이루어진다. 따라서 화폐공급은 본원통화와 예금창조를 합한 것이다.

중앙은행의 화폐공급

중앙은행은 발권은행으로서 지폐와 동전을 찍어낼 수 있다. 이렇게 중앙은행에 의해 발행된

화폐량 혹은 통화량을 **본원통화**(reserve base)라고 한다. 본원통화를 엄밀히 정의하면 다음과 같다.

> **정석 사고** 본원통화는 중앙은행의 창구를 통해 일차적으로 시중에 공급되는 통화량이다.

시중에 풀려나온 본원통화는 예금은행이 고객의 요구에 따라 지급해야 할 수도 있기 때문에 예금의 일정비율을 지급준비금으로 남기고 나머지 모든 화폐량은 민간에게 풀려나가 현금으로 보유하게 된다. 예금은행은 지급준비금의 일부를 내부에 현금으로 보유하고(예금은행 **시재금**) 나머지 일부를 중앙은행에 예치한다(**지급준비예치금**). 따라서 본원통화에서 지급준비예치금을 빼고 중앙은행에서 이차적으로 시중에 공급되는 통화량을 **화폐발행액**이라고 한다. 결론적으로 본원통화는 화폐발행액과 지급준비예치금의 합으로 구성되며, 본원통화의 구성은 **표 8-1**과 같다.

표 8–1 본원통화의 구성

<table>
<tr><th colspan="3">본원통화</th></tr>
<tr><td>현금통화</td><td colspan="2">지급준비금(예금은행)</td></tr>
<tr><td>현금통화</td><td>시재금(예금은행)</td><td>지급준비예치금(중앙은행)</td></tr>
<tr><td colspan="2">화폐발행액</td><td>지급준비예치금(중앙은행)</td></tr>
</table>

예금은행은 왜 지급준비금이 필요할까? 그리고 중앙은행은 왜 이를 규제하고 있을까? 은행도 기업이기 때문에 가능하면 대출을 많이 하여 수익을 올리려고 한다. 따라서 예금은행은 가능하면 현금을 적게 보유하고 대출하려고 한다. 그런데 많은 고객들이 동시에 예금을 인출하려고 한다면 은행이 파산할 수 있다. 결국 은행이 수익성을 추구하다가 안정성을 해치게 된다. 이에 따라 중앙은행은 예금은행에 대하여 예금액의 일정비율만큼 반드시 지급준비금으로 보유하도록 한다.

예금인출사태와 지나친 수익성추구로 인한 은행파산을 막기 위해 중앙은행이 예금은행에게 반드시 보유하도록 정한 예금총액의 일정비율을 **필요지급준비율** 혹은 **법정지급준비율**(legal reserve ratio)이라고 하며, 실제로 보유하는 실제지급준비금이 필요지급준비금을 초과하는 금액이 예금총액에서 차지하는 비율을 **초과지급준비율**(excess reserve ratio)이라고 한다. 따라서 지급준비율은 다음과 같이 구성된다.

지급준비율=필요지급준비율+초과지급준비율

정석 사고

통화량은 화폐공급과 같은 의미이며, 화폐공급은 두 가지 경로로 이루어진다. 하나는 중앙은행이 화폐를 찍어내어 공급하는 화폐량인 **본원통화**, 다른 하나는 중앙은행이 찍어낸 화폐량을 기초로 예금은행들이 만들어 내는 **예금창조**(deposit creation) 혹은 신용창조에 의해 화폐공급이 이루어진다.(**화폐공급 = 본원통화+예금창조**)
본원통화는 예금은행이 보유한 지급준비금과 민간이 보유한 현금을 합한 것과 같다. 예금은행이 보유하는 지급준비금은 일부 은행 내 현금으로, 나머지는 중앙은행에 예치해둔다.(**예금은행 지급준비금 = 예금은행 시재금+중앙은행 지급준비예치금**)
예금은행의 입장에서 '**지급준비금 = 필요지급준비금+초과지급준비금**'이다.

예금은행의 화폐공급

화폐공급은 중앙은행이 찍어낸 본원통화와 이를 기초로 예금은행들이 만들어 내는 예금창조(deposit creation) 혹은 신용창조에 의해 이루어진다. 예금은행이 공급하는 통화량, 즉 예금창조는 지급준비금의 일부를 대출하고 대출받은 사람이 일부를 다시 은행에 예금하는 과정에서 이루어진다. 예를 들어 은행이 A씨에게 대출을 하면 A씨는 생활비로 일부를 쓰고 나머지를 은행에 예금한다. 다시 예금된 금액은 지불준비율만큼 남겨두고 나머지를 B씨에게 대출하면서 이 과정이 반복되면 통화량이 늘어난다. 지급준비금제도로 통화량은 본원통화보다 더 늘어나지만 그만큼 사람들은 은행에 부채를 지게 된다. 따라서 통화는 국민경제의 유동성을 증가시키는 역할만 할 뿐 국민경제의 생산력을 증가시키는 것은 아니다.

통화량이 본원통화보다 더 늘어나기 때문에 본원통화를 '**고성능화폐**(high-powered money)'라고도 한다. 이처럼 예금이 대출되고 대출이 예금되는 과정을 통해 통화량이 창출되는 승수배를 예금통화승수(money multiplier) 혹은 신용승수라고 하며, 1원의 지급준비금으로 은행제도가 창출하는 화폐의 양은 다음과 같다.

$$\text{예금통화승수} = \frac{1}{\text{지급준비율}}$$

정석 사고 예금통화승수 혹은 신용승수(credit multiplier)는 본원적 예금이 요구불예금을 몇 배 이상 창출하는 경우 그 몇 배를 보여주는 승수를 말하며, 현금누출이 없고 초과지급준비금이 없는 경우 신용승수는 필요지급준비율의 역수이다.

3. 중앙은행은 국민경제활성화에 어떤 역할을 하는가?

중앙은행이 통화량이나 이자율을 조절하여 경제의 안정적 성장을 이루려는 정책이 **통화정책**(monetary policy) 또는 금융정책이다. 그런데 이를 위해 고려해야 할 점이 무수히 많다. 이 중에서 먼저 통화정책의 **최종목표**(goals)로 물가안정과 고용안정, 국제수지균형, 경제성장 등을 달성하기 위해 중간목표로서 이자율과 통화량 중 어느 지표를 보고 어떤 운용방식을 선택할 것인가 하는 **운용목표**(operating targets)의 선택문제를 가진다. 또한 운용목표로서 어떤 지표를 선택했다고 하더라도 공개시작조작, 재할인율조정, 지급준비율조정과 같은 **통화정책수단**(monetary instruments) 중 어떤 수단을 사용해야 하는가라는 선택문제를 가진다.

통화정책의 효과가 실물부문으로 전달되기까지 일련의 과정을 **통화정책의 파급경로**(transmission mechanism of monetary policy)라고 한다. 정부지출의 증대는 바로 구매의 증대로 나타난다. 이와 비교해 보면 통화정책은 구매력에 직접적인 영향을 끼치기도 하지만, 주로 이자율이라는 경로를 거쳐서 기업의 추가지출에 영향을 끼친다. 이런 의미에서 재정정책에 비해 통화정책의 효과는 불확실하며 정책효과가 나타나기까지 시간이 오래 걸린다. 다음 그림 8-3은 통화정책의 파급경로를 보여준다.

그림 8-3 통화정책의 파급경로

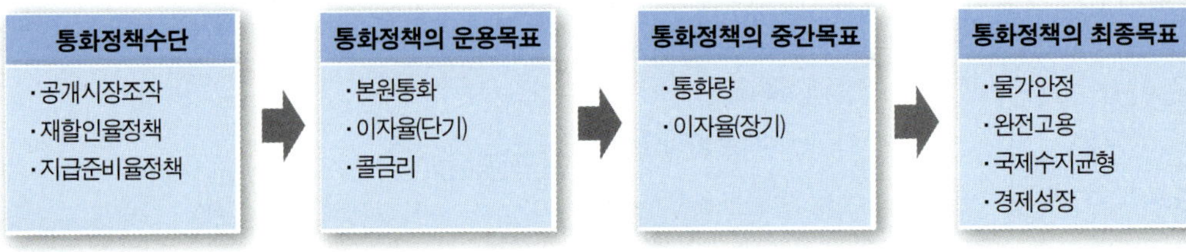

> **정석 사고**
>
> 중앙은행이 통화량이나 이자율을 조절하여 경제의 안정적 성장을 이루려는 정책이 **통화정책**(monetary policy)이다. **통화정책의 파급경로**(transmission mechanism of monetary policy)는 중앙은행이 통화정책수단을 사용하여 통화정책의 운용목표를 달성하고 이를 통하여 통화정책의 최종목표를 달성하고자 하는 일련의 과정을 일컫는다.

국민경제가 침체되어 있을 때 중앙은행은 통화량을 증대시키고 이자율을 낮추는 팽창적 통화정책을, 국민경제가 호황일 때 통화량을 축소시키고 이자율을 높이는 긴축적 통화정책을 펴서 국민경제를 안정시키려고 한다. 팽창적 통화정책을 보면 통화량의 증가로 사람들의 손에 쓸 돈이 많아지기 때문에 가계는 소비지출을 늘린다. 또한 통화량의 증가는 이자율의 하락을 통해 기업의 투자를 촉진시킨다.

이처럼 통화정책의 효과가 국민경제의 전반에 영향을 미칠 수 있도록 고안된 통화정책수단을 **일반적 정책수단**(general control)이라고 한다. 일반적 정책수단에는 공개시장조작, 재할인율정책, 지급준비율정책이 있다. 반면에 대출규제나 이자율규제와 같이 국민경제의 특정 부분에만 선별적으로 영향을 미치는 통화정책수단을 **선별적 정책수단**(selective control)이라고 한다. 일반적 정책수단은 중앙은행이 통화량을 조절하는 가장 기본적 수단이다.

① 지급준비율정책

지급준비율은 필요지급준비율과 초과지급준비율로 구성되는데, **필요지급준비율**(reserve requirements ratio)은 은행들이 예금액에서 의무적으로 보유해야 되는 지급준비금의 최저비율을 말한다. 초과지급준비율은 예금액에서 필요지급준비율을 뺀 나머지 비율이다. 필요지급준비율이 높아지면 은행들이 더 많은 지급준비금을 보유해야 하므로 예금액에서 대출할 수 있는 금액이 줄어든다. 따라서 지급준비율의 역수인 예금통화승수가 작아지고 통화량이 축소된다. 최근에 주요 선진국에서는 지급준비율을 크게 내리거나 아예 폐지하는 추세에 있어 실제로 통화관리정책으로서 지급준비율정책은 의미가 없어지고 있다.

② 재할인율정책

중앙은행은 시중 일반은행들의 은행 역할을 한다. 따라서 시중은행들에 자금을 빌려주는 역할도 하는데, 중앙은행이 시중은행고객의 상업어음을 제시받아 시중은행에 빌려주는 자금에 적용되는 이자율을 **재할인율**(rediscount rate)이라고 한다. 통화량을 늘릴 필요가 있을 때 중앙은행은 재할인율을 낮추어 시중은행이 중앙은행으로부터 더 많은 자금을 빌리도록 유도한다. 이에 따라 시중에 유통되는 통화량이 증가한다.

③ 공개시장조작

중앙은행이 금융기관을 상대로 채권시장과 같은 공개시장에서 국채를 사거나 파는 행위를 **공개시장조작**(open market operation)이라고 한다. 이러한 행위로 중앙은행이 본원통화의 양을 조절하는 정책수단이다. 중앙은행이 시중은행이 지니고 있는 국채를 매입하면 국채매입대금만큼 본원통화의 양이 늘어나서 예금통화승수에 의해 통화량을 더 큰 폭으로 증가시킨다. 공개시장조작은 본원통화를 조절하는 효과뿐 아니라 이자율을 변화시키는 효과도 갖고 있다. 만일 중앙은행이 국채를 매입하기 시작하면 국채에 대한 수요가 증가해 국채가격이 상승하고 이자율은 하락하게 된다. 금융시장이 발달한 선진국에서는 공개시장조작이 가장 많이 사용되는 통화정책수단이다. 최근 논의되는 **양적완화**(quantitative easing)도 중앙은행이 국채를 매입함으로써 직접 통화량을 늘려 유동성을 높이는 정책이다.

정석 사고

- 일반적 정책수단(general control): 경제 전체에 영향을 미치는 간접규제수단
  예) 공개시장조작, 지급준비율정책, 재할인율정책
- 선별적 정책수단(selective control): 경제의 어떤 특정부문에 영향을 미치는 간접규제수단
  예) 대출한도제, 금리규제정책

[정석사례연구 8-3] 중앙은행의 독립성과 실질 경제활동

모든 국가들에서 중앙은행의 독립성을 강화하는 방향으로 제도가 개편되고 있다. 중앙은행 독립성의 장점은 중앙은행이 정치적 압력에 예속될 경우 선거 등의 정치적 이유로 통화관리가 느슨해지고 물가가 불안정해지는 것을 방지할 수 있다는 데 있다.

이에 많은 경제학자들이 중앙은행의 독립적 구조가 통화정책에 미치는 영향을 검토하였는데, 하나의 연구결과는 매우 놀라운 사실을 보여주었다. 일반적으로 중앙은행의 독립성이 잘 보장된 나라일수록 물가상승률, 즉 인플레이션이 낮고 안정적인 경향이 나타났다.

그림은 1961년부터 1990년까지 중앙은행의 독립성과 평균 인플레이션의 상관관계를 보여준다. 독일, 스위스, 미국 같이 중앙은행의 독립성이 강한 국가들에서 평균 인플레이션이 낮은 경향이 있었고, 뉴질랜드, 스페인 같이 중앙은행의 독립성이 약한 국가들에서 평균 인플레이션이 높은 경향이 있었다. 그런데 일부 다른 연구결과는 중앙은행의 독립성이 실질 경제활동과 밀접한 관계가 없다는 사실을 보여주었다. 특히 중앙은행의 독립성이 실질GDP의 평균성장, 실질GDP의 변동과는 큰 상관이 없다는 것이다.

따라서 두 연구결과를 종합해 보면, 중앙은행이 독립성을 유지할 경우 실질GDP의 변동 없이 인플레이션을 낮출 수 있는 혜택을 누릴 수 있다는 결론을 얻을 수 있다.[3)]

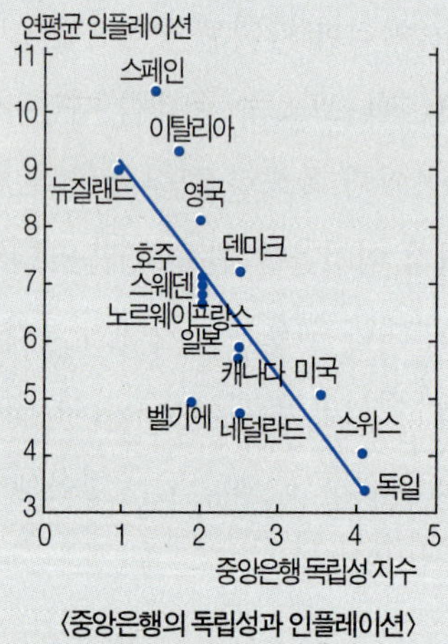

〈중앙은행의 독립성과 인플레이션〉

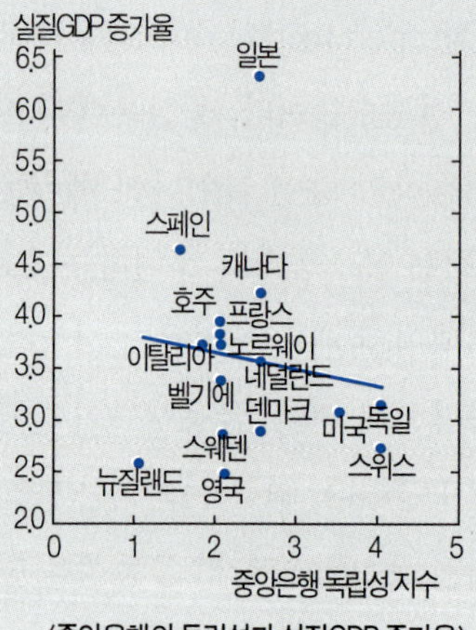

〈중앙은행의 독립성과 실질GDP 증가율〉

제4절 정석 교양경제 국민경제의 안정화정책은 효과가 있을까?

앞에서 경기변동으로 경제가 불황이나 호황에 있을 때 재정정책과 통화정책 등의 경제안정화정책이 어떤 효과를 가지는지 살펴보았다. 현실적으로 이러한 효과가 제대로 작용하는가? 사람의 몸에 비유하여 그 효과를 설명해 보자. 사람의 몸은 자체적인 회복력을 지니고 있다. 그래서 몸이 아플 때 스스로 낫도록 내버려 두는 것이 좋은 치유방법이라고 믿는 사람이 있다. 그러나 자연치유를 확신 못 하거나 회복에 오랜 시간이 걸리므로 의학지식으로 처방하는 것을 선호하는 사람도 있다.

마찬가지로 시장경제가 어떤 충격을 받아 불황이나 과열 등 바람직하지 않은 상태에 빠졌을 때 스스로 신속하게 빠져나올 수 있는 능력을 지니고 있다고 믿는 시장론자가 있다. 반면에 시장경제가 정상적인 상태로 돌아오는 데 오랜 시간이 걸리고 그 과정에서 사람들이 많은 고통을 겪는다면 정부의 정책적인 개입이 필요하다고 믿는 개입론자도 있다. 경제학자들과 경제정책 담당자들은 지금까지 이 논쟁의 중심에 있다. 경제학에서 시장론자들은 고전학파 또는 새고전학파 학자들이고, 개입론자들은 케인즈학파 또는 새케인즈학파 학자들이다.

경제안정화정책은 미래에 대한 예측을 바탕으로 이루어진다. 경제안정화정책이 성공하기 위해서는 경제상황을 정확히 예측하는 능력이 필수불가결하다. 경제상황이 몇 달 후 혹은 1년 후 어떻게 될지 예측하지 못하면 안정화정책을 통해 총수요를 수축시킬지 팽창시킬지 판단할 수 없다.

새케인즈학파와 같은 개입론자들은 경제상황을 살피면서 그 상황에 맞게 재량으로 경제안정화정책을 실행해야 한다는 뜻에서 재량적 정책을 지지한다. 반면에 새고전학파와 같은 시장론자들은 경제불안정의 주요 원인이 정부의 지나친 개입에 있으므로 일관성 있게 정책을 실행하는 준칙에 따를 것을 주장한다. 이때 **준칙**(rules)은 앞으로 취하게 될 행위를 미리 명시하는 구속력 있는 계약(binding contract), **재량**(discretion)은 구속력 없는 계약(non-binding contract)으로 정의한다. 개입론자의 재량과 시장론자의 준칙 중 어느 것이 더 바람직할까?

재량을 선호하는 사람들은 경제가 회복되는 과정에 오랜 시간이 걸리고 그 과정에서 많은 사람들이 실업과 인플레이션으로 고통을 겪게 된다고 본다. 케인즈는 "장기에 우리는 모두 죽는다"는 경구로 재량의 필요성을 역설하였다. 개입론자들이 시장에서의 조정과정이 느리다고 보는 이유는 인플레이션이 진행되어도 계약기간이나 계약비용으로 인해 임금계약이 즉시 변경될 수 없어서 시장메커니즘에 장애가 발생하기 때문이다.

준칙을 선호하는 사람들은 시장기능이 잘 작동하며 충격을 받더라도 신속하게 정상적인 상태로 복귀하는 능력을 지니고 있다고 믿는다. 시장의 자율조절기능을 믿는 사람들은 인간이 지니고 있는 지식의 한계와 정부의 무지를 강조한다. 불확실한 지식에 근거하여 경제정책을 수행하는 것은 돌팔이 의사가 과학적 근거가 없는 지식에 의존하여 치료를 하는 것처럼 위험하다는 것이다. 또 정부의 경제정책은 정치적 영향을 받는다. 정부는 사회의 수호신이 아니라 현실적 이해의 영향을 받는 조직이다. 그래서 선거를 앞두고는 팽창적 경제정책, 선거 후에는 긴축적 경제정책을 펴서 정치적 경기변동을 초래하기도 한다.

① 루카스비판

새고전학파의 로버트 루카스(R. Lucas)는 정책의 효과가 불확실한 중요한 이유로서 인간이 지니고 있는 지식의 한계로 인해 사람들의 미래에 대한 기대가 정책에 어떻게 반응하는지 고려하지 않는다는 점을 비판한다. 이것을 **루카스비판**(Lucas critique)이라고 한다. 다시 말해서 사람들의 행동에 근거하여 정책의 효과를 평가하는 기존 방식은 기대에 대한 정책의 충격(정책을 예상하고 행동을 바꾸는 것)을 감안하지 않았다는 것이다.

② k%준칙

루카스비판에 기초하여 시장론자는 경제안정화정책의 효과가 언제 얼마만큼 나타날지 예측하기 어려우므로, 즉 정책시차가 크므로 재량적 정책 대신 준칙에 의한 정책이 더 바람직하다고 본다. 시장론자는 경제상태와 상관없이 통화량을 일정비율 k%로 증가시키는 **k%준칙**을 주장한다. 또한 재정적자도 GDP의 일정비율 이내로 유지하는 준칙주의를 주장한다.

③ 정치적 경기변동

노드하우스는 정부가 정치가와 결탁하여 선거승리를 위해 경제상황을 변동시키는 **정치적**

경기변동(political business cycle)을 주장한다. 이처럼 정부는 사회의 수호신이 아니므로 경제정책을 이용하는 기회주의를 경제에서 몰아내기 위해 경제정책의 준칙에 따를 것을 선호한다.

④ 최적정책의 시간비일관성

새고전학파의 키들랜드(F. Kydland)와 프레스콧(E. Prescott)은 정부가 사회의 수호신인지의 여부와 상관없이, 본질적으로 자유재량보다 준칙이 우수하다고 본다. 최적정책의 시간비일관성(time inconsistency of optimal policy)은 매순간의 최적정책이 장기적으로 보면 최적은 아니라는 것을 의미한다. 가령, 정책실행 후 사람들이 기대에 따라 행동하지 않는 경우 정책을 취소하고 싶은 유혹이 생긴다. 시간이 지나면 이처럼 일관성을 잃을 것으로 예상하는 사람들은 정책발표를 믿지 않게 된다. 이러한 상황에서 정책에 신뢰성을 주기 위해서는 준칙을 따라야 한다는 것이다.

이상의 설명에서 자유재량과 준칙주의 중 어느 것이 더 바람직한가? 경제정책에서 단순하고 확실한 선택은 없다. 결국 다양한 견해를 신중히 감안하여 경제안정화를 위해 정부가 어떤 정책으로 어떤 역할을 해야 하는가를 스스로 결정해야 한다.

정석 사고

재량과 준칙의 논쟁에서 루카스비판이나 k%준칙, 정치적 경기변동이나 자유재량정책의 시간비일관성으로 재량보다 준칙이 더 바람직하다고 생각할 수 있지만, 거시경제정책에 관해 단순하고 확실한 선택은 없다.

[정석사례연구 8-4] 자동차로 안전한 여행을 하려면?

경제학자 아바 러너(A. Lerner)는 경제를 양쪽에 교통장애물이 있는 도로를 지나는 자동차에 비유하였다. 이 자동차에는 핸들이 없어서 한쪽 장벽에 부딪히면 다른 쪽으로 방향을 바꾸고, 다른 쪽 장벽에 부딪히면 다시 반대쪽으로 달린다. 그는 경기변동의 불안을 없애기 위해 경제에 핸들을 장착해야 한다고 주장한다. 따라서 경제안정화정책은 정부가 경기침체나 수요견인 인플레이션과 같은 문제들 사이에서 안정적으로 움직이게 한다.

경제학자 프리드먼(M. Friedman)은 러너의 주장을 반박한다. 그는 경제라는 자동차에 예상치 못한 교통장애물을 피하기 위해 계속 핸들을 돌려야 하는 숙련된 운전사는 필요하지 않다고 한다. 단, 뒷좌석에 앉아 있는 통화라는 승객이 핸들을 돌발적으로 움직여서 차가 도로 밖으로 이탈하는 일이 없도록 대책을 세워야 한다고 주장했다. 또한 자동차는 중앙은행이 불안하게 만들지 않는 한 도로를 잘 달릴 수 있을 것이라고 했다.

러너의 일화는 내부적으로 재량적 안정화정책을 통해 계속 조정이 필요한 불안한 경제를 나타낸다. 반면에 프리드먼의 일화는 중앙은행의 부적절한 통화정책으로 인해 가끔 불안정해지기도 하지만 기본적으로 안정적인 경제를 나타낸다. 결론적으로 러너는 경제의 안정화를 위해 재정정책과 통화정책의 적극적인 사용을 주장하는 반면, 프리드먼은 경제안정을 위해 중앙은행이 통화공급을 의무적으로 일정한 비율로 늘리는 통화준칙이 필요하다고 주장하는 것이다.[4]

제9장
세계화와 국민경제발전

사다리란 그 위에서 편히 쉬라고 만든 게 아니라,

한쪽 발이 버틸 동안 다른 쪽 발로

더 높이 올라가라고 만든 발판이다.

- 토마스 한슬리 -

오늘날 우리는 초기 자본주의 시대에 상상할 수 없었던 거대한 정보화 사회에 살고 있다. 무료로 인터넷신문을 보고 이메일로 세계 각국의 지인과 대화를 나누고 논문자료를 무료로 다운로드 받는다. 우리가 살고 있는 세상은 맥도날드와 윈텔의 세상이기도 하다. PC와 맥도날드는 민주주의적 자본주의 위에 세워진 인간을 위한 문화라고 자랑한다. 그러나 세계화는 문화적 다양성을 오히려 위축시키고 세계적으로 풍요와 빈곤의 양극단이 공존하는 문화를 양산할 수 있다.

이제는 북미에서 수입한 소파에 앉아 독일산 와인을 마시면서 미국재즈 음악을 듣는 현실이다. 지금 이 순간에도 우리는 일상생활에서 모든 나라의 제품들을 소비하며 즐거운 삶을 살아가고 있다. 세계화(globalization)는 경제적으로 국경이 없는 지구촌 경제가 되는 과

제9장 세계화와 국민경제발전

정이다. 시장개방을 통한 세계화는 국가 간 상품과 서비스, 금융자산뿐만 아니라 기술과 노동까지 이동하는 것을 포함한다. 이렇게 세계화는 생활방식과 환경까지 바꾸고 있다.

이 장에서는 세계경제가 어떻게 변하고 있는지, 그리고 세계화가 왜 발생하는지 살펴볼 것이다. 또한 세계화로 어떤 나라가 다른 나라보다 더 빨리 발전하는 이유를 살펴보고, 그 나라가 무슨 조건을 갖추었기에 급속히 발전할 수 있었는지 살펴본다. 이와 관련해서 서양이 동아시아를 앞서게 된 이유를 살펴보고 동아시아가 세계경제의 중심이 될 수 있는지도 알아본다. 마지막으로 한국은 세계경제의 선진국에 속하는지도 알아볼 것이다.

이 장에서 배울 것

- 세계경제는 왜 변하고 있을까?
- 세계화는 왜 발생할까?
- 어떤 나라는 왜 더 빨리 발전할까?
- 서양은 왜 동아시아를 앞섰을까?
- 한국은 선진국일까?

제1절 정석 교양경제 세계경제는 왜 변하고 있을까?

1. 국민경제, 국제경제, 세계경제

미국 중앙정보국이 작성한 세계연감에 의하면 오늘날 이 지구상에는 193개의 독립국가(유엔가입국)와 72개의 특수국가들이 있다. 특수국가는 바티칸시국, 팔레스타인, 대만, 사모아, 푸에르토리코, 괌, 홍콩, 마카오 등이다.

265개 = 193개의 독립국가 + 72개의 특수국가(또는 지역)

이들 나라들은 어떤 형태로든 나름의 경제를 형성하고 있다. 이때 각 나라의 경제를 하나의 국민경제라고 할 수 있다. 여기서 엄밀히 말하면 **국민경제**는 정치적 주권을 가진 어떤 나라의 경제활동영역, 곧 정치적으로 주권이 미치는 국경 내의 경제권으로 정의할 수 있다.

지구상의 각국경제는 자본주의화가 전개되기 이전부터 서로 밀접히 연계되어 있을 뿐만 아니라 자본주의화과정에서도 하나의 국민경제로의 통합과정에서 경제의 대외적 연관성을 더욱 제고시켰다.[1] 국내분업관계에 따라 국내상업이 발달하듯이 국가 간의 분업관계에 따라 국제상업이 발달하게 된다.

국경을 넘는 분업관계가 발달함에 따라 국내의 풀세트 분업관계가 와해되고 있다. 예를 들어 PC부품의 국적을 보면 알 수 있다. 반도체, 액정패널 등은 미국, 일본, 한국 등이 국적이고, 저항기, 콘덴서 등은 대만, 중국 등이 국적이고, 프린터기판, 디스플레이 등은 일본, 한국, 대만 등이 국적이다. 소니(Sony)사의 생산판매과정을 보아도 알 수 있다. 또한 무역마찰을 회피하고 생산비용을 절감하기 위해서 해외직접투자를 늘리기도 한다. 우리는 이를 **국민경제의 국제화**라고 한다. 이렇게 하여 국제경제가 중요한 문제로 떠오르게 된다.

그렇다면 세계경제는 무엇으로 정의할 수 있는가? **세계경제**는 국제적으로 여러 가지 경제관계를 맺으면서 살아가고 있는 지구상 모든 국민경제의 전체적인 모습이라고 할 수 있다. 국민경제의 전체 모습으로서의 세계경제는 그 자체로서 실체를 가진다고 본다. 국제경제가 국제무역을 중심으로 하는 유통주의적 개념인 데 반해 세계경제는 세계적인 규모의 생산체제를 중요시하는 생산주의적 개념이다. 오늘날 다국적 기업에 의한 생산의 국제화와 자본의 국제화는 세계경제가 글로벌화될수록 심화되고 있다.

종합해 보면 기존의 국제경제가 국가 간 무역, 생산요소의 비이동성, 대등한 국가관계, 산업간무역에 대한 논리라면 세계경제는 다국적기업의 발달, 생산과 자본의 국제화, 계층화된 국가관계, 산업내무역에 대한 논리라고 볼 수 있다.

2. 지역경제와 세계경제

국민경제 전체를 하나로 묶어서 세계경제라고 하는 데는 몇 가지 어려움이 있다. 먼저 국민경제가 지역과 인종에 따라 너무 다양하고 이질적이므로 몇 가지로 묶는 중간 지역경제가 필요하게 된다. 물론 이때의 지역경제는 한 국민경제 내의 지방경제와는 다른 것이다. 세계경제를 보는 관점에 이러한 지역경제가 중요한 이유는 세계경제의 개방화, 국제화의 흐름과 함께 지역주의화의 경향도 강해지고 있기 때문이다.

이처럼 지역경제를 국민경제와 세계경제의 중간다리쯤으로 본다면 그 중간다리의 모습을 몇 가지 유형으로 나누어 볼 수 있다. 오늘날의 유럽경제처럼 지역 내 공동시장 형태의 광역경제권을 형성할 수도 있고, 석유와 같은 생산자동맹 형태의 자원경제권도 있을 수 있다.

이러한 관점에서 세계경제를 구성하는 부분은 1차적으로는 국민경제이고, 2차적으로는 지역경제이다. 바꿔 말하면 지구상 수많은 각국의 경제 또는 각 지역의 경제가 전체로서의 세계경제를 구성하고 있다. 그러면 이러한 국민경제 또는 지역경제를 하나의 체계로 세계경제와 연결하는 고리는 무엇일까. 이렇게 국민경제와 세계경제를 묶는 연결고리가 **세계경제의 기능체계**이다.

이 세계경제의 기능체계는 다음 것들로 이루어져 있다. 첫째, 국제무역체계이다. 상품의 국제적 이동을 통하여 세계경제의 연결을 만든다. 전후 1960년대를 중심으로 하는 세계경제의 발달도 GATT의 자유무역주의에 입각한 국제무역의 발달 때문이다. 그뿐만 아니라

1970~1980년대의 신흥공업국의 고도성장도 수출주도형 성장전략을 성공적으로 이끌어준 국제무역체계에서 그 원인을 찾을 수 있다.

둘째, 국제금융·투자체계이다. 자본의 이동을 통하여 세계경제를 연결하는 것이다. 국제금융이 국제적인 금융자본의 이동인 반면 국제투자는 실물자본(자본재)의 이동을 말한다. 그러나 현실에서는 이 두 자본이 통합된 형태로 이동하기 때문에 그냥 국제자본이동이라고 한다. 국제투자는 주로 다국적기업이 주체가 되어 글로벌한 네트워크를 구축함으로써 세계경제체계를 새로운 모습으로 바꾸고 있다.

셋째, 국제통화체계이다. 이는 다른 체계의 기능을 원활히 하는 매개체 역할을 한다. IMF 체제로 대변되는 오늘날의 국제통화체계는 미국의 달러화를 기축통화로 삼고 있다. 그런데 1970년대 이후 기축통화로서의 달러화는 미국 경제력의 약화로 계속 동요하고 있다. 그럼에도 불구하고 달러화가 기축통화의 기능을 하고 있는 것은 막대한 규모의 유로달러시장이 존재하여 달러의 유동성을 확보해 주고 있으며, 주요국 간의 국제협력이 이루어지고 있기 때문이다.

이러한 연결고리를 통하여 오늘날 세계경제는 국민경제와 지역경제를 포함시키고 있으며, 양국 간 분업관계가 아니라 세계적 규모의 분업관계를 형성하고 있다.

3. 세계경제의 구조변동

3분구조의 해체와 불안한 세계경제

제2차 세계대전 이후 미국 경제는 압도적 우위로 올라서고 수많은 신생 저개발경제를 탄생시켰다. 1970년대 초 세계경제가 전반적인 침체과정을 겪으면서 한 번 커다란 변화를 가져오게 되고 다시 1989년 사회주의가 붕괴되면서 두 번째의 큰 변화를 겪게 된다. 냉전체제하에서 이데올로기를 기준으로 한 제1·2·3세계로 나누는 3분구조는 이제 그 의미를 잃게 되었다. 동유럽 사회주의의 제2세계가 소멸되었기 때문이다. 이러한 제2세계의 몰락은 제3세계가 제1세계와의 교섭력을 현저히 약화시키고 내부 결집력도 약화시켰다. 따라서 제3세계는 종전 제2세계 발전의 길을 선택하지 못하고 새로운 형태의 체제개혁과 시장경제화의 길을 걷고 있다.

21세기 세계경제는 미국의 소비와 중국의 투자가 성장의 견인차 역할을 담당하고 있다. 그리고 일본과 EU가 경기를 회복하고 중국이 안정적 성장을 이어가지 않는다면 세계경제의 성장세가 둔화될 우려가 있다. 또한 미국의 경상수지적자는 국제무역질서뿐 아니라 세계금융질서의 불안요소가 되고 있다. 미국은 경상수지적자를 외국자본유입으로 보전하면서 아시아개도국에 대하여 환율조정, 시장개방을 요구하고 있다.

개도국경제의 부상

동유럽 국가들이 체제개혁과 시장경제화를 통해 세계경제에 편입되는 한편 기존의 주변부 내에서 탈피를 하는 나라들도 있다. 1970년대 이후 고도의 지속적인 경제성장과정을 밟아 온 아시아 신흥공업국으로 불리는 한국, 대만, 홍콩, 싱가포르 등이 바로 그 나라들이다. 이들 4국 이외에도 최근 고도의 경제성장을 하는 동남아의 태국, 인도네시아, 말레이시아와 같은 경우가 준NICS로 분류되어 포함된다. NICS(Newly Industrializing or Industrialized Countries)는 다음 두 가지 뜻을 가진다. 첫째, 공업화를 현재 진행하고 있는 나라라는 의미의 신흥공업국이다. 둘째, 공업화를 새로 끝낸 나라라는 의미의 신흥공업국이다.

1970～1980년대 개도국은 경제발전이 이루어지는 국가, 즉 생산과 소비가 급속히 증가하는 국가로 탈바꿈하였고, 세계경제에서 차지하는 위상도 크게 제고되었다. 동아시아 개도국들은 세계에서 가장 역동성이 큰 집단으로 부상하고 있다. 1997년 아시아 외환위기에도 불구하고 중장기적으로 개도국의 성장잠재력은 건재하고, 개도국의 경제발전, 특히 대외지향적 성장이 선진국 경제의 희생을 요구한다는 비판은 설득력이 부족하다. 개도국은 자본재, 상업서비스와 유명소비재를 수입함으로써 세계경제성장의 견인차 역할을 담당하고 있다.

세계경제의 다극화 심화

종전의 3분구조적 세계경제가 해체되면서 제1세계로 불리는 중심부지역과 제3세계로 불리는 주변부지역이 공동으로 북과 남으로 갈라지는 양극화구조를 만들고 있다. 그러나 이러한 양극화구조는 세계경제의 지역주의화 경향과 더불어 다극화하는 모습을 나타내고 있다. 세계경제가 글로벌화하는 동시에 지역적 경제통합, 블록화, 지역경제협력 등의 형태로 지역주의화하고 있는 것이다. 지역주의화는 일정 지역 내 국가들이 점증하는 상호의존성을 효과적으로 관리해 나감으로써 지역 내에서 경제공동체를 만들어 나가는 것을 의미한다. 지역경제권 형성의 목적은 일반적으로 경제적 효율성 제고, 대규모 시장의 형성, 역내 보호주의적 무역규제 회피 및 타 지역주의에의 대응 등으로 볼 수 있다.

오늘날처럼 지역주의가 급속하게 확산되고 있는 이유는 첫째, 미국경제력의 상대적 약화로 신보호무역주의적 성격(자유무역을 위한 보호무역주의)을 나타내고 있고, 둘째, 정보, 통신, 교통의 급속한 발달로 경제의 탈국경화가 가속화됨에 따라 지리적으로 인접해 있고 경제정책의 협력이 쉬운 국가 간에 경제협력 강화를 추구하고 있으며, 셋째, 향후 다극체제의 정착에 대한 불안감 때문에 생존수단으로서 지역협정을 추진하고 있기 때문이다.

오늘날 세계경제의 구조는 종전의 양극화구도에서 지역블록화와 더불어 대체로 3개의 그룹으로 다극화하는 모습을 보여주고 있다. 다극체제의 중심은 EU중심권, 북미중심권, 동아시아 중심권으로 분류할 수 있다.

첫째, EU의 중심부와 동유럽 및 남유럽, 아프리카, 중동지역의 주변부

둘째, 북미의 중심부와 중남미의 주변부

셋째, 동아시아 경제권의 중층적 구조(예: 바트 경제권, 동북아 경제권, 환태평양 경제권)

21세기는 초강대국 하나가 국제규범의 제정과 실행을 주도하기보다 비슷한 경제력을 갖는 지역경제권이 상호경쟁 및 협력하에 질서를 유지하는 다극체제로 전환되고 있다. 이에 선진국 간, 선진국과 일부 개도국 간 경제력 격차가 감소하고 있다. 특히 BRICs(브라질, 러시아, 인도, 중국)를 중심으로 개도국 비중이 크게 증대하고 있다. 지역주의는 다자협정의 학습과정으로 활용될 수 있는 장점이 있는 반면 역외 비회원국이 역내시장에 접근하는 데 더 많은 비용이 들고 지역블록의 시장지배력이 남용되어 보호주의화의 우려가 있다는 단점이 있다. 최근 지역주의에 대한 국제적 논의에서는 지역협정이 다자주의와 양립할 수 있다는 견해가 우세하다. 그림 9-1 은 지역무역협정(Regional Trade Agreement: RTA)의 증가추세를 보여주고 있다.

그림 9-1 **세계경제 지역무역협정의 증가추세**

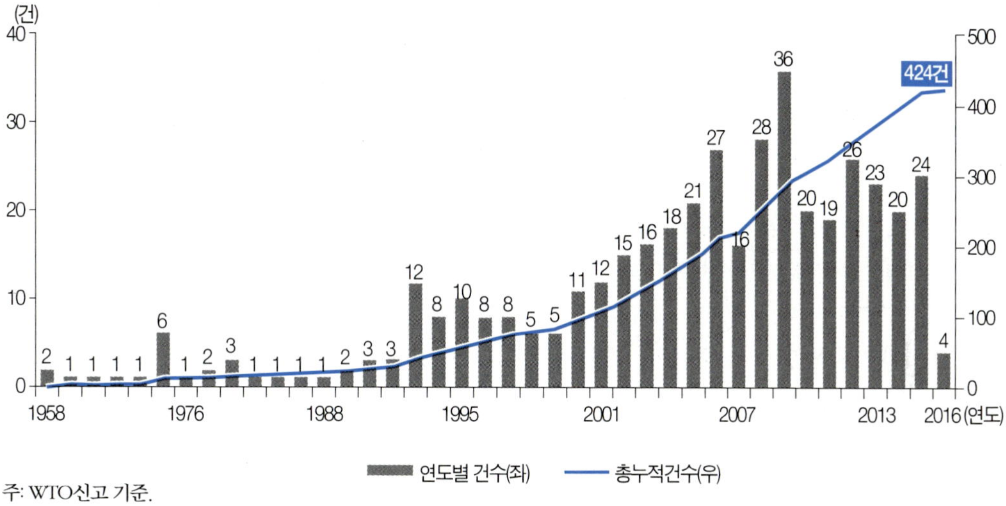

주: WTO신고 기준.

정석 사고

세계경제는 1차적으로는 국민경제, 2차적으로는 지역경제로 구성된다. 국민경제와 세계경제를 묶는 연결고리가 세계경제의 기능체계이다. 세계경제는 3분구조의 해체, 개도국경제의 부상, 다극화의 심화와 지역주의화로 특징지을 수 있다.

[정석사례연구 9-1] 세계화의 3단계 버전

토머스 프리드먼(T. Friedman)이 쓴 《렉서스와 올리브나무》에서는 세계화에 대한 세 가지 버전을 제시하고 있다. 시대별 추진동력으로서 세계화 1.0시대에는 국가, 세계화 2.0시대에는 기업이 주축이었다면, 세계화 3.0시대에는 바로 개인들이 세계화의 원동력이라고 보았다.

◈ 세계화 1.0시대

콜럼버스가 대서양 항해를 통해 구세계와 신세계 사이의 무역의 길을 연 1492년부터 1800년 전후를 말하며 국가와 힘이 지배하는 시대이다. 종교나 제국주의를 중심으로 이데올로기에 고무된 국가와 정부는 국가 간 장벽을 허물고 세계를 하나로 엮는 데 앞장섰다.

◈ 세계화 2.0시대

대략 1800년에서 2000년까지를 말하며, 1930년 무렵 대공황과 두 번의 세계대전으로 잠시 방해를 받기도 했다. 세계화 진전의 원동력은 국가가 아닌 다국적기업이다. 다국적기업이 산업혁명과 영국, 네덜란드 주식회사의 확장세로 시장과 노동력을 찾아 세계로 나아갔다. 초반 100년 동안에는 증기기관과 철도의 등장으로 운송비용이 하락함으로써 세계화 진전에 힘을 얻었지만, 후반 100년 동안은 전보, 전화, 위성통신, 광케이블 그리고 인터넷의 확산과 더불어 낮아진 통신비용이 주된 원동력으로 작용했다. 생산물과 노동력이 수익을 쫓아서 대륙에서 대륙으로 이동하면서 글로벌 시장경제가 탄생했고 성장했다. 초반의 화력선과 기차, 후반의 전화와 대용량 컴퓨터에 이르기까지 하드웨어의 혁신적인 발전에서 원동력을 찾을 수 있다.

◈ 세계화 3.0시대

개인이나 몇 명 안 되는 소집단이 세계화의 주역이 된 시대로 '평평한 세계의 플랫폼(flat-world platform)'이라고 한다. PC와 광섬유케이블, 워크플로(workflow, 작업의 흐름) 소프트웨어가 한꺼번에 등장했고, 기술적으로 수렴되면서 나타난 결과이다. PC는 한순간에 각 개인이 자신들의 콘텐츠를 디지털로 제작할 수 있게 해주었다. 광섬유케이블 네트워크는 그런 개인들이 전 세계의 더 많은 디지털 콘텐츠에 거의 공짜로 접근할 수 있게 해주었으며, 워크플로 소프트웨어는 세계 각지에 흩어져 있는 개인들이 동일한 디지털 콘텐츠상에서 거리에 상관없이 서로 협력할 수 있는 환경을 제공하였다.[2)]

제2절 정석 교양경제 세계화는 왜 발생할까?

1. 세계화란?

OECD는 다국적기업의 초국가적인 영업활동을 산업의 세계화로 정의하고 있다. 이를 좀 더 넓게 정의하면, 생산물 및 생산요소의 원활한 이동을 통해 세계경제의 통합이 심화되고 세계가 하나가 되어가는 과정이라고 할 수 있다. 좁게 해석을 하면, 세계화(globalization)는 국제무역의 확대, 국제투자의 증대, 기업의 글로벌 네트워크 형성 등을 통해 기업의 활동영역이 심화 및 확대되는 것으로 볼 수 있다.

1980년대 이후 다국적기업이 세계적인 자본과 판매망을 통해 시장과 생산관계를 급속하게 구축함에 따라 국제투자가 현저히 증가하고 있다. 이렇게 국제투자가 확산됨에 따라 다국적 기업들은 영업활동을 세계적 차원에서 분산시키는 한편, 분산된 단위들 간에 네트워크를 구축함으로써 생산비용을 절감하는 동시에 수요에 신축적으로 대응하는 체제를 구축하고 있다.

2. 세계화의 요인

세계화는 다음 몇 가지 요인들이 세계경제에 영향을 미침으로서 급속하게 진행되고 있다. 먼저 사회주의가 붕괴되면서 군사적 긴장이 완화되고 시장경제의 확대가 필요했기 때문이다. 통신과 교통수단이 기술혁신을 통해 비약적으로 발전하고 있기 때문이기도 하다. 개발도상국들이 공정을 맡고 후진국들이 조립을 하는 형태의 기업 네트워크화도 이러한 기술혁신 없이는 불가능했을 것이다. 그리고 국제기구(국제연합, WTO, IMF 등)에 의해 국제무역시장이 확대됨에 따라 세계 각국의 상호의존도가 크게 높아져 세계화가 확대되고 있다. 이 때문에 국내 정책 결정과정 또한 세계경제의 표준에 맞아야 한다. 시장접근성이 좋아야 하고, 독점금지법 등을 통해 내외가격차를 없애야 하며, 수입유통구조도 복잡하지 않아야 한다. 그렇지 않으면 무역마찰이 발생한다.

또한 세계의 공동문제인 범지구적 환경오염, 개도국의 만성적인 외채 및 빈곤위기 등도 세계화를 확대시키고 있다. 이외에도 글로벌기업에 의한 시장통합, 국제정치의 긴밀한 공조, 올림픽과 같은 다양한 국제행사와 햄버거와 콜라 등과 같은 세계적 상품들에 의한 심리적 현상 등을 꼽을 수 있다. 이러한 세계화는 많은 사람이 우려하고 있는 '20대 80의 사회'를 만들지도 모른다. 사회에서 일자리를 잃어버린 80%의 사람들이 약간의 오락물과 먹거리에 만족하며 조용히 살아야 한다는 것이다.

이제 세계화가 세계경제에 미치는 긍정적 영향과 부정적 영향을 살펴보기로 한다. 먼저 긍정적 영향을 살펴보면 다음과 같다.

첫째, 소비자가 상품정보를 신속하게 이용할 수 있으므로 소비시장이 동질화된다.

둘째, 기업들이 글로벌 네트워크를 형성하여 세계적 차원의 생산효율화를 추구하게 된다. 이렇게 하여 비용을 절감하고 수요의 변화에 신축적으로 대응할 수 있게 된다. 전자상거래의

70%가 기업 간 거래라는 사실은 시간과 공간을 초월한 부품조달 네트워크가 현실화하고 있는 증거이다.

셋째, 시장경제를 바탕으로 하는 자유무역체제가 생산과 소비활동을 범지구적으로 최적화할 수 있다.

넷째, 국제투자가 활성화되어 국제분업을 보다 효율적인 구조로 변화시킬 수 있다.

그리고 세계경제에 미치는 부정적 영향은 다음과 같은 것을 들 수 있다.

첫째, 생산요소가 국경을 넘어 자유롭게 이동되면서 경제정책의 유효성이 크게 떨어진다.

둘째, 자본의 이동성이 증대함에 따라 자본소득에 대한 조세부과가 어려워진다.

셋째, 세계화의 심화는 국내주권을 침해하게 된다. 예를 들면 국가 간 경제제도의 차이를 새로운 통상장벽으로 인식하는 것이다. 또한 국내제도와 시장구조, 기업관행까지 자유무역의 저해요인으로 간주한다.

넷째, 국가 간의 소득격차가 확대될 수 있다.

다섯째, 교육, 정보의 격차가 확대되고 실업이 증가하게 된다. 고급 노동력에 대한 수요가 증대되는 반면 중저급 노동력은 구조적 실업의 형태로 남게 된다.

여섯째, 빈곤과 채무문제가 악화될 수 있다.

일곱째, 다국적 기업의 영향력이 증대된다.

여덟째, 국제투기자본에 의한 국제금융시장의 불안정성이 증대한다.

이상과 같은 세계화의 긍정적 영향과 부정적 영향 때문에 세계화에 대한 찬반논쟁은 계속되고 있다.

3. 세계화는 어떻게 측정하는가?

커니(A. T. Kearney)와 미국의 외교정책 전문지인 〈포린 폴리시(*Foreign Policy*)〉는 공동으로 세계화수준을 지수로 만들고 이를 매년 측정하여 발표하고 있다. 세계 각국의 최근 세계화지수(Globalization Index: GI)는 〈포린 폴리시〉를 보면 알 수 있다(**표 9-1**).

커니와 〈포린 폴리시〉는 세계화를 크게 경제통합, 개인적 접촉, 기술적 연결성 및 정치적 참여의 4개 분야로 나누어서 측정한다. 그뿐만 아니라 이를 12개의 세부지수로도 측정한다.

① 경제통합: 무역, FDI(해외직접투자)
② 개인적 접촉: 전화, 여행, 송금, 개인 간 소득이전
③ 기술적 연결성: 인터넷 사용자, 인터넷 호스트, 보안서버(secure servers)
④ 정치적 참여: 국제기구, 유엔 평화유지, 국제조약, 정부 소득이전

한국의 GI는 매년 약간의 변동을 하면서 20~30위권에 머물고 있다. 한국의 4개 분야별 세계화지수의 특징을 보면 기술적 연결성이 가장 높고 경제적 통합과 정치적 참여가 그 뒤를 이어 높은 편이다. 세계 속에서 한국경제가 차지하는 위상은 **표 9-1** 에 잘 나타나 있다. 한국의 경제규모를 감안하면 세계화수준은 상대적으로 많이 낮은 편이다.

표 9–1 세계 속의 한국경제

명목GDP	11위	사교육비비중(OECD)	1위
1인당GDP	30위	원유수입액	5위
인간개발지수(UNDP)	18위	경제자유도	27위
인구규모	27위	국가경쟁력	29위
인구밀도	12위	해외직접투자	14위
국토면적	109위	석유소비량	8위
연간노동시간	3위	고속인터넷가입자 수	5위
교역규모	9위	자동차생산	6위
외환보유고	7위	미국유학생 수	4위
주식거래액	10위	반도체생산	2위
무역의존도	67위	선박생산	1위

주: 2016~2017년 기준.
자료: 한국무역협회 국제무역연구원(2017). 〈2017 세계 속의 대한민국〉.

정석 사고

세계화(globalization)는 국제무역의 확대, 국제투자의 증대, 기업의 글로벌 네트워크 형성 등을 통해 기업의 활동영역이 심화 및 확대되는 현상이다. 세계화를 촉진하는 원인은 교통과 통신수단의 발달, 국제무역의 확대, 범지구적 환경오염과 개도국의 만성적인 외채 및 빈곤위기 이외에도 글로벌기업에 의한 시장통합, 국제정치의 긴밀한 공조, 올림픽과 같은 다양한 국제행사와 햄버거나 콜라 등과 같은 세계적 상품들에 의한 심리적 현상 등을 꼽을 수 있다.

[정석사례연구 9-2] 세계화와 경제양극화

2011년 9월 17일 뉴욕 월가 주변에서 점령 시위가 열렸다. 캐나다 소비자운동단체이자 비영리잡지인 〈애드버스터스(*Adbusters*)〉는 금융기관의 부도덕성과 빈부격차의 심화, 무기력한 정부를 비판하면서 세계금융중심지인 월가에서 시위를 제안하였다. 이 시민운동은 소셜 네트워크를 통해 '월가를 점령하라(Occupy Wall Street)', '우리는 99%다(We are the 99%)'의 구호를 중심으로 전 세계 80여 개국으로 확산되면서, 최상위 1% 부자를 위한 선진 자본주의가 지닌 근본적인 문제점을 적나라하게 파헤쳤다는 점에서 의미가 있다. 월가 점령 시위 포스터에는 월가의 상징물인 황소의 역동적이면서 불안정한 자세를 현재의 미국 경제상황으로 묘사하고 있으며, 황소 위의 발레리나는 미국 사회에 필요한 균형과 안정을 나타내고 있다. 포스터의 배경에는 월가의 탐욕에 맞서 싸우고 있는 군중의 모습이 보인다.

선진경제에서 월가를 점령하라는 시위는 왜 발생한 걸까? 그 이면에는 사회의 경제양극화라는 것이 숨어있다. 우리 사회를 보면, 내수와 수출경기 간, 산업 간, 기업 간, 계층 간에 양극화 현상이 뚜렷하다. 수출은 큰 폭의 신장세를 보이고 있는 데 비해 내수가 부진하며, 자동차 · 조선 · 철강 · IT 산업 등은 호조인데 다른 업종들은 그렇지 못하다. 대기업은 막대한 이익을 올리고 있지만 중소기업은 그렇지 못하며, 정규직은 안정된 일자리와 소득이 보장된 반면 비정규직의 일자리와 소득은 불안정하다. 이러한 경제양극화 현상은 왜 발생할까? 양극화 현상은 기본적으로 성숙단계 진입, 세계화, 기술진보 등 경제환경 변화에 대한 경제주체들의 적응능력 차이에 따라 불가피하게 발생한다. 이 밖에 소재부품 산업의 미발달로 인한 수출과 내수의 연관성 미약, 중소기업 성장기반의 취약성, 고용구조 악화 등도 발생원인으로 작용한다.[3)]

제3절 어떤 나라는 왜 더 빨리 발전할까?

정석 교양경제

1. 세계화와 경제성장

세계화와 경제성장의 관계를 살펴보면, 세계화는 경제성장을 촉진시키면서 선진국과 개발도상국의 격차도 해소하기 때문에 빈곤퇴치에도 기여한다. 범세계적으로 경제의 통합이 이루어지면서 1960~1970년대에 아시아의 용이라고 불리는 한국, 홍콩, 싱가포르, 대만은 빠른 경제성장과 높은 생활수준을 경험하였다. 최근에는 중국을 비롯한 인도, 러시아, 브라질 등의 BRICS가 세계화의 과정을 밟고 있다. 세계은행은 2013년 연구를 통하여 세계화로 경제가 성장했다고 해서 소득불균형이 심화된 것은 아니고 오히려 빈곤이 축소되고 선진국과 개도국 간의 격차도 좁아지고 있다고 주장하였다.

세계화를 통해서 전 세계는 1인당 GDP의 평균 증가율이 1960년대에 매년 1.4%에서 1970년대에는 2.9%, 1980년대에는 3.5%, 1990년대에는 5.0%까지 증가했다고 한다. **표 9-2**는 세계적

표 9-2 세계화와 빈곤

지역	Demographic	1981	1984	1987	1990	1993	1996	1999	2002	2013
동아시아국가	하루에 1달러 미만	57.70%	38.90%	28.00%	29.60%	24.90%	16.60%	15.70%	11.10%	–
	하루에 2달러 미만	84.80%	76.60%	67.70%	69.90%	64.80%	53.30%	50.30%	40.70%	3.7%
라틴아메리카	하루에 1달러 미만	9.70%	11.80%	10.90%	11.30%	11.30%	10.70%	10.50%	8.90%	–
	하루에 2달러 미만	29.60%	30.40%	27.80%	28.40%	29.50%	24.10%	25.10%	23.40%	4.9%
중부아프리카	하루에 1달러 미만	41.60%	46.30%	46.80%	44.60%	44.00%	45.60%	45.70%	44.00%	–
	하루에 2달러 미만	73.30%	76.10%	76.10%	75.00%	74.60%	75.10%	76.10%	74.90%	41%

주: 세계은행은 2013년 빈곤선을 1.9달러로 상향 조정.

자료: 세계은행, 빈곤추정(2013).

으로 하루에 1달러 미만으로 생활하는 사람과 2달러 미만으로 생활하는 사람의 비중을 지역별로 보여준다. 세계화가 어느 정도 진전된 동아시아 국가는 하루에 1달러 미만으로 생활하는 사람들의 비중이 1981년에 57.7%에서 2002년에는 11.1%로 약 80%가 줄어들었다. 반면에 세계화의 흐름에 동참하지 않은 아프리카 지역의 국가들은 하루에 1달러 미만으로 생활하는 사람들의 비중이 1981년에 41.6%에서 2002년에는 44%로 오히려 증가했다. 그러나 2013년 빈곤선을 1.9달러로 상향한 후 빈곤인구는 41%로 줄었지만 여전히 전 세계에서 가장 높은 수준이다. 이와 같이 세계화를 지향하는 국가는 세계화에 반대하는 국가보다 경제성장의 속도가 빠르고 빈곤에서도 빨리 벗어났음을 알 수 있다.

2. 경제성장과 경제발전

경제성장은 시간이 흘러감에 따라 1인당 국민소득이 지속적으로 증가하는 현상이다. 이에 반해 경제발전은 경제성장에 더하여 구조의 질적 변화를 수반하는 경우를 말한다. 사람에 비유하자면 경제성장은 사람의 키가 자라거나 체중이 늘어나는 것이며, 경제발전은 사람의 신장과 체중이 증가하는 것뿐만 아니라 질병에 대한 저항력이 증가하고, 환경변화에 대응하는 능력이 향상되며, 의식구조가 변화하는 것을 포함하는 과정을 의미한다.

경제발전도 경제성장처럼 1인당 국민소득의 증가로 측정할 수 있지만 질적 변화를 반영하는 1인당 자본량, 교육수준 등가 같은 지표를 추가하여 측정한다. 미국의 경제학자 로스토우(W. W. Rostow)는 모든 나라의 경제발전과정이 전통사회, 도약준비, 도약, 성숙, 대중적 고도소비라는 다섯 단계를 거친다고 한다. 독일의 경제학자 호프만(D. Hoffman)은 공업화에 초점을 맞추어 소비재산업에서 생산재산업의 비중이 커지는 단계로 이행한다고 주장한다. 미국의 경제학자 클라크(C. Clark)는 산업구조에 초점을 맞추어 경제발전하면서 산업구조가 1차산업에서 2차산업으로, 2차산업에서 3차산업으로 이행해 나간다고 주장한다.

하버드대 홀리스 체너리(Hollis Chenery) 교수는 경제발전은 끊임없는 경제구조전환의 과정이라고 말한다. 개발도상국의 소득이 증가하기 위해서는 도·농 간 구조, 대기업과 중소기업의 구조, 산업구조, 통신구조, 직업구조, 고용구조 등 수많은 구조의 변화가 수반되어야 한다. 그러므로 개발도상국의 경제성장은 경제발전과 구분하기 어렵다. 하버드대 드와이트 퍼킨스

(Dwight Perkins) 교수 등이 쓴 경제발전론의 대표적 교과서인 《발전의 경제학》(제5판)은 그의 분석틀을 중시하고 있다.

경제구조변화의 전환점이 되는 소득수준이 있는데, 세계은행은 〈세계개발보고서〉(2012)에서 1인당 소득 1,005달러 이하를 개발도상국, 12,275달러 이상을 선진국, 그리고 그 사이를 중진국으로 분류한다. 그리고 중진국은 다시 1인당 소득 3,975달러 이하를 저소득 중진국, 그리고 그 이상을 고소득 중진국으로 구분한다.

정석 사고 경제성장은 시간이 흘러감에 따라 1인당 국민소득이 지속적으로 증가하는 현상이다. 이에 반해 경제발전은 경제성장에 더하여 구조의 질적 변화를 수반하는 경우를 말한다.

3. 경제발전의 수렴가설과 현실

가난한 나라들은 부유한 나라들을 추격해서 삶의 수준을 높일 수 있을까? 이에 대한 답으로 수렴가설이라는 것이 있다. 수렴가설(convergence hypothesis)이란 부유한 나라보다는 가난한 나라의 생산성증가율이 높기 때문에 가난한 나라는 부유한 나라와의 격차를 좁혀 추격하게 된다는 것이다.[4] 그림 9-2 에서 보듯이 시간이 지남에 따라 가난한 나라의 생산성증가율은

그림 9-2 수렴가설

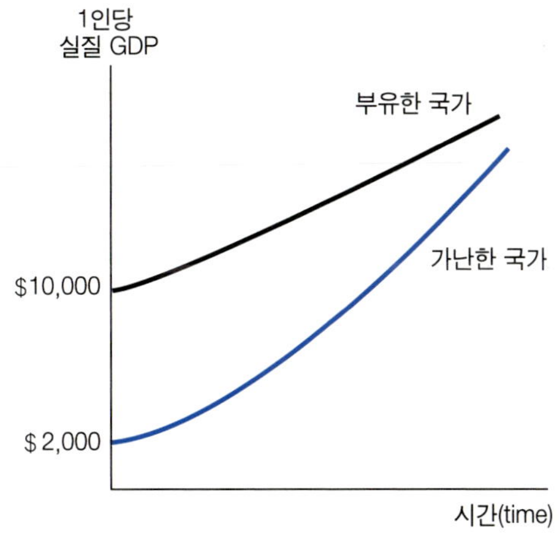

부유한 나라의 생산성증가율보다 높은 경향이 있다는 전제하에서 주장된다. 학급에서 5등인 학생의 성적이 향상될 가능성보다 30등인 학생의 성적이 향상될 가능성이 더 크다는 점을 생각해 보면 쉽게 이해할 수 있다.

이러한 수렴현상이 발생하는 이유를 구체적으로 살펴보면 다음과 같다.

첫째, 가난한 나라에서는 낮은 교육수준이 매우 빠르게 높아질 수 있다. 장기적으로 수렴현상을 기대하는 이유는 과학지식과 경영노하우가 전 세계로 퍼져나가면서 생산성이 낮은 나라가 쉽게 학습할 수 있기 때문이다.

둘째, 새로운 첨단기술을 개발하는 혁신보다 모방이나 채택을 통해서 기술이 앞선 선진국의 기술을 수용하는 것만으로 생산성을 높일 수 있다. 모방을 하면 창조하는 것보다 따라잡기가 더 수월하다.

셋째, 인터넷과 같은 커뮤니케이션 수단이 기술과 정보의 확산을 보다 빠르게 하고 있다. 최근에 인간 유전자 및 줄기세포 연구성과나 경제학 관련 최신 논문도 실시간으로 전 세계 연구자들에게 빠르게 전달되고 있다.

지난 수십 년 동안 한국의 경제성장 속도는 미국에 비해서 급격하게 증가하였다. 1960년부터 1990년까지 30년 동안 미국과 한국의 GDP 대비 투자율은 비슷했다. 그러나 미국은 연평균 1인당 GDP성장률이 2%였지만 한국은 6% 이상을 달성하였다. 이러한 차이도 추격현상으로 설명할 수 있다. 1960년 한국의 1인당 GDP는 미국의 1/10 수준이었는데 과거에는 투자가 없었고 전쟁 이후였기 때문에 초기 출발 시점의 자본축적은 작았다. 그 결과 미국에 비해서 상대적으로 높은 성장률을 달성할 수 있게 된 것이다. 이러한 현상은 공업화를 이룩한 산업국가들에 한정해서 보면 쉽게 관찰될 수 있다.

그림 9-3은 수렴가설에 따른 가난한 나라들의 추격현상이 이루어지는 경우와 그렇지 않은 경우를 보여준다. (a)에서 국가별 위치가 우하향하는 직선에 가까울수록 추격현상이 존재한다. 공업화한 산업국가 내에서 1960년대 1인당 실질GDP가 낮은 나라들은 1960~2000년 동안 연평균성장률이 상대적으로 높았음을 알 수 있다. 그러나 (b)에서 보듯이 나이지리아, 중앙아프리카와 같은 후진국을 포함한 모든 국가를 대상으로 할 때에는 추격현상이 뚜렷하지 않다는 것을 알 수 있다. 따라서 경제가 발전하여 선진국에 추격할 수 있는지의 여부는 각 나라마다 다르게 나타난다고 할 수 있다.

그림 9-3 수렴가설의 현실

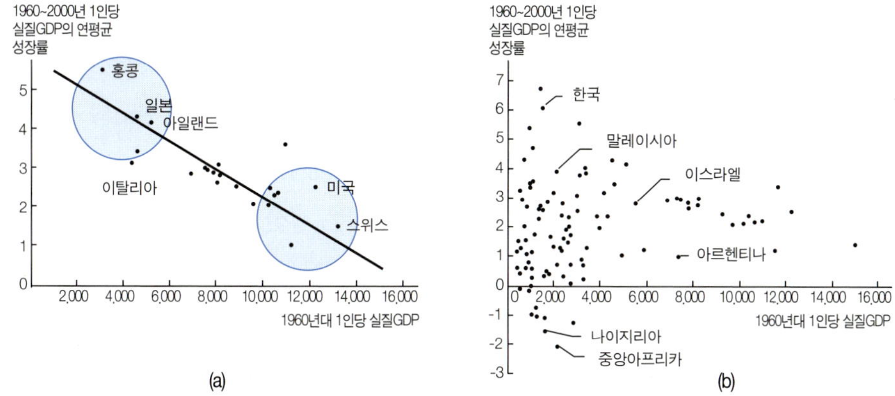

정석 사고 수렴가설(convergence hypothesis)이란 부유한 나라보다는 가난한 나라의 생산성증가율이 높기 때문에 가난한 나라는 부유한 나라와의 격차를 좁혀 추격하게 된다는 것이다.

[정석사례연구 9-3] 한강의 기적과 72법칙

한국은 지난 30여 년간 연평균 7% 정도의 높은 경제성장을 기록하였다. 이러한 고도성장 성과에 대해 외국에서는 독일의 '라인강 기적'에 빗대어 한국이 '한강의 기적'을 이뤄냈다고 극찬하였다. 어떤 변수의 값이 2배가 되는 데 얼마나 걸리는지를 아는 방법으로 72법칙이란 것이 있다. 즉 72를 연평균증가율로 나누어 보면 두 배가 되기까지의 소요연수가 계산된다. 한국은 1970~2007년간 국내총생산이 연평균 6.9%의 성장률을 기록한 반면, 미국은 지난 20년 동안 연평균 3.0% 성장하였다. 즉, 한국은 10년마다 실질 국내총생산이 2배씩 증가해 온 반면 미국은 2배 증가하는 데 24년 걸렸다는 의미이다. 이처럼 높은 경제성장률을 지속적으로 달성한 국가는 경제규모가 커지는 데 그만큼 시간이 적게 걸린다.[5]

4. 경제발전 속도의 결정요인

후진국의 경제가 발전하여 선진국의 삶의 수준으로 근접한다고 믿더라도 시간이 많이 걸릴 수 있다. 경제발전의 속도를 결정하는 요인을 무인도에 표류한 로빈슨 크루소의 상황에 빗대어 생각해 보자. 로빈슨 크루소가 생활수준을 향상시키는 방법은 맛있는 물고기를 많이 잡는 것과 관련이 있다. 어떻게 물고기를 많이 잡는가의 문제는 생산성과 관련된 문제이다. 그 이유는 생활수준을 향상시키기 위해서는 사람들의 소득이 높아져야 하고 소득의 원천은 생산성(노동보수)에 의해서 결정되기 때문이다.

생산성은 일정기간 동안 노동을 할 때 시간당 총산출량을 말한다. 무인도 경제에서 물고기를 많이 잡는 방법에는 힘(건강)을 키우는 방법, 낚싯대의 수를 늘리는 방법, 물고기 잡는 기술을 익히는 방법, 물고기가 어디에 많이 있는가를 아는 생태지식과 물고기가 많이 몰리는 자연환경 등이 영향을 미친다. 이러한 요인들을 요약하면 그림 9-4와 같다.

그림 9-4 로빈슨 크루소의 삶의 수준과 생산성

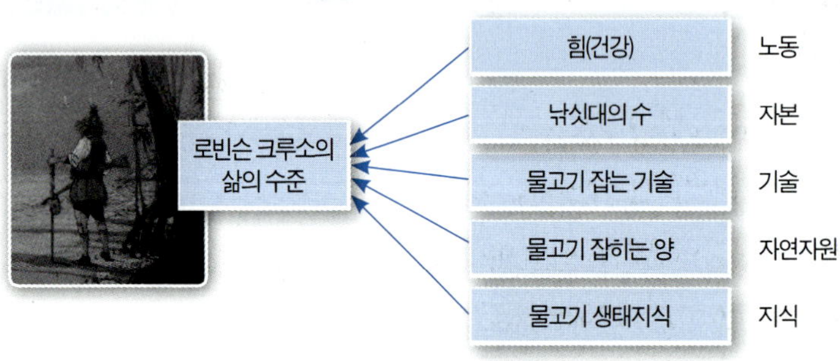

자본의 축적

삽으로 땅을 파는 것보다 굴착기로 땅을 파는 것이 같은 시간에 더 많은 땅을 더 깊게 팔 수 있다. 이와 같이 생산에 투입되는 기계와 장비를 '물적자본(physical capital)' 혹은 그냥 자본이라고 하는데, 좋은 기계나 장비는 노동생산성을 크게 증가시킨다. 기계나 장비, 건물 등과 같이 생산에 필요한 물적자본을 새로 구입하는 것을 투자라고 하는데, 투자를 위해서는 저축이 있어야 한다. 저축은 우리가 생산한 것을 모두 소비하지 않고 미래를 위해 남기는 것을 말한다. 경제발전이 더딘 후진국에서는 경제성장을 위한 가장 중요한 요인이 저축을 통한 자본 축적이다. 무인도경제에서 자본을 축적하려면 물고기를 잡아서 다 먹지 않고 인디언들에게 팔아서 번 돈으로 낚싯대를 더 만들어야 한다. 다시 말해서 저축을 많이 하고 이를 통해 투자를 늘려야 한다. 저축이 부족하면 외국자본을 들여 투자를 늘리는 것도 하나의 방안이 될 수 있다.

노동과 인적자본의 축적

한 나라의 노동자 수와 노동생산성이 증가하면 그 나라의 생산량과 소득은 증가한다. 인구가 증가하면 노동자 수가 증가하고 경제규모와 국민소득이 커지지만 항상 생활수준이 향상되는 것은 아니다. 그 이유는 국민소득이 커지더라도 인구수가 늘어나 1인당 국민소득은 줄어들 수도 있기 때문이다. 결국 생활수준을 향상시키기 위해서는 노동자의 수도 늘어나야 하고 생산성도 증가해야 한다.

노동자의 수와 같은 양적인 증가 외에 노동의 질이 높아지면 생산성을 높일 수 있다. 예를 들어 교육이나 훈련을 많이 받은 사람은 그렇지 못한 사람보다 생산능력이 높다. 또한 건강한 사람이 그렇지 못한 사람보다 생산능력이 높다. 노동자가 가진 지식, 기술, 건강과 같은 능력을 '인적자본(human capital)'이라고 한다. 이러한 교육과 훈련, 경험의 축적을 통한 지식과 기술의 체득은 눈에 보이지 않지만 노동자들의 생산성을 높여주는 역할을 한다. 선진국의 경우 총자산 중 인적자본이 차지하는 비중이 다른 자본에 비해 매우 높다.

자연자원

미국이 경제적으로 성공할 수 있었던 이유 중 하나는 농사짓기 좋은 토양이 많기 때문이고, 사우디아라비아를 비롯한 중동 국가들이 세계적으로 부를 획득한 이유는 원유가 풍부하게 매장되어 있기 때문이다. 이와 같이 경제발전의 여러 요인들 중에 토지, 산림, 강물 등 자연이 제공하는 생산요소를 '자연자원(natural resources)'이라고 한다. 자연자원은 산림과 같이 재생이 가능한 재생가능자원과, 석유와 같이 한 번 사용하면 재생이 되지 않는 재생불가능자원으로 나눌 수 있다. 보통 후진국은 자연자원이 부족하지만 재생가능자원은 식수 등의 노력을 통해 증식시킬 수 있다. 이것이 경제발전의 속도를 빠르게 할 수 있다.

기술혁신

자원이 주어져 있다고 볼 때 노동과 자본의 양 외에 기술혁신이 경제성장의 중요한 요인이 된다. 기술혁신은 새로운 원료, 새로운 상품, 새로운 생산방법, 새로운 시장, 새로운 경영의 발명 또는 발견을 말한다. 농업의 경우 영농기술과 지식의 축적으로 인해서 과거보다 적은 노동을 투입해도 많은 양의 생산이 가능해졌다. 이처럼 기술혁신은 모든 측면에서 기존의 방식보다 더 효율적인 새로운 방식을 개발하는 것이다.

오스트리아의 경제학자 슘페터(J. A. Schumpeter)는 기업가들이 기업활동을 할 때 낡은 방법을 버리고 새로운 방법을 추구하는 것이 이윤창출과 경제성장의 중요한 요소라고 주장했다. 슘페터는 기업가를 "새로운 아이디어나 발명을 통해 창의적인 제품을 출시할 수 있는 능력과 의지를 지닌 사람"이라고 정의하였다. 그리고 기업가에게는 신제품을 생산하거나 새로운 방식으로 기존제품을 생산하는 데 있어 발명을 비롯한 이전에 시도되지 않았던 기술적 가능성으로 생산방식에의 혁신을 꾀하는 '**창조적 파괴**(creative destruction)'가 필요하다고 강조하였다.

기술혁신은 주로 연구개발(R&D)투자를 통해 이루어진다. 정부는 기술혁신을 돕기 위해서 특허권을 보호하고, 기업의 연구개발에 들어가는 비용에 대해서는 세금을 줄여주는 것과 같은 인센티브를 제공하고 있다. 이에 특허권을 받은 사람은 보호기간 동안 큰돈을 벌 수 있어 연구개발이 촉진되고 세금축소도 연구활동을 촉진한다. 기술혁신은 한 명의 발명가에 의해 이루어질 수도 있지만 최근에는 여러 기술들이 융합되어 새로운 기술이 탄생하므로 개인보다 기업에 의한 공동 기술혁신이 일반적이다. 따라서 기업의 기업가정신이 더욱 중요해진다.

경제적 자유와 사회안정

누구나 자유롭게 상품을 생산할 수 있고 수출이나 수입을 자유롭게 할 수 있다면 경쟁을 통해 비용을 절감하거나 상품의 품질을 개선할 수 있다. 대부분의 선진국에서는 재산권이 법으로 잘 보호되어 있다. 재산권(property rights)은 자신이 보유한 자원에 대해서 권리를 행사할 수 있는 능력을 말한다. 여기서 능력이란 재산을 처분하거나, 보유하는 동안 임대나 배당과 같은 방법으로 이익을 얻을 수 있는 가능성을 말한다. 만약 정부가 바뀔 때마다 재산을 빼앗길 위험이 있다면 저축이나 투자가 활발해지기 어렵고, 국부의 해외유출이 빈번하게 일어나게 된다. 이처럼 경제적 자유와 사회안정은 경제성장의 중요한 요인이 된다.

자유무역

대다수 경제학자들은 가난한 국가들이 자국의 경제를 세계시장에 개방하는 대외지향적인 정책(outward-oriented policies)을 펼쳐야 경제성장에 도움이 된다고 생각한다. 대표적 사례로서 내부지향적인 정책(inward-oriented policies)을 추구한 남미국가들보다 한국, 싱가포르, 대만 등 자유무역정책을 추구한 나라들이 급속한 경제성장을 이룬 것을 보면 알 수 있다.

정석 사고

경제발전의 속도를 결정하는 요인은 자본의 축적, 노동과 인적자본의 축적, 자연자원의 증가, 기술혁신, 경제적 자유와 사회안정, 자유무역 등이다.

[정석사례연구 9-4] 지능지수가 경제발전을 빠르게 할까?

심리학자 린(R. Lynn)과 정치학자 반하넨(T. Vanhanen)은 2002년 경제발전과 국민의 지적능력은 상관관계가 있다는 연구결과를 발표했다. 각국의 지적능력은 성인 국민의 평균지능지수(IQ)로 측정했고, 경제발전 정도는 1인당 국민소득을 기준으로 측정했다.

1998년 185개국의 해당 자료를 통한 분석에서 평균 IQ는 59에서 107까지 다양하게 분포되어 있었고, IQ가 높은 국가일수록 1인당 국민소득도 높았다. 평균 IQ가 101을 넘어서는 국가는 홍콩(107), 한국(106), 일본(105), 북한(104), 대만(104), 싱가포르(103), 오스트리아(102), 독일(102), 이탈리아(102), 네덜란드(102), 룩셈부르크(101), 스웨덴(101), 스위스(101)로 북한을 제외하고는 선진국에 속한 국가였다. 그에 반해서 평균 IQ가 65 이하인 국가들은 콩고(65), 감비아(65), 라이베리아(65), 세네갈(65), 에티오피아(63), 적도기니(59), 상투메 프린시페(59)로 모두 아프리카에 위치한 세계 최빈국들이었다.[6]

제1편
제2편
제3편
제4편
제5편

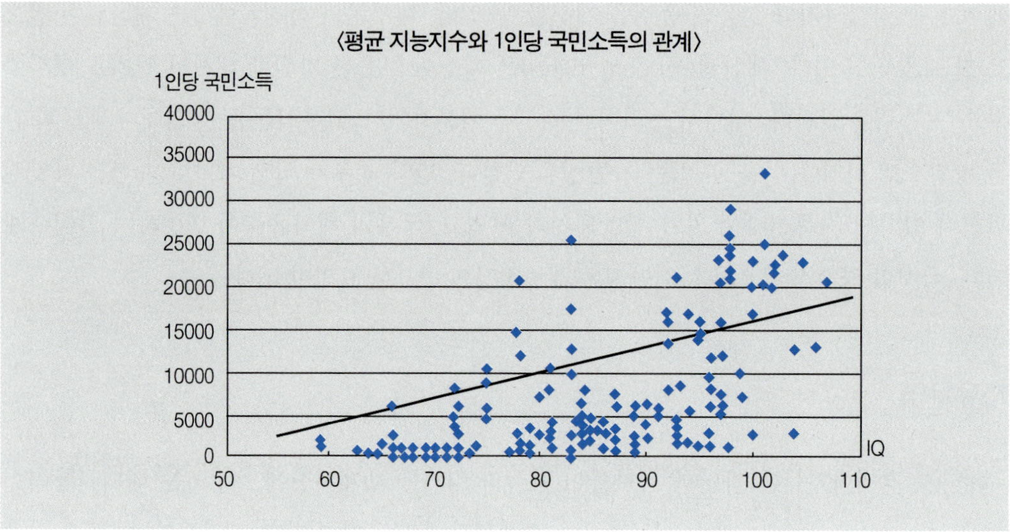

5. 정부의 역할

경제가 발전하는 데에는 저축을 통한 자본축적의 증가, 교육을 통한 지식축적의 증가, 기업가정신의 기술혁신, 안정된 정치경제적 시스템 등의 전제조건들이 필요하다. 그러나 개발도상국들은 이러한 요소들이 결여되어 있거나 매우 빈약한 것이 현실이다.

물적자본의 경우 가난한 나라는 가난하기 때문에 자본의 양도 적다. 그 결과 당연히 생산성에서도 차이가 난다. 또한 인적자본의 경우 교육을 통해 지식을 축적하여 인적자본을 높일 수 있다. 그러나 교육에 투자를 하려면 학교설립과 교육다양성 때문에 시간과 자금이 많이 든다. 현실적으로 자금이 부족한 개발도상국은 단기에 교육에 투자하기는 어려운 실정이다.

기술혁신의 측면에서 현재의 개도국은 과학적 지식이 부족하고, 도로와 철도와 같은 사회간접자본도 매우 부족하며, 경제부흥을 꿈꾸는 국민과 정부의 의지가 약한 경우도 많다. 또한 개도국과 같은 나라들은 인적자본을 형성하는 교육과정에서 두뇌유출(brain drain)현상이 발생하여 더욱 가난해질 수 있다. 지리, 보건, 정치 등 불안정한 시스템 측면에서 보면, 미국을 비롯한 많은 선진국들은 비옥한 토지와 좋은 항구를 가진 지리적 위치를 갖고 있지만 척박한 토지와 해양을 가진 아프리카의 경우는 경제발전에 불리하다. 특히 주의해야 할 점은 정치 · 사회 · 경제 시스템이 투명하게 작동하지 않거나 아예 작동하지 않으면 뇌물과 부패, 국제전쟁 등의 불안한 상황을 초래하여 경제발전에 매우 큰 장애가 된다. 이러한 개도국의 현실을 고려할 때, 정부가 할 수 있는 역할은 다음 몇 가지로 설명될 수 있다.

① 투자촉진

저축의 증대와 투자의 확대를 장려하기 위해서 정부는 투자활동에 대한 세금을 낮추거나 보조금을 지급할 수 있고, 기업의 투자에 대한 규제를 대폭 줄일 수도 있다. 저축률이 낮다면 해외의 투자를 끌어들이는 방법을 강구해 볼 수 있다. 해외로부터의 투자에는 외국 기업이 국내에 직접 공장을 지어 소유와 운영까지 맡아서 하는 '**직접투자**(Foreign Direct Investment: FDI)'방식과 자본만 투자하고 운영은 내국인에게 맡기는 '**포트폴리오 투자**(Foreign Portfolio Investment: FPI)'방식이 있다.

② 교육훈련향상

선진국과 개도국 간의 평균 학교교육 연수에 대해 비교해 보면, 미국이 12.3년으로 가장 많고 인도는 5년 미만이며 수단은 2년도 되지 않는다. 교육을 통한 인적자본 형성은 긍정적인 **외부효과**(externalities)를 발생시킨다. 외부효과란 어느 한 사람의 행동이 의도치 않게 거래당사자가 아닌 다른 사람의 후생수준에 영향을 미치는 것을 말한다. 예를 들어 교육을 통해 얻은 지식이 사람들에게 널리 퍼져 사람들을 더 똑똑하게 만드는 외부효과를 만든다.

③ 기술혁신

기술혁신은 생산성 증가의 핵심요인이며, 생산성 증가는 생활수준 향상의 원천이다. 세탁기와 냉장고, 전화기 등의 발명은 모두가 공유할 수 있기 때문에 정부는 정책적으로 민간이 기술혁신에 참여하도록 국립연구기관에 더욱 지원해야 할 필요성이 있다.

④ 국민건강증진

1993년 노벨상을 수상한 경제사학자 포겔(Robert Vogel)은 영양상태의 개선을 통한 건강증진이 경제발전의 중요한 원천이라고 주장한다. 그는 국민들의 영양섭취 개선이 1790~1980년 영국의 1인당 소득증가의 약 30%를 설명한다는 연구결과를 발표했다. 국민의 건강상태가 나

뿌면 노동의 질이 떨어지고 생산성이 낮아져 더욱 가난해지는 악순환이 발생한다. 건강의 악순환을 끊기 위해서는 영양분이 많은 식품을 공급하고 건강검진을 의무적으로 실행할 필요가 있다.

⑤ 사회안정과 재산권보호

후진국은 정부의 임의적인 정책변경, 정치적인 불안정, 자본주의에 역행하는 이념, 만연해 있는 부패, 지하경제와 범죄에 의해서 법치주의와 사회적 안정성이 위협을 받는다. 표 9-3은 여러 나라들의 재산권보호의 상대적인 순위를 보여준다. 선진국일수록 재산권보호순위가 매우 높다는 것을 알 수 있다. 따라서 개발도상국은 재산권보호를 위한 많은 노력을 기울여야 한다. 또한 이것은 시장경제가 잘 작동되는 기초이기도 하다.

표 9-3 세계 각국의 재산권보호순위

순위	국가	평점
1	핀란드	6.4
2	싱가포르	6.2
6	홍콩	6.1
11	일본	6.0
16	대만	5.7
25	미국	5.3
26	말레이시아	5.3
28	르완다	5.3
29	바레인	5.2
38	칠레	5.0
44	잠비아	4.6
50	중국	4.5
59	인도네시아	4.3
64	한국	4.2
77	브라질	4.0
133	미얀마	2.7

자료: WEF 경쟁력 보고서(2015).

⑥ 자유무역강화

동아시아의 경제기적은 재산권 보호와 정부의 효율적 경제정책과 함께 자국의 경제를 세계 시장에 개방하는 대외지향적인 정책(outward-oriented policies)을 선택했기 때문에 가능했다. 부분적으로는 어떤 특수한 산업부문, 특히 유치산업과 국가기간산업들에 대해서는 보호무역을 하기도 하지만 전반적으로 내부지향적인 정책을 추구하는 인도에 비해 대외지향적인 정책을 추구하는 중국이 빠르게 발전하고 있다.

정석 사고 경제발전의 의지를 가진 정부는 경제발전을 위해 몇 가지 중요한 역할을 할 수 있다. 그 역할은 자본축적의 촉진, 해외직접투자의 유치, 교육훈련의 향상, 기술정책, 건강 · 영양상태의 향상, 재산권보호와 사회적 안정의 확립, 자유무역의 강화 등이다.

[정석사례연구 9-5] 행복의 역설

장기에는 경제가 정체할 것이라는 측면에서 경제학을 음울한 과학이라고 비관적으로 표현하는 사람도 있으나, 고전경제학을 완성한 존 스튜어트 밀(John Stuart Mill)은 반대로 경제성장이 없는 장기정체상태를 자본주의가 좀 더 완숙한 단계로 이행할 수 있는 좋은 기회라고 하였다.

밀은 '천재'라는 수식어가 항상 따라다녔던 학자였다. 3세에 그리스어를 공부했고, 8세에는 라틴어를, 13세에는 수학, 물리학, 화학에 통달하고 경제학을 공부하기 시작했다. 15세에 당대의 모든 교육과정을 마친 그는 20세에 정신병자가 되고 말았다. "나에게는 소년시절이 없었다"라고 회고한 밀의 자서전에 어머니에 대한 이야기는 거의 없고, 공부만 강요했던 아버지가 등장하는 것을 보면 정신병자가 될 수밖에 없는 상황이었던 것 같다. 괴짜가 되어버린 밀은 20대 중반에 이르자 아이까지 있는 어느 유부녀를 따라다니기 시작했다. 50세에 이르러 그녀의 남편이 죽자 밀은 그녀와 결혼을 한다. 밀의 자서전을 보면, 순수해서였는지 모르겠지만 그녀에 대한 극찬만 나열되어 있는데 대단히 인간미 넘치고 인정이 많았던 그녀가 밀에게 큰 영향을 미친 것만은 분명해 보인다.

밀이 쓴 걸작인 《정치경제학 원리》에는 궁극적으로 가장 중요한 것은 국민의 행복이고, 경제성장은 행복을 위한 수단에 불과하다고 특히 강조한다. 그는 장기정체상태에서 국민의 행복을 증진시키기 위해 무엇보다 중요한 것은 소득재분배라고 했다. 밀은 산업혁명의 물질적 혜택을 대다수의 사람들이 공유하지 못한다

제1편 제2편 제3편 제4편 제5편

는 점을 안타깝게 생각했다. 밀의 행복론에 비춰 보면 경제성장이 행복을 담보하지 못하는 것 같다. 미국 시카고대학교가 수행한 조사에 따르면, 결혼생활이 매우 행복하다고 응답한 사람들의 비율뿐만 아니라 직장생활이 매우 만족스럽다고 응답한 사람들의 비율, 주거환경에 매우 만족한다고 응답한 사람들의 비율 등이 모두 지난 수십 년간 전반적으로 하락하는 추세를 보였다고 한다. 이렇게 1인당 국민소득은 거의 3배 이상 증가했음에도 불구하고 미국인들의 행복지수가 높아지지 않고 있는 것을 '행복의 역설'이라고 한다.

경제협력개발기구(OECD)가 매년 발표하는 행복도지수에서도 우리나라는 하위권에 속한다. 경제성장에 비해 사람들의 행복도는 아직 후진국이라는 의미이다. 이러한 통계는 청소년 자살률 세계 1위라는 부끄러운 통계와 함께 경제성장정책을 비판하는 논리의 근거로 제시된다. 하지만 행복도를 정책 주장의 근거로 사용할 때는 유의해야 할 점이 있다. 무엇보다 행복은 매우 주관적인 개념이라는 점이다. 행복지수로 발표되는 수치 역시 사람들을 대상으로 설문조사한 주관적 결과다.

이스털린의 역설은 소득이 일정수준에 도달하고 기본적 욕구가 충족되면 소득이 증가해도 행복에는 큰 영향을 끼치지 않는다는 이론으로, 미국 경제사학자 리처드 이스털린(Richard Easterlin)이 1974년 주장한 개념이다. 국민 개개인을 보면 돈보다 명예나 다른 곳에서 행복을 찾는 사람이 있을 수 있다. 하지만 국가 차원에서 보면 국민소득이 늘어날수록 복지수준과 행복감이 높아질 가능성이 크다는 게 대다수의 견해다.[7]

제4절 정석 교양경제 서양은 왜 동아시아를 앞섰을까?

1. 동아시아의 경제발전

하버드대학의 롯지와 보겔(G. lodge and E. Vogel) 교수는 영미식 자본주의는 개인주의적 자본주의이고 동아시아의 자본주의는 공동체적 자본주의라고 했다. 동아시아적 자본주의가 나름대로의 성공을 거둘 수 있었던 것은 그들의 지적처럼 아시아적 가치라고 하는 역사적 전통과 문화적 요소가 있기 때문이다.

일반적으로 동아시아라고 하면 한 · 중 · 일 3개국을 말하지만, 역사학자 아놀드 토인비(Arnold J. Toynbee)는 베트남까지 포함한 4개국을 동아시아라고 했다. 이 네 나라는 한자문화권, 유교문화권, 젓가락 문화, 삼국지 독자들이 많다는 공통점이 있다. 얼마 전 이 네 나라의 국립대학인 북경대(베이징대), 서울대, 도쿄대, 하노이대 총장들은 이 네 도시의 영문자 앞부분을 합성하여 '베서토하 총장모임'을 만들어서 매년 돌아가면서 개최한다.

동아시아형 자본주의경제의 특징은 ① 유교적 · 가족적 자본주의, ② 유교적 전통에 바탕을 둔 가족제도가 기업조직과 경영에 미치는 재벌형 경영, ③ 후발형 중심부 축적과정의 영향으로 은행자본과 기업자본이 유착하는 금융독점자본의 형성, ④ 동양적 가족제도에 바탕을 둔 노사관계와 고용관행, ⑤ 관료에 의한 효율적 정책관리 등이다.

일본의 경제학자 아카마쓰(赤松)는 '산업발전의 기러기떼 행렬형태'라는 연구에서 동아시아의 발전형태가 마치 기러기떼 행렬과 비슷하다고 주장한다. 처음 산업초기화에서는 그때까지 수입되던 상품이 점차 국내생산으로 교체되고 시간이 지남에 따라 수출되기 시작하는 패턴을 취한다. 이러한 패턴이 여러 산업에서 점차 일어나 그 모양이 마치 기러기떼가 날아가는 형상 같다는 것이다. 실제로 한국이나 일본의 산업발전패턴을 보면 처음에 섬유제품에서 점차 철강, 자동차 등으로 산업발전이 이루어지는 패턴을 보인다.

그림 9–5 동아시아의 발전형태: 기러기떼 행렬형태

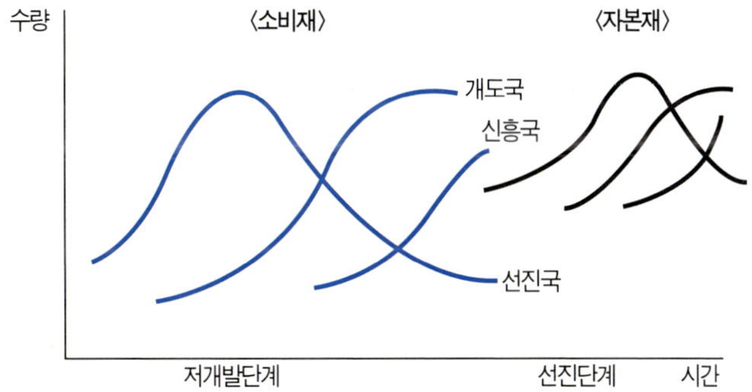

동아시아의 경제규모는 전 세계의 약 20%를 차지하고 있다. 미국을 중심으로 하는 북미자유무역지역과 유럽연합과 함께 세계 3대 경제권을 형성하고 있다. 한국, 중국, 일본에 베트남, 북한, 몽골, 러시아 극동지역, 홍콩, 대만을 합한 지역을 광의의 동북아지역이라고 한다. 이러한 동아시아의 경제규모가 **표 9-4**에 나타나 있다.

표 9-4 동아시아의 경제규모

구분	인구(백만)	면적(천km²)	명목 GDP	무역규모
한국	50	99.3	1,16.2	1,080
일본	127.8	377.8	5,869.5	1,677
중국	1,344.1	9,596.9	7,298.1	3,642
합계	1,521.7	10,074	8,794	6,399
세계전체	6,980.3	148,429.5	42,897.6	36,565.7
비중(%)	21.8	6.8	20.5	17.5

주: 단위 10억 달러.

자료: 세계은행(2015). 세계개발보고서.

2. 영미식 경제발전

미국인의 근본 가치관은 ① 개인의 자유, ② 균등한 기회와 경쟁, ③ 물질적 풍요와 근면 등이다. 이러한 가치관은 미국인들이 실현하고자 하는 기본이상인 동시에 청교도윤리에서 기인하는 바가 크다. 미국인들은 그들의 이상을 가장 잘 실현하는 길은 자유로운 개인기업 활동을 촉진하는 데 있다고 믿는다. 따라서 개인기업제도야말로 국민과 국가를 풍요롭게 하는 가장 좋은 제도라고 믿는다. 미국에서는 일류대학을 졸업한 엘리트들이 정부보다 기업체에 일자리를 구하는 경우가 흔하다. 자유기업을 만들고 자유경쟁을 통해 성공한 사람이 사회적으로 가장 존경을 받는 것이다.

물론 이러한 가치관이 중요한 역할을 한 것도 사실이지만 더욱 중요한 사실은 세계경제가 제2차 세계대전 이전의 영국 등 서구경제 중심의 식민지경제에서 사실상 미국식 경제시스템과 미국 중심의 IMF-GATT체제(관세와 무역에 관한 일반협정, 1995년 이후 WTO체제)로 전환된 것이다. 그림 9-6은 세계경제의 경제발전체계를 보여주고 있다.

그림 9–6 세계경제의 발전체계

3. 서양은 언제 동아시아를 앞섰을까?

이 질문에 대해 노벨경제학상 수상자인 시카고대학 로버트 포겔(R. Vogel) 교수는 산업혁명을 기점으로 서양이 동양을 앞섰기 때문에 1750년부터라고 본다. 많은 경제학자들은 자본주의 시장경제이론을 창시한 애덤 스미스의 《국부론(*The Wealth of Nations*)》이 나온 1776년부터라고 하는데, 이 해는 미국이 독립한 해이기도 하다. 동서양 문명의 비교 전문가인 로버트 조지(R. George)는 《동서양의 시계추(*East-West Pendulum*)》라는 명저에서 중국은 1794년까지도 서양을 앞섰다고 했다. 한편 하버드대학 데이비스 란드스(D. Lands) 교수는 《국가의 부와 빈곤(*The Wealth and Poverty of Nations*)》에서 1800년 이전에는 유럽이 동아시아에 뒤떨어져 있었다고 했다.[8)]

① 1750년 설: 이때부터 서양이 산업혁명을 시작했기 때문이다(로버트 포겔).

② 1776년 설: 1776년 국부(national wealth)의 과학적 증진방법인 자본주의 시장경제의 기본원리를 인류 최초로 제시한 애덤 스미스의 《국부론》이 출판되었다. 이때부터 서양은

자본주의 시장경제체제로 경제력을 본격적으로 키우기 시작했다. 또한 이 해는 미국이 영국의 식민통치로부터 독립한 해이다. 미국은 〈독립선언서〉를 발표한 후 애덤 스미스의 《국부론》의 기본 원리에 따라서 국력을 키우기 시작했다(폴 새뮤얼슨).

③ 1794년 설: 중국은 1794년까지 서양을 앞섰다(로버트 조지). 로버트 조지는 동아시아 경제가 1794년부터 계속 기울어지다가 1950년에 최저점을 통과한 후 상승국면으로 접어들었고, 그 추세는 앞으로 상당 기간 지속될 것이므로 세계경제의 중심은 다시 동아시아로 돌아온다고 했다. 그는 세계 역사를 보면 동서양 중 어느 쪽이 앞섰는가는 왔다 갔다 하는 시계추와 같다고 말한다. 한국은 전쟁이 끝난 1953년부터 경제력 상승을, 중국은 1949년 공산화 이후 국력증강을, 일본은 1950년대 초부터 본격적으로 경기상승을 시작한 점에서 그의 주장은 **표 9-5**처럼 설득력이 있어 보인다. 한 · 중 · 일의 경제규모는 1950년 이후 계속 상승하여 현재 세계경제의 20%를 차지하고 있으며 미국경제와 맞먹는 규모이다. 이처럼 동아시아는 세계경제의 주변부(periphery)가 아닌 중심부(center, core)가 되고 있다.

표 9–5 **동서양의 경제력비교**

구분	1700	1820	1913	1950	1998
1. 유럽	22.5	23.6	33.5	26.3	20.6
영 국	2.9	5.2	8.3	6.5	3.3
독 일	3.6	3.8	8.8	5.0	4.3
프랑스	5.7	5.5	5.3	4.1	3.4
2. 미 국	0.1	1.8	19.1	27.3	21.9
3. 아시아	61.7	59.2	24.5	18.5	37.2
중 국	22.3	32.9	8.9	4.5	11.5
인 도	24.4	16.0	7.6	4.2	5.0
일 본	4.1	3.0	2.6	3.0	7.7
4. 세 계	100.0	100.0	100.0	100.0	100.0

자료: Angus Maddison(2001). The World Economy-A Millennial Perspective. OECD Development Centre Studies(Seminars)
송병락(2010). 한국경제의 길. 박영사.

로버트 포겔 교수는 서양이 동아시아를 앞서기 시작한 것은 서양이 산업혁명을 시작한 1750년경부터라고 말한다. 그 이전에는 동서양 모두 농경사회로 서양이 동아시아보다 나을 이유가 없었다는 점을 강조한다. 1750년 이전에는 오히려 중국이 여러 가지 발명 면에서 서양을 크게 앞섰으며 경제력에 있어서도 크게 앞섰다고 말한다. 그는 서양이 동아시아를 앞서게 된 이유로 다음 두 가지를 들었다.

첫째, 기업, 특히 주식회사라는 조직의 발명이다. 기업은 하나의 축구팀처럼 생산과 이윤을 위해 사람뿐만 아니라 자원, 기술, 노동, 자본 등의 힘을 뭉칠 수 있게 하는 조직이다.

둘째, 자본주의라는 경제시스템의 발명이다. 자본주의는 자유와 공정성을 보장하는 시장경제를 통해 주식회사를 발전시키고 자율적으로 국민의 힘을 합할 수 있는 조직적 시스템으로 작동한다.

정석 사고

동아시아라고 하면 한 · 중 · 일 3개국을 말하는데, 서양이 동아시아를 앞선 데에는 두 가지 이유가 있다. 기업, 특히 주식회사라는 조직의 발명과 자본주의라는 경제시스템의 발명이 그 이유이다.

[정석사례연구 9-6] 중국은 왜 정체되었을까?

중국 송나라(960~1279년)는 종이, 물레바퀴, 물시계, 화약, 나침반에 이르는 과학적 기술이 크게 발전하였다. 그러나 사회적인 폐쇄적 시스템으로 인해서 과학적 기술이 경제성장으로 연결되지 못했다. 윌리엄 보몰(William Baumol)에 따르면, 중국의 송나라 시대는 기업가정신을 금지한 사회적 시스템이 산업화로의 이행에 걸림돌이 되었다. 사농공상의 사상에 사로잡혀 산업과 상업을 천시했고, 이러한 저급한 활동은 교육을 받는 사람에게는 적합하지 않다고 여겼다. 황제는 백성들의 재산을 압류하고 사업을 통제할 수 있는 전능한 권한을 가져 백성들이 벤처 사업에 뛰어들 유인을 감소시켰다. 따라서 지위와 부를 획득할 수 있는 유일한 방법은 3년마다 열리는 과거시험에 합격하는 것뿐이었다. 장원급제는 평생의 직위와 부를 보장하였고, 많은 권력을 통해 일부는 부패의 길로 빠지기도 하였다. 이처럼 역동적인 기업가 계급이 형성되지 못한 사회적인 시스템의 한계는 과학적 기술이 경제성장으로 전환되는 데 장애물이었던 것이다.

15세기 말부터 명나라는 경제발전의 원동력인 기업가정신을 말살하는 정책을 펴기 시작했다. 당시 국왕은 백성들이 왕권에 도전해 반역을 꾀할까 염려하여 상행위를 통해 부를 축적하고 사병을 양성하는 것을 사전에 차단하였다. 모든 개인의 기업활동을 철저히 감시했고, 소금, 철 등 주요 산업을 모조리 황제가 독점하였다. 특히 기업가정신을 발휘할 수 있는 최상의 무대인 해외 무역활동을 전면 금지하여 1500년에는 돛대가 2개 이상인 선박을 건조한 자는 사형에 처하는 법을 만들었고, 1525년에는 모든 원양 항해선박을 폐기하고 선주를 체포하였다. 이러한 명나라의 기업가정신을 말살하는 정책은 동서양의 운명을 바꿔놓는 계기가 되었다. 만일 중국이 이 시기에 백성에게 상업의 자유를 부여하면서 자국의 막강한 기술력을 활용했다면 중국에서 산업혁명이 일어났을 수도 있다.[9]

제5절 정석 교양경제 한국은 왜 선진국일까?

1. 글로벌경쟁력의 시대

글로벌경제에서는 글로벌기업들의 시대이며, 글로벌경쟁력(Global Competitiveness: GC)의 시대이다. **글로벌경쟁력**이란 주어진 국제환경 속에서 그 나라 경제주체인 기업, 정부, 국민 개개인이 다른 나라의 경제주체와 경쟁하여 우위에 설 수 있는 총체적 능력을 말한다. 따라서 한 나라의 글로벌경쟁력은 기업경쟁력, 정부경쟁력, 개인경쟁력으로 구성된다.

그림 9-7 국제경쟁력의 구성요소

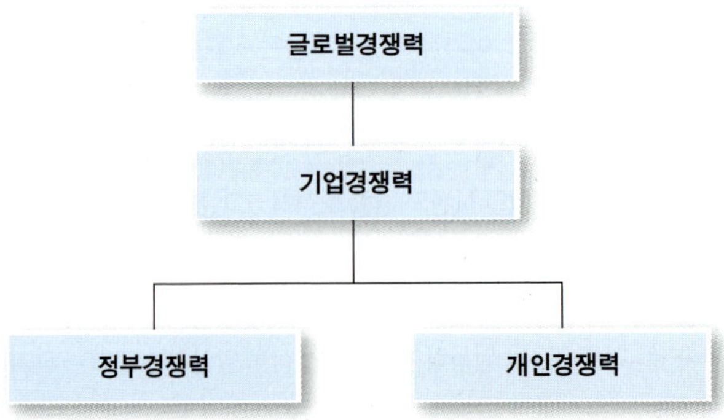

현재 국경 없는 치열한 경쟁 속에서 글로벌경쟁력을 결정하는 가장 중요한 요인은 기업경쟁력이다. **기업경쟁력**은 기업이 품질 좋은 제품을 값싸게 생산하고 판매하는 능력을 말한다. 이러한 기업경쟁력은 기업의 경영능력, 기술수준, 지배구조, 재무구조의 투명성과 건전성, 인사관리능력에 의해 결정된다. 그런데 기업경쟁력에는 정부가 효율적으로 경쟁할 수 있도록 사회경제제도를 정비하고 합리적인 규칙과 공정한 정책을 마련할 수 있는 **정부경쟁력**이 필요하다. 또한 개인이 주어진 국제환경 속에서 적응하고 이길 수 있는 지식과 기술로 표현되는 능력인 **개인경쟁력**도 정부경쟁력과 함께 기업경쟁력의 밑바탕이 된다.

글로벌경쟁력 우위기업 하나의 경제규모가 한 국가의 경제규모보다 커질 수도 있다. 예를 들어 삼성전자의 부가가치는 에티오피아의 경제규모보다 더 크다. 또한 종업원규모로 보면 세계 최대회사인 월마트의 종업원은 210만 명으로, 이런 회사 몇 개를 한국 내에 설립하면 실업문제가 거의 해결될 수 있다.

피터 드러커(P. F. Drucker) 교수는 《21세기 지식경영(*Management Challenges for the 21st Century*)》에서 "21세기의 모든 조직체는 글로벌경쟁력을 전략목표로 설정해야 한다. 기업, 대학교, 병원 할 것 없이 어떤 조직체도 세계 어디에서나 그 분야 리더가 설정하는 기준을 따라가지 못하면 성공은커녕 생존 그 자체를 바랄 수 없다"고 언급하며 글로벌경쟁력의 중요성을 강조한다.

경쟁전략의 권위자인 하버드대 마이클 포터(M. Porter) 교수는 경쟁력과 경쟁우위 및 생산성과의 관계에 대하여 "국가의 경쟁력, 지역의 경쟁력 또는 클러스터의 경쟁력 등 경쟁력은 장소에 관한 것이다. 그러므로 경쟁력은 생산성이다. 기업의 경우에는 경쟁우위라고 한다. 그러나 이 두 개념은 서로 긴밀한 관계가 있다. 왜냐하면, 한국기업들이 모두 경쟁우위가 있게 되면 한국의 경쟁력이 있게 되기 때문이다. (중략) 비교우위는 노동, 자본 등 투입을 기반으로 하는 것이고, 경쟁우위는 두뇌를 기반으로 하는 것이다. 그러므로 비교우위가 자원경쟁이라면 경쟁우위는 지식경쟁이다"라고 언급했다.

2. 한국은 선진국인가?

한국은 지난 40년 동안 압축성장을 해왔다. 시장경제체제를 유지해 오면서 지금의 경제과실을 누리고 있다. 지난 몇 년간 저성장을 하고 있지만 자동차, 선박, 반도체, 전자, 철강 산업 분야에서 높은 글로벌경쟁력을 유지하고 있다. 또한 한국은 2010년 서울에서 G20(세계 주요 20개국) 정상회의를 개최하고 신 국제금융 및 경제질서를 만들어 나가는 데 주도적 역할을 할 수 있는 위치에 있다. 그런데 의사들이 고혈압을 따질 때 어떤 기준을 넘으면 고혈압이라고 판정하듯이, 어떤 나라가 선진국인가 아닌가를 판정할 때 객관적 기준(1인당 국민소득, HDI, OECD회원국 가입 여부 등)을 사용해야 한다. 이러한 기준을 따져 한국이 선진국인지를 살펴보자.

① 1인당 국민소득 기준

세계은행, 국제통화기금(IMF), 세계경제포럼(WEF) 등이 선진국 판단에 사용하는 기준은 1인당 국민소득(GDP)이다. 세계은행은 선진국과 후진국을 1인당 GDP(2010년) 기준으로 다음과 같이 분류한다.

- 분류 1: 1,005달러 이하: 저소득(low income) 국가
- 분류 2: 1,006~12,275달러: 중소득(middle income) 국가
- 분류 3: 12,275달러 이상: 고소득(high income) 국가

② 인간개발지수(Human Development Index: HDI) 기준

많은 경제학자들은 1인당 국민소득보다 인간개발지수가 경제발전을 나타내는 더 유용한 지표라고 생각한다. 인간개발지수는 생활수준, 건강, 지식을 평균하여 하나의 지수로 만든 것이다. 지수화할 때 생활수준은 1인당 국민소득, 건강은 평균수명, 지식은 교육수준으로 측정한다. 유엔개발계획(UNDP)은 1990년부터 각국의 HDI를 분석하여 〈인간개발보고서〉를 발간하는데, HDI 값이 0.8 이하인 국가를 개도국, 그 이상인 국가를 선진국으로 분류했다. 한국은 그 값이 0.901(2015년 기준)로 선진국에 해당한다.

③ OECD 회원국 기준

많은 사람들은 '선진국 클럽'이라고 하는 OECD(경제협력개발기구) 회원국이 된 나라는 선진국이라고 생각한다. 한국은 1996년에 OECD에 가입했는데, 이외에도 IMF의 선진경제국 35개국, 개발원조위원회(DAC) 회원국 23개국 소속으로 세계적으로 선진국으로 인정받고 있다. 이는 앞서 말한 세계은행의 1인당 국민소득 기준과 달리 확실하게 구분되는 것은 아니다.

④ 기업의 글로벌경쟁력 기준

글로벌경쟁력은 시장환경에 잘 적응하여 높은 성장을 유지하는 총체적 역량을 말하므로 한국기업들이 잘 성장하고 있는 산업분야를 보면 된다. 세계 3대 조선회사가 모두 한국회사이며 세계 최고의 빌딩을 건설한 회사 역시 한국회사이다. 한국기업들은 세계 최고 수준의 자동차, 반도체, 전자, 철강, 에어컨, 휴대폰 등을 생산하고 있다. 한국은 포춘(*Fortune*) 500 내 기업수가 15개로서 미국, 중국, 일본, 프랑스, 독일, 영국에 이어 7위를 차지하고 있다. 이처럼 글로벌경쟁력을 갖춘 기업들이 많을수록 선진국에 속하게 된다.

정석 사고

글로벌경쟁력은 주어진 국제환경 속에서 그 나라 경제주체인 기업, 정부, 국민 개개인이 다른 나라의 경제주체와 경쟁하여 우위에 설 수 있는 총체적 능력을 말한다. 한국이 선진국인가 아닌가를 판정할 때 객관적 기준은 1인당 국민소득, HDI, OECD회원국 가입 여부 등을 사용한다.

[정석사례연구 9-7] 세계경제사의 기적

산업혁명 이후 서유럽 국가들은 기술혁신, 생산성, 1인당 국민소득이 크게 증가하였다. 다음 표는 1인당 국민소득이 1,800달러를 넘어선 연도와 2011년 기준 1인당 국민소득을 보여준다. 1820년 세계에서 가장 부유한 국가는 네덜란드였고, 영국과 미국이 부자나라에 합류하였다. 서유럽 국가들을 제외하고는 일본이 처음으로 1921년 1,800달러를 넘어서게 되었다. 이후 한국은 인구 5,000만밖에 안 되지만 1969년 일본의 절반가량인 불과 42년 만에 선진국에 진입했다. 이렇듯 한국은 세계

제1편
제2편
제3편
제4편
제5편

경제 역사상 유래를 찾아보기 힘든 기적을 이룩한 국가이다.[10)]

〈기적을 이룬 국가 계보〉

국가	$1,800을 처음 넘어선 연도	2011년 1인당 국민소득	배수(기간)
네덜란드	1820년($1,838)	42,330	23배(190년)
영국	1834년($1,828)	35,974	20배(178년)
미국	1850년($1,806)	48,147	27배(160년)
일본	1921년($1,860)	34,362	19배(90년)
한국	1969년($1,839)	31,753	17배(42년)
중국	1988년($1,816)	8,394	4.6배(23년)

제5편 국제경제의 이해

제10장
국제무역의 이해

국내 생산성이 다양한 한, 전문화와 무역은 유리해진다.

이는 국가 간에도 똑같이 적용된다.

- 폴 새뮤얼슨 -

경제학에서 교환경제를 설명할 때 각 개인은 자신이 잘 만드는 상품을 생산하여 다른 사람이 생산한 상품과 교환하면 서로 더 큰 효용을 얻는다고 한다. 이러한 교환이 국내에서 이루어질 때나 국경을 넘어 이루어질 때나 그 원리는 동일하다. 일반적으로 국경을 넘어 이루어지는 교환의 이익이 국내에서 이루어지는 교환의 이익보다 더 크다. 국가 사이의 교환에서는 부존자원, 기후, 기술수준 등이 더욱 달라서 분업과 전문화가 더 잘 이루어지기 때문이다.

그런데 국가경제 사이의 거래에서는 국내경제에서의 거래와 몇 가지 차이점이 존재한다. 첫째, 각 국가들이 다른 화폐를 사용하므로 환율의 문제가 발생한다. 둘째, 국내거래보다 생산요소의 이동이 완전히 자유롭지는 못하다. 특히 노동의 이동은 각국의 이민법 등에 의해 이동이 제약을 받는다. 셋째, 국가 사이의 거래에서 한 국가가 다른 국가보다 상품을 더 많이 판매하면 다른 국가는 수입을 많이 하게 되어 국제수지의 적자문제를 초래한다.

제10장 국제무역의 이해

이러한 적자문제는 국가 사이의 무역마찰을 불러일으키기도 한다. 이러한 이유로 국제경제 사이의 문제를 다루는 이론은 국제경제이론이라고 하여 별도로 발전시켜 왔다.

이 장에서는 국가 간 교환, 즉 국제무역이 한 나라의 경제와 생활양식을 어떻게 변화시키는지 알아보고, 이러한 국제무역이 발생하는 원인은 무엇이며, 교역조건과 환율은 어떻게 결정되는지 살펴볼 것이다. 또한 국제무역이 수출국과 수입국에 어떤 경제적 후생을 발생시키는지 살펴볼 것이다. 마지막으로 기존의 무역이론에 바탕을 두고 설명할 수 없는 새로운 형태의 무역현상에 대해 신무역이론을 살펴봄으로써 이 장에서 현상과 해답을 찾아보려고 한다.

이 장에서 배울 것

- 국제무역은 국민경제를 어떻게 변화시킬까?
- 국제무역은 왜 발생할까?
- 교역조건과 환율은 어떻게 결정될까?
- 국제무역의 비교우위는 어떻게 결정될까?
- 국제무역은 얼마나 이익이 될까?
- 비교우위론의 한계와 신무역이론은 왜 생겼을까?

제1절 정석 교양경제 국제무역은 국민경제를 어떻게 변화시킬까?

국제무역과 경제성장

세계경제성장은 국제무역이 빠르게 확대되면서 이루어지고 있다. 세계무역이 경제성장률을 웃도는 속도로 늘어나 경제성장의 견인차가 되고 있는 것이다. 한 국가에서 생산된 재화와 서비스가 그 나라 안에서만 처리된다면 결과적으로 자원의 낭비로 이어질 수 있다. 각 국가마다 재화와 서비스 생산과 관련하여 전문분야와 비전문분야가 있다. 비전문분야는 국내에서 노동비용을 들여 생산하기보다 싼값의 해외제품을 수입하고 그 결과 남는 국내 노동과 자본을 생산성이 높은 산업으로 돌리는 편이 훨씬 높은 소득수준을 달성할 수 있다.

국제무역을 원동력으로 고도성장의 혜택을 가장 많이 본 나라는 중국, 한국, 일본, 홍콩, 대만 등이다. 이러한 국가들은 국내에서 생산할 수 있는 재화와 서비스가 극히 한정되어 있다. 따라서 초기에 섬유와 잡화 등 경공업제품을 수출함으로써 중화학공업에 필요한 산업 기계와 원료 및 연료를 수입할 수 있었다. 국제무역이 가능하지 않았다면 이러한 국가들에서 오늘날과 같은 경제발전은 불가능했을 것이다.

국제무역과 기술 및 문화의 전파

국제무역은 세계경제에 기술과 문화를 전파하기도 한다. 기술이란 종이에 쓰인 추상적인 것뿐만 아니라 제품과 부품 속에 일체화되어 있다. 그래서 기계와 부품무역은 기술을 전파하는데 매우 큰 역할을 하고 있다. 예를 들어 한국의 자동차에는 일본산 엔진과 부품이 많이 사용되어 왔는데, 선진공업국에서 기계와 부품을 수입할 수 있다는 것은 한국자동차산업 발전의 큰 원동력이 되었다.

세계무역기구(WTO)의 공헌

국제무역이 빠르게 확대된 요인으로 운수와 통신기술의 발달이 중요한 역할을 했다. 전 세계에 정보를 내보낼 수 있는 통신시스템의 발달과 국제금융시스템의 발달 또한 무역확대에 기여했다. 그러나 WTO를 중심으로 한 국제무역체제의 정비가 가져온 영향은 괄목할 만한 것이다. 이 기구를 통해 자유롭고 다각적인 무역이 가능해졌기 때문이다. 선진국의 수입할당제는 거의 사라졌고, 이로 인해 공업제품의 무역은 현저히 확대됐다. 또 근래에는 개발도상국도 수입장벽을 적극 철폐해 무역을 통한 경제발전을 꾀하고 있다.

이와 같이 국제무역이 각 나라의 경제성장에 크게 기여하고 있다. 그렇다면 국제무역이 우리의 일상생활은 어떤 방식으로 바꾸고 있는지 살펴보자.[1]

국제무역과 소비의 다양화

우리의 일상생활과 해외수입품은 떼려야 뗄 수 없는 사이가 되었다. 동남아에서 수입한 가구에 앉아 프랑스와인을 마시면서 미국의 재즈음악을 듣는 모습은 더 이상 이질적이지 않다. 이와 같은 생활이 바람직한지 따지기 전에 무역 덕분에 사람들이 구입할 수 있는 상품의 종류가 풍부해진 것은 틀림없다. 이렇듯 무역이 일상생활에 가져온 혜택은 헤아릴 수 없을 정도다. 그러나 이러한 혜택은 눈에 보이지 않는 곳에서 훨씬 더 크다. 예를 들어 우리나라 제품 브랜드가 찍힌 선풍기, 에어컨, 히터 등도 대부분이 아시아지역에 있는 현지공장에서 생산한 것을 다시 수입한 것이다. 우리가 먹는 초밥조차도 수입한 오징어와 연어 등을 사용해서 만드는 현실이다.

수입과 해외 생활방식의 변화

어떤 나라의 대량 수입은 그 제품을 수출할 수 있는 나라의 생활방식과 환경까지 바꿀 수 있다. 예를 들어 새우의 최대수입국은 일본으로, 전 세계 수입의 약 30~40%를 차지한다. 일본의 새우수입은 새우를 생산하는 국가의 경제와 사회에 큰 영향을 준다. 새우의 최대생산국인 태국의 경우 새우 양식장을 만들기 위해 열대림인 망그로브림이 벌목되기도 한다. 인도네시아의 어느 해변에서도 가을에 새우를 잡기 위해 수천 명이 몰려들고, 아이들마저 새우를 잡으며 방학을 맞이한다. 이처럼 새우수입이 다른 나라 사람들의 생활까지 바꿔 버리는 것이다. 또한 태국의 망그로브림이 생태계유지와 환경유지에 불가피하다는 점에서 일본의 새우수입은 환경파괴를 초래한다. 이와 같이 수입은 단순히 사람들에게 고용과 소득의 기회를 제공하는 데 그치지 않고 생활방식과 자연환경까지도 바꾸고 있는 것이다.

세계적 분업체계와 무국적 상품

어떤 나라가 하나의 상품을 만드는데, 수많은 나라들이 그 생산과정에 참여하는 세계적 분업체계가 보편화되고 있다. 이렇게 생산된 상품은 국적이 없는 상품이다. 예를 들어, 남아용 반바지 한 벌이 점포의 진열대에 오르기까지 어떤 경로를 거치는지 생각해 보자. 먼저 중국산 천을 국내에 들여와 염색과 주름가공을 한다. 이 수입한 천을 태국으로 보내 재단한다. 재단한 천과 별도로 홍콩에서 준비한 단추 등의 부재료를 베트남으로 운반해 그곳에서 봉제한다. 완성된 제품은 다시 태국으로 보내져 검품이 이루어진 후 국내 점포에서 판매된다. 남아용 반바지 한 벌조차 그 제조과정에서는 이처럼 복잡한 무역이 얽혀 있는 것이다. 이처럼 세계적 분업체계는 기술수준이 높은 국내산업과 임금이 싼 해외산업의 조합으로 이루어진다.

개발수입의 확산

수입업자인 상사와 슈퍼마켓이 해외생산지에 나가 일일이 개입해 수입하는 것을 개발수입이라고 한다. 수입이라고는 해도 해외상품을 그대로 들여와서는 소비자에게 받아들여지지 않는다. 이 때문에 현지에 가서 자국소비자에게 맞는 제품으로 개량해야 한다. 예를 들어 쇠고기 수입의 경우에도 해외의 질긴 쇠고기를 그대로 수입해서는 팔리지 않기 때문에 자국소비자의 기호에 맞는 쇠고기를 들여와야 한다. 그래서 현지의 육우사육 단계에까지 간섭할 필요가 있는데 이것도 대표적인 개발수입이다. 또 다른 예로 해외수입의 오렌지주스, 합성세제 등에 자체 브랜드를 붙여 수입하고 나서 낮은 가격으로 판매하는 것도 개발수입의 한 종류로 볼 수 있다.

정석 사고 세계무역이 경제성장률을 웃도는 속도로 늘어나 경제성장의 견인차가 되고 있다. 그 이유를 보면, 국제무역이 세계경제에 기술과 문화를 전파하고, 소비를 다양화하며, 해외생활방식을 바꿀 뿐만 아니라 세계적 분업체제를 가능케 하고, 개발수입을 확산시킨다.

[정석사례연구 10-1] 아시아의 물류거점

컨테이너 취급량의 세계순위를 보면 싱가포르, 부산, 고웅 등의 아시아항구가 상위권에 있다. 이러한 아시아항구가 약진한 이유 중 하나는 컨테이너 중계기지로서 24시간 서비스 제공과 저비용이라는 점이 경쟁상 유리하게 작용하기 때문이다. 한 가지 예로 일본 큐슈지역에서 생산된 제품을 유럽과 미국까지 컨테이너로 운송할 때 작은 배로 일본 내 작은 항구로 이동해서 중계하는 것보다 부산까지 가져가서 대형컨테이너 선박으로 바꿔 싣는 것이 비용면에서 훨씬 유리하다. 부산 등 아시아 컨테이너항을 연결하는 노선이 점차 개설되는 이유가 바로 여기에 있다. 또 아시아지역 물류가 증가하고 있는 것도 아시아항구가 약진하는 이유이다.[2)]

[정석사례연구 10-2] 국제무역은 바람직할까?

세계는 이제 하나의 시장으로 통합되는 과정에 있다고 해도 과언이 아니다. 그런데 고전적인 논쟁으로 국가 간 무역의 정부정책에 관하여 일부 사람들은 보호주의를 지지하고, 관세 혹은 수입할당제 등을 통해 자국민의 직업과 사업을 외국기업들로부터 보호해야 한다고 말한다. 반면에 어떤 사람들은 시장개방과 자유무역을 더 선호한다. 그들은 보호주의가 소비자들의 자유로운 선택의 기회를 없앰으로써 소비자들의 후생을 크게 감소시킨다고 주장한다.

이 논쟁을 거시적으로 살펴보면, 국가 간 무역은 개인소비자와 다른 국가의 기업 사이의 무역과 같다. 이 관점에서 자유무역의 확대는 확실히 경제의 효율성을 증가시킨다. 국가가 관세를 부과하면 소비자와 기업들은 같은 재화에 서로 다른 가격을 매기므로, 교역을 하는 두 상품 사이의 상대가격이 서로 달라진다. 즉, 교환의 효율성이 달성되지 않는다. 이에 따라 각국의 생산비용이 가격과 다르게 되어 경제 전체의 효율성도 달성하지 못한다.

농업을 예로 들면, 농민은 자신의 이해가 걸린 문제이므로 강력한 정치력을 발휘하려 하지만 소비자의 입장에서 보면 농산물은 많은 상품 중 하나에 불과하다. 즉, 소비자들은 농산물에 시간을 들여 정치적으로 움직이려 하지 않는다는 말이다. 수적으로 보면 소비자 쪽이 생산자 쪽보다 많다. 한 사람 한 사람의 입장에서는 얼마 안 되는 이익이지만 사회 전체적으로 보면 상당히 큰 이익이다.

실제로 자유무역에서 얻는 이익은 얼마나 클까? 크리스찬 브로다와 데이비드 윈스턴(Christian Broda and David Weinstein, 2004)의 연구에 따르면, 1972년과 1997년 사이 무역을 통한 이익은 미국 소득의 3%에 해당되었다. 싱가포르의 경우에는 소득의 45.6%, 대만은 36.9%, 중국은 26.9%, 브라질은 26.8%, 캐나다는 19.4%에 이르렀다.

그러나 무역을 통해 얻는 이익이 모든 국민에게 균등하게 분배되는 것은 아니다. 해외와의 경쟁을 계기로 많은 기업들이 산업구조조정에 내몰리게 된다. 어떤 경제학자들은 가난한 사람과 비숙련노동자에게 그 피해가 더욱 심하다고 주장한다. 결과적으로 자유무역의 논의는 산업구조조정으로 밀려난 실업자들에게 어떻게 보상해 줄 것인가의 문제를 남기는데, 이는 효율성과 공평성 간의 문제이다.

제2절 정석 교양경제 국제무역은 왜 발생할까?

1. 국제무역의 경제적 의미는 무엇인가?

무수히 많은 상품들이 국경을 넘어 거래되고 있지만 국제무역이라는 것도 단순하게 생각하면 두 가지 상품을 두 나라 간에 교환하는 것이다. 현실세계에서 무역대금은 화폐와 어음을 통해 지급되지만 주고받는 돈을 제외하면 상호 물물교환을 하는 것과 같다. 한국이 공산품을 수출하고 중국이 농산품을 수출한다고 생각해 보자. 한국은 중국에 공산품을 수출해 벌어들인 외화로 중국에서 농산품을 수입한다. 벌어들인 외화는 일단 국내에서 원화로 바뀐다. 중국은 농산품을 수출함으로써 공산품수입으로 상실한 위안화를 되돌려 받는다.

이러한 국제무역으로 두 나라는 서로 이익을 볼 수 있는가? 한국에서 중국으로 공산품이 수출되는 것은 중국 내의 공산품가격이 한국보다 비싸기 때문이다. 반대로 농산품은 한국이 중국 국내에서보다 가격이 비싸기 때문이다. 이때 한국이 공산품의 국내소비를 줄여 그 나머지를 수출한다면 양국은 모두 큰 이익을 누릴 수 있다. 국제무역은 이와 같은 물물교환이 국경을 넘어 이루어지는 것이다.

2. 국제무역은 왜 발생하는가?

국제무역은 국경을 넘어 국가 간 이루어지는 거래이다. 국제무역은 왜 발생하는 것일까? 첫 번째 이유는 나라에 따라 기후조건과 지질조건, 기술조건 등이 다르기 때문이다. 예를 들어 바나나와 같은 과일은 따뜻한 곳에서만 생산되므로 추운 기후를 가진 나라에서는 그것을 수입할 수밖에 없다. 지질조건으로는 특정지역에 편중해 있는 다이아몬드, 석유 등의 광물자원을 들 수 있는데, 이 자원들은 그 지역에서만 수출하고 다른 나라에서는 수입하게 된다.

두 번째 이유는 나라에 따라 생산요소의 부존도가 다르기 때문이다. 생산은 노동, 자본, 토지 등 생산요소를 이용해 이루어진다. 그리고 생산된 상품에 따라 각 생산요소의 이용도가 다르다. 농산품은 토지를 많이 필요로 하고, 공산품은 자본을 많이 필요로 한다. 호주나 뉴질랜드처럼 토지가 풍부한 나라는 농업에 경쟁력을 가지며, 미국, 일본, 독일처럼 자본이 풍부한 나라에서는 첨단기술의 공산품에 경쟁력이 있다. 또 중국, 인도네시아처럼 노동력이 풍부한 나라에서는 노동집약적인 공산품에 경쟁력이 있다. 각 나라마다 경쟁력을 가진 상품이 무역의 형태로 이루어진다.

세 번째 이유는 특화 혹은 전문화에 의한 경제적 효율의 향상과 그것을 보완하려는 노력으로 무역이 이루어지기 때문이다. 과거에는 각 국가들이 독립하여 자급자족적 생활을 영위해 왔지만 점차 어떤 분야로 특화하면서 이 특화에 의해 효율적으로 생산할 수 있는 상품을 팔고 다른 상품을 수입하는 경향이 두드러졌다. 이 같은 특화는 기술, 자본, 노동 등이 모두 풍부한 나라도 모든 상품을 생산하는 것보다는 가장 우수한 소수 상품의 생산으로 특화하는 편이 생산의 효율을 높일 수 있기 때문이다.

정석 사고 국제무역이 발생하는 이유는 나라에 따라 기후조건과 지질조건, 기술조건 등이 다르기 때문이고, 나라에 따라 생산요소의 부존도가 다르기 때문이며, 특화 혹은 전문화에 의한 경제적 효율의 향상과 그것을 보완하려는 노력 때문이다.

[정석사례연구 10-3] 자유무역은 반드시 경제발전을 촉진하는가?

하버드대 경제학과의 제프리 프랑켈(J. Frankel) 교수와 버클리대 경제학과의 데이비드 로머(D. Romer) 교수는 무역수준이 1인당 GDP에 미치는 영향을 분석하였다. 이 연구의 결과는 시장이 개방될수록 더 부유해진다는 것이다. 다른 연구에서도 교역이 자유로운 나라일수록 고성장과 대규모 투자가 가능하다고 한다. 그러나 계량적으로 인과관계를 증명할 수는 없었다.

남미와 비교하여 아시아의 네 마리 용은 1960~1970년대 수출에 전력하여 성공적으로 경제발전을 이루었고, 30여 년간 8~9%의 경제성장률을 달성했다. 전체 GDP에서 무역이 차지하는 무역의존도도 매우 컸다. 이들이 성장한 방식을 1970~1980년대에 중국, 인도네시아, 말레이시아, 태국에서 벤치마킹의 대상으로 삼았다.

그런데 아시아의 네 마리 용이 성공할 수 있었던 이유는 자유무역에 있지 않았다. 사실 이들 국가는 다른 개도국보다 조금 덜했을 뿐 관세, 수입할당 등 다양한 보호무역정책을 사용했다. 또한 정부에서도 자금지원, 연구개발비 지원 등의 산업정책을 폈다.[3)]

제3절 교역조건과 환율은 어떻게 결정될까?

1. 국제무역의 교역조건은 무엇인가?

국제무역을 할 때 교역조건은 상호 국가 간 무역의 이익에 중요한 의미를 갖는다. 교역조건을 간단히 말하면 수출재가격과 수입재가격의 비율이다. 엄밀히 정의하면 **교역조건**(terms of trade)은 수출재가격을 수입재가격으로 나누어 수출재를 1단위 수출함으로써 얻는 외화로 구입할 수 있는 수입재의 양을 나타낸다.

$$교역조건 = \frac{수입량}{수출량} = \frac{수출재\ 가격}{수입재\ 가격}$$

따라서 교역조건이 개선되면 보다 적은 수출로 보다 많은 수입이 가능하므로 무역을 통한 이익도 커지게 된다.

현실에는 수많은 수출재와 수입재가 있다. 이럴 때 교역조건을 계측하기 위해서는 수출재와 수입재에 대해 많은 제품가격의 평균을 계산해 내야 한다. 이 역할을 하는 것이 수출물가지수와 수입물가지수이다. 수출물가지수는 당해연도 수출재가격이 기준연도에 비해 평균 얼마나 변했는지를 나타낸 것이다. 한편 수입물가지수는 당해연도 수입재가격이 기준연도에 비해 평균 얼마나 변했는지를 나타낸 것이다. 따라서 환율의 움직임에 따라 수출물가지수와 수입물가지수가 변하는데, 수입물가지수의 변화가 수출물가지수의 변화 이상으로 떨어지면 교역조건은 크게 개선된다.

2. 환율은 어떻게 결정되는가?

환율(exchange rate)은 두 국가 간의 거래로 발생하는 화폐의 교환비율로, 일반적으로 외국화폐 1단위를 얻기 위해서 지불해야 하는 국내화폐의 수량으로 표시한다. 이를 **자국통화표시환율** 혹은 직접표시환율이라고 하는데 미국 달러화의 환율은 '1$=1,000₩'으로 표현한다. 미국의 입장에서는 달러가 자국화폐이므로 **외국통화표시환율** 또는 간접표시환율이 된다.

한편 국제외환거래의 대부분을 차지하는 미달러화를 기준으로 환율표시방법을 분류할 수도 있다. 미달러화 1단위에 대한 외국통화의 교환비율, 즉 통화 1단위에 대한 미달러화의 교환비율인 'US 1$=1,000₩'로 표시하는 방법을 **유럽식 조건**(European terms)이라고 한다. 반대로 외국통화 1단위에 대한 미달러화의 교환비율, 즉 '1₩=0.001$'로 표시하는 방법을 **미국식 조건**(American terms)이라고 한다. 국제외환시장에서 대부분의 경우 미달러화 1단위에 대한 외국통화의 교환비율인 유럽식 조건이 사용되지만 유로화, 파운드화, 호주달러화 등의 일부 통화는 미국식 조건이 사용되고 있다.

자국통화표시환율은 달러의 가격이 되는데, 환율이 상승한다는 것은 무엇을 의미하는가? 환율이 1달러당 1,000원에서 1,100원으로 상승하면 우리나라 화폐 1원의 가치는 1/1,000달러에서 1/1,100달러로 하락(depreciation)하게 된다. 반대로 환율이 하락하면 우리나라 화폐의 가치는 상승(appreciation)하게 된다. 따라서 환율상승은 자국화폐(통화)가치의 하락(depreciation)을 의미한다. 정리하면 환율상승이 원화가치의 하락을 의미하므로 원화약세로 표현하고, 원화약세는 달러강세를 의미하므로 '**환율상승=원화약세=달러강세**'라는 표현을 사용할 수 있다. 뒤에서 살펴보겠지만 고정환율제도에서는 환율이 고정되어 있기 때문에 화폐가치 하락을 **평가절하**(devaluation)라고 하고, 반대를 **평가절상**(revaluation)이라고 한다.

환율은 외환인 달러의 가격이다. 그리고 달러를 사고파는 시장이 외환시장이다. 우리가 3,000원짜리 햄버거를 구입한다는 것은 원화 3,000원을 주고 햄버거와 교환하는 것이다. 마찬가지로 달러를 구입한다는 것은 원화를 주고 달러와 교환하는 것이다. 그렇다면 누가 달러를 구입하는 것일까? 달러가 필요하면서 원화를 가진 사람들이 구입한다. 가장 먼저 떠올릴 수 있는 사람은 해외에서 원재료나 상품을 수입하는 사람들이다. 상품을 수입하는 사람들은 상품수입의 대금을 달러로 지급한다. 이 때문에 원화를 주고 달러를 구입해야 한다. 또한 해외에서 발행한 주식이나 채권을 구입하려는 사람들은 달러를 지불하고 주식이나 채권을 보유할 수 있다. 따라서 해외주식이나 채권을 구입한다는 것은 해외주식이나 채권을 수입하는 것과 동일한 의미이다.

반대로 달러를 파는 사람들은 누구일까? 달러를 판다는 것은 달러를 주고 원화로 받는다는 의미이다. 해외에 상품을 수출하는 사람들은 해외로부터 수출대금을 달러로 받으면 이것을 원화로 바꾸어야 하므로 달러를 팔아야 한다. 또한 해외주식이나 채권을 보유한 사람들이 그것을 팔아 달러를 받으면 원화로 바꾸기 위해 달러를 팔아야 한다.

환율은 외환시장에서 결정된다. 과일과 채소와 같은 청과시장도 소비자가 가게에서 구입하는 소매단계와 가게주인이 청과시장에서 물건을 떼는 도매단계가 있다. 마찬가지로 외환시장도 외환은행과 같은 소매단계의 거래가 이루어지는 곳이 있고, 은행 사이의 대규모 외환거래가 이루어지는 도매단계의 거래가 이루어지는 곳이 있다. 각 은행이 대규모로 외환을 보유하지 않고 은행 사이의 도매시장에서 거래를 함으로써 고객의 요구에 응할 수 있게 된다.

결국 외환시장에서 달러의 수요는 자국통화(원화)의 공급이 되고, 외환의 공급은 자국통화의 수요가 된다. 외환시장에서 달러매도와 매입은 항상 일치해야 한다. 이를 외환시장의 균형이라고 한다. 달러매입과 달러매도가 일치하지 않으면 환율이 변화하여 조정된다. 달러매도가 달러매입보다 많으면 환율은 달러약세 방향으로 움직인다. 이에 따라 달러매입이 증가하고 달러매도가 감소하여 다시 균형을 이룬다. 이것은 과일시장의 경우와 같다. 과일의 공급이 수요보다 많으면 가격이 내려간다. 달러와 원화의 거래에도 똑같은 원리가 작용하는 것이다.

그림 10-1 외환시장과 환율결정

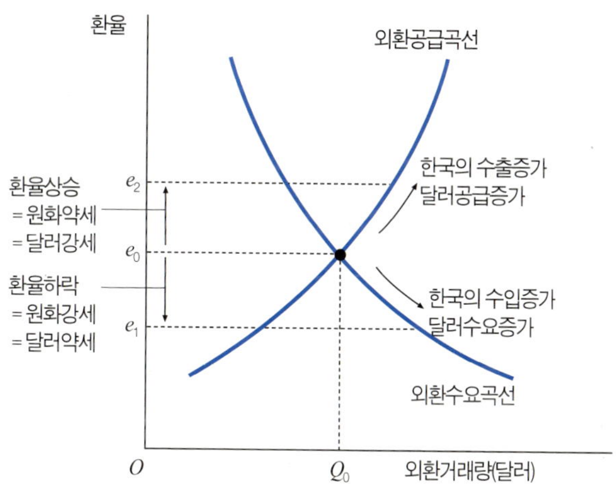

그런데 환율이 하락하여 달러약세가 된다는 것은 우리나라 사람이 부담해야 하는 수입품의 가격이 이전보다 더 싸진다는 것을 의미한다. 이 때문에 한국의 수입이 증가하여 원화를 달러로 바꾸는 과정에서 달러에 대한 수요도 증가한다. 결국 환율하락은 달러수요를 증가시키므로 외환수요곡선이 우하향한다. 반대로 환율이 상승하여 달러강세가 될수록 우리나라 사람이 생산하여 수출하는 수출품의 가격이 이전보다 더 싸진다는 것을 의미한다. 이에 따라 수출대금도 늘어나 지불받은 달러를 원화로 바꾸는 과정에서 달러공급이 증가한다. 결국 환율상승은 달러공급을 증가시키므로 외환공급곡선이 우상향한다.

요약하면 환율은 외환시장에서 외환에 대한 수요와 공급에 의하여 결정된다. 그런데 이러한 외환의 수요와 공급은 단기적으로는 각종 뉴스나 외환시장 참가자들의 기대, 자본이동, 무역 등에 의해서 영향을 받으며, 중장기적으로는 물가수준, 생산성, 내외금리차 등의 영향을 받는다. 따라서 외환시장의 수요와 공급을 결정하는 변수들 중 어느 것을 중요하게 보는가에 따라 다양한 환율결정모형들이 나타난다.

정석 사고

균형환율은 외환의 수요곡선과 공급곡선이 일치하는 수준에서 결정된다. 이러한 외환의 수요와 공급은 단기적으로는 각종 뉴스나 외환시장 참가자들의 기대, 자본이동, 무역 등에 의해서 영향을 받으며, 중장기적으로는 물가수준, 생산성, 내외금리차 등의 영향을 받는다.

3. 환율과 교역조건은 어떤 관계가 있는가?

한 나라의 통화가치가 올라가면 교역조건은 대폭 개선된다. 예를 들어 원화의 가치가 오른다고 해보자. 우리가 해외여행을 가서 레스토랑에서 10달러짜리 스테이크를 먹을 때 환율이 1달러당 1,000원이라면 10,000원이지만 1달러당 800원이라면 8,000원이 든다. 말하자면 우리가 해외에 수출해서 번 돈으로 보다 많은 외국상품을 살 수 있게 되는 것이다.

이번에는 수출품을 생각해 보자. 환율이 1달러당 1,000원일 때 자동차의 수출가격이 2천만 원이라면 달러로 표시한 수출가격은 2만 달러가 된다. 환율이 1달러당 800원이 되면 자동차의 수출가격은 2만 5천 달러가 된다. 따라서 자동차 1대의 수출로 더 큰 돈을 벌어 더 많은 수입품을 수입할 수 있다.

이처럼 환율하락 혹은 원화강세는 같은 원화로 더 많은 외국상품을 살 수 있다. 원화강세는 우리 경제에 가격파괴를 초래하기도 한다. 해외에서 싼 제품이 대량으로 들어와 할인마트나 백화점에 진열된다. 이것도 교역조건이 개선되었기 때문이다. 원화강세로 이전보다 더 싼 제품을 대량으로 수입할 수 있게 된 결과다. 교역조건은 이러한 혜택이 국민경제 전체에 얼마나 널리 퍼져 있는가를 지표로 수량화한 것에 불과하다. 이와 같이 환율변동에 의한 교역조건의 변화는 한 국가의 경제적 이익과 밀접한 관계를 갖는다.

정석 사고

교역조건(terms of trade)은 수출재가격을 수입재가격으로 나누어 수출재를 1단위 수출함으로써 얻는 외화로 구입할 수 있는 수입재의 양을 의미한다. **환율**(exchange rate)은 두 국가 간의 거래로 발생하는 화폐의 교환비율이다. 환율이 하락하면 원화강세가 되어 교역조건이 개선된다.

[정석사례연구 10-4] 환율의 변화와 교역조건 및 무역수지 - J커브효과

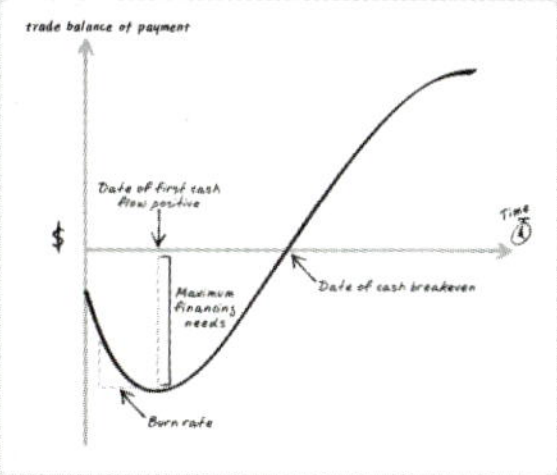

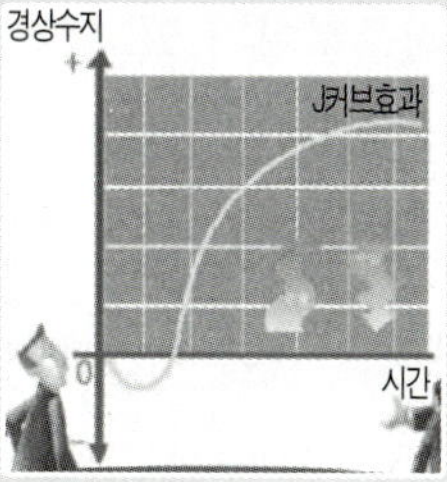

일반적으로 환율이 올라가면 무역수지를 개선시키는 것으로 알고 있다. 그러나 환율과 무역수지의 관계가 그렇게 단순하지만은 않다. 현실경제를 분석한 결과에 따르면 환율상승이 무역수지를 개선시키는 효과가 작거나 때로는 악화시키는 경우도 있다. 환율이 올라간 직후에는 교역조건이 악화되어 오히려 무역수지 흑자가 줄어들고 상당한 시간이 지나서야 늘기 시작하는 현상을 곡선으로 표시하면 J자 형태이므로 **J커브효과**라고 한다.

J커브효과가 나타나는 이유는 두 가지다. 우선 환율이 올라가면 수출입가격 변화는 즉시 일어나지만 이에 따른 수출이나 수입물량의 변화는 시간을 두고 일어나기 때문이다. 예를 들어 환율이 상승하더라도 처음에는 이미 체결한 계약에 따라 수출입이 진행되므로 수량변화가 그다지 크지 않을 수 있다. 또 소비자들이 가격변화에 따라 소비습관을 바꾸는 데는 상당한 시간이 걸리기 때문이다. 다른 이유로는 환율전가효과가 불완전한 경우이다. 즉 환율변화가 수입품의 국내가격에 즉각적으로 반영되지 않기 때문이다. 예를 들어 환율이 5% 올라도 실제로 수입되는 미국산 자동차의 국내가격이 5% 오르지는 않는다. 미국 자동차수출업체가 매출감소를 우려해 달러표시 수출가격을 내릴 수도 있기 때문이다. 그러나 이러한 상황이 계속되어 이윤의 압박을 느낄 때에야 수출가격을 원래 수준으로 되돌리고 그에 따라 수입품의 국내가격이 완전히(즉 5%) 상승하게 되는 것이다.

우리나라의 경우에는 환율이 상승할 경우 경상수지가 초기 약 6개월 동안에는 악화되다가 조금씩 회복되어 약 15개월이 지나면 개선된다는 연구결과가 있다. 한편, J커브효과와는 달리 환율상승이 장기에도 무역수지를 개선시키지 못한다는 주장이 있다. 그 사례로 1980년대 미국이 만성적인 대일 무역적자를 보이고 있을 때 달러화의 약세와 엔화의 강세를 유도했다. 그러나 1980년대에 계속 달러화가 약세를 보였음에도 불구하고 미국의 대일 무역적자폭이 어느 정도 감소할 것이라는 기대와는 달리 오히려 증가했다. 이런 현상이 나타난 이유는 수출국통화의 가치가 하락할 때 국내 수출기업들이 가격상의 유리한 점 때문에 제품의 질을 향상시키는 노력을 기울이지 않아 경쟁력이 오히려 떨어졌기 때문이다.[4]

제4절 국제무역의 비교우위는 어떻게 결정될까?

정석 교양경제

1. 국제무역의 비교우위란 무엇인가?

각 나라마다 자신이 잘 생산할 수 있는 전문분야가 있고 비전문분야가 있다. 비전문적인 분야까지 생산요소를 투입하여 생산한다는 것은 자원을 낭비하는 것이므로 이러한 분야는 해외생산에 맡겨 그 제품들을 수입하는 것이 좋다. 이때 전문이라는 말을 학술적으로 나타낸 것이 비교우위이다. 비교우위는 국제무역의 원리를 이해하는 데 가장 기본적인 개념이다. 비교우위라는 용어로 표현되는 전문분야는 어떤 요인으로 결정되며, 비교우위와 국제무역패턴의 관계는 무엇인지 살펴보자.

아인슈타인의 예를 들어보겠다. 아인슈타인은 이론고찰의 창조작업과 문헌조사 및 문헌정리의 보조작업이 필요하다. 아인슈타인의 연구실에 한 명의 제자가 있는데, 창조작업과 보조작업 모두 능력이 떨어진다. 아인슈타인은 제자보다 모든 면에서 더 효율적인 **절대우위**(absolute advantage)를 가지고 있다. 이런 경우 아인슈타인은 제자에게 연구를 맡기기보다는 자신이 하는 편이 빠르므로 모든 일을 자신이 하는 것이 바람직할까?

표 10-1 아인슈타인의 전문성

	작업 1단위당 걸리는 시간	
	창조작업	보조작업
아인슈타인	2	2
제자	8	4

아인슈타인이 모든 면에서 우위에 있더라도 하루는 24시간밖에 없고 시간을 낭비할 수 없으므로 제자에게 보조작업을 맡기고 자신은 창조작업을 하는 것이 훨씬 생산성을 높일 수 있다. **표 10-1**을 토대로 구체적으로 살펴보면 아인슈타인이 보조적 작업을 2시간 줄여(−1단위) 그

만큼 창조적 작업에 전념하고(+1단위), 제자는 창조적 작업을 4시간 줄여(−0.5단위) 그만큼 보조적 작업에 전념하면(+1단위) 두 사람 합쳐서 창조작업을 더 많이 해낼 수 있게 된다. 아인슈타인은 창조작업에, 제자는 보조작업에 몰두하는 편이 효율성 혹은 생산성을 올릴 수 있기 때문이다.

아인슈타인의 예는 비교우위의 원리에 대한 본질을 잘 보여주고 있다. 누구에게나 전문분야와 비전문분야가 있다. 각자 비전문분야는 다른 사람에게 맡기고 전문분야만 수행하여 이를 상호 교환하는 것이 **비교우위의 본질**이다.

2. 국제무역의 절대우위와 비교우위는 어떻게 다른가?

애덤 스미스(A. Smith)는 국내의 자유로운 경제활동이 보이지 않는 손에 의해 국가의 부를 증대시키듯이 국가 사이의 자유로운 경제활동이 당사국 모두의 이익을 극대화한다고 보았다. **절대우위**(absolute advantage)를 가진 경제주체가 어떤 활동을 다른 주체들보다 더 잘하는 것으로 정의하면, 각국이 절대우위를 가지는 제품을 생산하여 교역하면 서로 이익이라는 것이 **절대우위론**이다.

그러나 무역문제에서 이러한 절대우위의 존재 여부는 그다지 중요치 않다. 리카도(D. Ricardo)는 어떤 나라가 모든 제품생산에 절대우위를 가지더라도 상대적으로 우위에 있는 상품생산에 특화하여 다른 나라와 교역을 하면 무역의 이익을 가질 수 있다는 비교우위론을 주장하였다. **비교우위**(comparative advantage)는 한 경제주체가 어떤 활동을 다른 주체들보다 모두 더 잘하더라도 상대적으로 더 잘하는 것을 말한다. 국제무역에서 어느 한 국가가 다른 국가에 비해서 모든 상품이 생산측면에서 효율적인 경우라도 상대적으로 더 효율적인 것만을 만들고 무역을 통해서 소득을 증대시킬 수 있다는 것이 **비교우위론**이다.

이제 아인슈타인의 예를 국가 사이의 무역문제로 바꾸어서 해석해 보자. 한국과 미국이 와인과 치즈를 생산하고 있다. 미국은 치즈생산에 노동 4단위가 필요하며 와인생산에 노동 8단위를 필요로 한다. 반면에 한국은 치즈생산에 노동 2단위가 필요하며 와인생산에 노동 2단위를 필요로 한다. 한국은 치즈와 와인을 미국보다 더 효율적으로 생산할 수 있기 때문에 두 제품 모두에 절대우위를 가지고 있다. 이를 요약하면 **표 10-2**와 같다.

표 10-2 한-미 간 비교우위의 우화

	생산비용(노동량)	
	와인	치즈
한국	2	2
미국	8	4

비교우위를 따져보면, 한국은 와인에 비교우위를 가지며 미국은 치즈에 비교우위를 가진다. 왜냐하면 한국이 와인 1병을 생산하는 것은 치즈 1개를 생산하는 것과 기술적으로 같고, 미국은 와인 1병을 생산하는 것이 치즈 2개를 생산하는 것과 같기 때문이다. 와인 1병에 대해 한국에서는 치즈 1개, 미국에서는 치즈 2개가 대응한다. 따라서 치즈에 대해서 미국이 비교우위가 있다는 의미이다. 한편 치즈 1개에 대해 한국은 와인 1병이 대응하고 미국은 와인 2분의 1병이 대응한다. 따라서 한국이 와인에 대해 비교우위가 있다.

비교우위를 비교할 때 노동생산성을 비교하면 전문분야를 쉽게 찾을 수 있다. 예를 들어 미국에서 치즈생산의 노동생산성은 1/4, 와인생산의 노동생산성은 1/8이므로 치즈에 비교우위가 있다는 의미이다. 한편 한국의 경우 두 분야 모두 노동생산성이 동일하지만 미국과 비교할 때 상대적으로 와인생산의 노동생산성이 더 크다. 그러므로 생산성에서 미국은 치즈에, 한국은 와인에 비교우위를 가진다. 비교우위원리는 각 나라가 자신의 전문분야에 특화하고 다른 분야는 상대국에 맡기면 양국에 가장 효율적인 생산이 가능해진다는 원리이다.

3. 국제가격은 어떻게 결정되는가?

현실세계에서 이러한 비교우위의 무역이 어떻게 이루어질 수 있을까? 모든 상품시장은 매우 경쟁적이며 생산비용이 가격에 정확히 반영된다고 가정해 보자. 이와 같은 상황에서 한국과 미국 간 무역이 이루어진다면 이들 가격은 어떻게 정해질까? 현실에서 환율(달러에 대한 원화)에 따라 달라지지만 화폐단위가 아닌 상품 간 교환비율, 즉 상대가격으로 표현해 보자. 앞의 사례에서 미국 노동자가 8단위 노동으로 치즈 2개 혹은 와인 1병을 생산할 수 있다는 것은 치즈 2개의 생산비용은 와인 1병의 생산비용과 같다는 의미이다. 결국 와인을 기준으로 나타내면 와인 1병의 상대가격은 치즈 2개가 된다. 한국의 경우 와인 1병의 상대가격은 치즈 1개가 된다.

무역이 발생하게 되면 두 국가 간의 상대가격이 다르기 때문에 더 싼 상품에 소비자들의 손이 갈 것이다. 국가 간 운송비용이 무시할 정도로 적고, 시장이 경쟁적이라면 결국 한 상품의 가격은 미국과 한국이 같아야 한다. 왜냐하면 와인가격이 미국보다 한국이 싸다면 와인을 한국에서 구입해서 미국에 팔면 이득을 얻을 수 있기 때문이다. 따라서 무역이 발생하면 두 나라에서 치즈와 와인은 각각 동일한 가격으로 수렴될 것이다. 이처럼 세계시장에서 형성되는 가격을 **국제가격**(world price)이라고 한다. **그림 10-2**에서 보는 바와 같이, 무역을 통해서 두 국가가 모두 이익을 얻는다고 하면 와인 1병당 가격은 치즈 2개(미국의 상대가격)와 치즈 1개(한국의 상대가격)의 중간에서 결정될 것이다. 이와 같이 상대가격으로 표시한 국제가격을 **교역조건**이라고 한다. 와인이 미국의 상대가격에 수렴할수록 교역조건이 개선되며, 교역조건이 개선되면 보다 적은 수출로 보다 많은 수입이 가능하므로 무역을 통한 이익도 커지게 된다.

그림 10-2 와인과 치즈의 상대가격과 국제가격

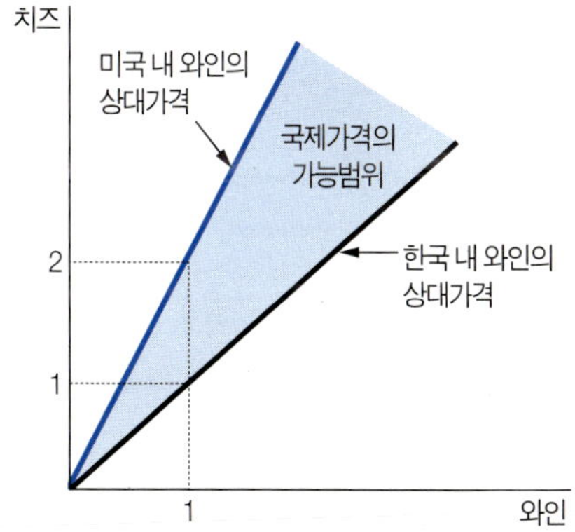

4. 비교우위는 환율과 어떤 관계가 있는가?

만약 미국의 임금이 시간당 3달러이고 한국은 시간당 10,000원이라고 하자. 한국에서 와인을 1단위 생산하는 비용은 20,000원이며 치즈도 20,000원이다. 한편 미국에서는 와인을 1단위

생산하는 비용이 24달러, 치즈는 12달러다. 경쟁시장을 가정하면 생산비용이 그대로 가격이 된다.

이 상황에서 한-미 간 무역이 이루어지면 제품가격은 어떻게 변할까? 이는 환율의 수준에 따라 어떤 국가가 어떤 상품에 경쟁력을 가지고 있는지가 결정된다. 그런데 국제가격이 와인 1병당 치즈 2개라면 환율은 한국에서 와인을 생산하는 비용 20,000원과 미국에서 생산하는 비용 24달러를 동일한 가격으로 만드는 달러당 833원이 된다. 환율이 이 경계선환율보다 원화강세라면, 즉 달러당 500원이라면 미국의 와인은 12,000원(=500원×24달러), 치즈는 6,000원(=500원×12달러)이 되어 미국이 모두 경쟁력을 가지게 된다.

만약 국제가격이 와인 1병당 치즈 1개라면 환율은 한국에서 치즈를 생산하는 비용 20,000원과 미국에서 생산하는 비용 12달러를 동일한 가격으로 만드는 달러당 1,667원이 된다. 환율이 이 경계선환율보다 원화약세라면, 즉 달러당 2,000원이라면 미국의 와인은 48,000원(=2,000원×24달러), 치즈는 24,000원(=2,000원×12달러)이 되어 한국이 모두 경쟁력을 가지게 된다.

환율이 833원과 1,667원 사이에서 결정된다면 한국은 와인, 미국은 치즈에 경쟁력을 가지게 된다. 결론적으로 환율이 하락하여 833원보다 더 낮아진다면 한국은 모든 제품에 대해서 경쟁력을 잃고, 환율이 상승하여 1,667원보다 더 높아진다면 한국이 모든 제품에 대해서 경쟁력을 갖는다. 실제 환율은 이 두 환율수준 사이에서 결정되며, 환율이라는 가격이 각국의 상품을 특화시키고 무역패턴을 유도해 나가는 것이다. 그 결과 각국은 무역의 이익을 통해 경제적 후생을 높일 수 있다.

현실경제에서는 무수히 많은 상품이 수출되고 수입된다. 이때에는 각 상품의 채산율을 계산해서 경쟁력이 있는 상품인지의 여부를 결정할 수 있다. **채산율**은 그 수준보다 원화강세이면 해당 상품이 경쟁력을 잃고 원화약세이면 경쟁력을 가지는 경계선환율이다. 따라서 경쟁력이 강한 상품일수록 채산율은 낮아진다. 다음 **그림 10-3**은 여러 상품의 가상 채산율을 보여준다. 완전한 자유무역이 시행될 때 달러당 800원이 되면 TV와 컴퓨터 제품은 수출산업으로 살아남지만 이외의 제품은 해외와의 경쟁에서 도태된다. 달러당 2,000원이 되면 거의 모든 제품이 경쟁력을 갖고 살아남는다. 비교우위 구조하에서 중장기적으로 채산율이 낮은 제품은 수출품이 되고, 채산율이 높은 제품은 수입품이 된다.

그림 10-3 가상 채산율

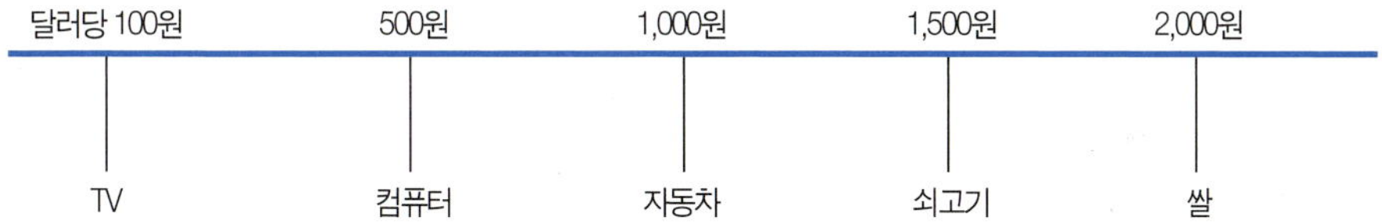

정석 사고

비교우위(comparative advantage)는 한 경제주체가 어떤 활동을 다른 주체들보다 모두 더 잘하더라도 상대적으로 더 잘하는 것을 말한다. 어느 한 국가가 다른 국가에 비해서 상대적으로 더 효율적인 제품만을 만들고 무역을 통해서 소득을 증대시킬 수 있다는 것이 비교우위론이다. 교역하는 두 제품의 상대가격으로 표시한 국제가격을 교역조건이라고 한다. 국제가격에 따라 두 국가의 생산비용을 같게 하는 두 화폐의 비율은 경계선환율로 결정된다. 이 수준보다 환율이 더 높아지면 채산율은 낮아져서 경쟁력이 강한 상품이 많아진다.

[정석사례연구 10-5] 미국인은 미국제품을 구매하자!

"미국제품을 구매하자(buying American)!"는 캠페인은 과연 미국인들에게 이익이 될까? 이에 대해 미 댈러스 연방은행의 경제학자인 콕스(W. M. Cox)는 그렇지 않다고 답한다. 그의 말을 자세히 살펴보자.

일반 대중들은 미국사람들이 자신들의 돈을 해외에서 쓰는 것보다 국내에서 쓰는 것이 더 낫다고 생각한다. 그러나 이는 잘못된 믿음이다. 이러한 주장의 오류를 설명하는 가장 좋은 방법은 논리적 비약을 통해 생각해 보는 것이다.

생각을 논리적으로 발전시켜 보자. 먼저 만약 내 돈을 외국에서 쓰는 것보다 미국에서 쓰는 것이 더 낫다면, 미국 내에서도 뉴욕 주에서 쓰는 것보다 내가 현재 속해 있는 텍사스 주에서 쓰는 것이 더 나을 것이고, 또 텍사스 주 내에서도 휴스턴 시에서 쓰는 것보다 내가 지금 살고 있는 댈러스 시에서 쓰는 것이 낫고, 또 댈러스 시 내에서도 옆 동네에 있는 가게에서 물건을 사는 것보다 내가 사는 동네에 있는 이웃가게에서 사는 것이 더 나을 것이고, 또 내가 사는 동네에서도 이웃가게에서 사는 것보다 내 가족의 가게에서 사는 것이 훨씬 더 나을 것이다. 결국 나는 다른 사람들이 생산한 것을 사지 않고 직접 재료를 사서 만들어 쓸 것이다. 따라서 내가 만든 것을 나 혼자서 소비하고, 그 결과 가난뱅이로 전락하게 될 것이다. 이와 마찬가지로 결국 미국인들은 국제무역에서 외톨이가 되고 가난해질 것이다.[5]

[정석사례연구 10-6] 야구영웅 베이브 루스의 비교우위

야구 역사상 가장 뛰어난 홈런왕은 베이브 루스(B. Ruth)라고 할 수 있다. 그러나 그가 가장 위대한 투수 중의 한 사람이었다는 것을 기억하는 사람은 거의 없다. 1918년 이후 베이브 루스는 투수 대신 타자로 포지션을 바꾸었기 때문이다. 신인으로 보스턴 레드삭스(Boston Red Sox)에서 활약할 때 그는 투수로서 절대우위를 가지고 있었다. 유명한 역사학자인 제프리 워드(G. C. Ward)는 다음과 같이 말한 바 있다.

"보스턴 레드삭스가 한창 잘나갈 때 베이브 루스는 그 팀에서 가장 훌륭한 선수였고, 아메리칸리그의 가장 뛰어난 왼손잡이 투수로 여섯 시즌에 걸쳐 무려 89승을 거두었다. 1916년 그는 처음으로 월드시리즈에서도 던질 기회를 가졌는데 여기서 1회에 1점을 내주었으나 바로 자신이 홈을 밟아 동점을 만들었고, 이후 11이닝 동안 상대팀인 브루클린 다저스(Brooklyn Dodgers)의 타선을 무실점으로 방어했다. 2년 뒤인 1918년 월드시리즈에서도 베이브 루스는 상대팀인 브루클린 다저스를 29와 2/3이닝 동안 무실점으로 방어했고 이 기록은 무려 43년 동안 깨지지 않았다."

베이비 루스는 투수로서 절대우위를 가지고 있었지만, 다른 동료들과 비교했을 때 타자로서의 능력이 더 뛰어났다. 양키즈는 1920년 베이브 루스를 영입한 후에 외야수로서 타자로만 기용하였다. 그해 베이비 루스는 54개의 홈런과 더불어 타격횟수 대비 진루수인 장타기록을 수립했는데 이 기록은 오늘날도 깨지지 않고 있으며, 양키즈를 미국 프로야구 사상 가장 유명한 팀으로 만들었다.[6)]

제5절 정석 교양경제 국제무역은 얼마나 이익이 될까?

비교우위를 통해서 무역이 발생할 때, 두 국가는 얼마나 이익을 얻을 수 있는지 살펴보자. 국제가격이 어디에 정해지는가에 따라 각국 무역의 이익의 크기가 달라지는데, 리카도의 비교우위론에 따르면 비교우위가 있는 상품에 특화하여 국제분업을 하면 서로 이익을 본다. 수출상품의 국제가격이 국내가격보다 점점 더 높게 결정될수록 한국에서 점점 더 큰 이익이 발생한다. 비교우위론은 노동생산성이 생산비의 차이를 가져오고 무역의 원인이 된다. 그런데 생산비의 차이는 노동생산성뿐만 아니라 기술, 요소부존도의 차이에서도 발생한다. 최근 산업내무역이 증가함에 따라 비교우위론의 타당성이 줄고 있다.

1. 수출국은 얼마나 무역이익을 가지는가?

우리가 수출한 결과 무엇을 얻는가? 분명한 것은 모두 다 이익을 보는 것은 아니다. 수출품의 국제가격이 국내가격보다 높기 때문에 수출기업은 이익을 본다. 그러나 수출품가격이 올라서 소비자는 더 높은 가격을 지불해야 하므로 손해를 보게 된다. **그림 10-4** 를 통해 생산자로서의 수출기업이 얻는 것과 소비자가 잃는 것을 비교해 보자.

수출 이전에는 소비자잉여가 $(A+B)$이고 생산자잉여가 C이다. 따라서 무역 이전의 경제적 후생은 $(A+B+C)$이다. 수출 이후에는 소비자잉여가 A이고 생산자잉여가 $(B+C+D)$이다. 따라서 무역 이후의 경제적 후생은 $(A+B+C+D)$이다. 결과적으로 무역 이후 소비자잉여의 감소보다 생산자잉여가 훨씬 더 증가해서 D만큼 사회적 후생이 증가하게 된다.

이상의 분석결과를 통해 다음 두 가지 결론을 내릴 수 있다.

첫째, 국내생산자들은 이익을 보는 반면 국내소비자는 손해를 보게 된다.

둘째, 생산자잉여의 증가가 소비자잉여의 감소보다 크기 때문에 경제적 후생은 증가한다.

그림 10-4 수출국의 무역이익

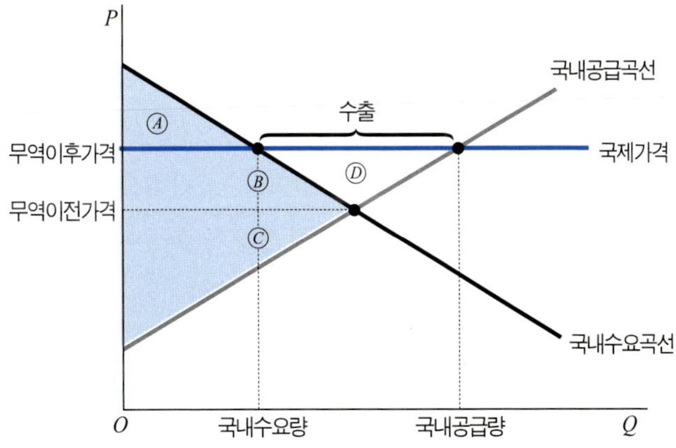

2. 수입국은 얼마나 무역이익을 가지는가?

수입국으로서 자유무역의 경제적 효과를 보기 위해 우리 경제가 세계경제에 비해 매우 작아서 국제가격에 영향을 미치지 못한다고 가정하자. 이런 경우 우리나라는 가격수용자가 되며, 주어진 국제가격에서 마음껏 수입할 수 있다.

우리 경제는 수입품을 수입한 결과 무엇을 얻는가? 수출의 경우처럼 분명한 사실은 모두 다 이익을 보는 것은 아니다. 수입품의 국제가격이 국내가격보다 낮기 때문에 국내생산기업은 손해를 본다. 그러나 수입품가격이 내려서 소비자는 더 낮은 가격을 지불하므로 이익을 보게 된다. 그림 10-5를 통해 생산자가 잃는 것과 소비자가 얻는 것을 비교해 보자.

그림 10-5 수입국의 무역이익

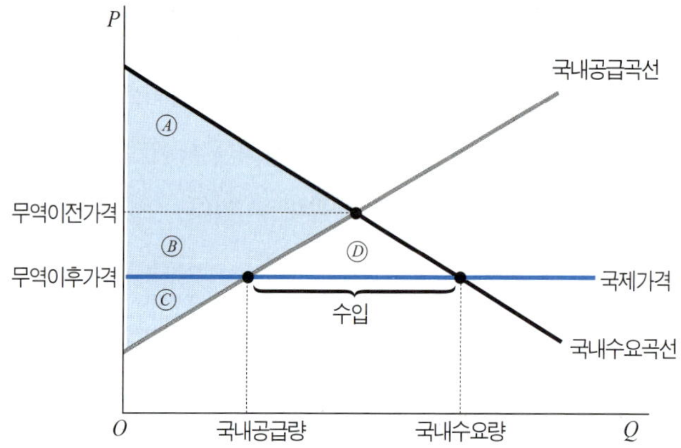

수입 이전에는 소비자잉여가 A이고 생산자잉여가 $(B+C)$이다. 따라서 무역 이전의 경제적 후생은 $(A+B+C)$이다. 수입 이후에는 소비자잉여가 $(A+B+D)$이고 생산자잉여가 C이다. 따라서 무역 이후의 경제적 후생은 $(A+B+C+D)$이다. 결과적으로 무역 이후 소비자잉여의 증가가 생산자잉여의 감소보다 훨씬 더 커서 D만큼 경제적 후생이 증가하게 된다.

이상의 분석결과를 통해 다음 두 가지 결론을 내릴 수 있다.

첫째, 국내소비자는 이익을 보는 반면 국내생산자는 손해를 보게 된다.

둘째, 소비자잉여의 증가가 생산자잉여의 감소보다 크기 때문에 경제적 후생은 증가한다.

종합해 보면 자유무역은 수출국이든 수입국이든 경제적 후생을 증대시킨다. 수출국과 수입국 내의 모두에게 이익을 주는 것은 아니지만 전체 이익이 더 크기 때문에 그 이익으로 손해를 보상해 줄 수 있다면 모두를 이롭게 할 수 있다. 따라서 자유무역은 이러한 의미에서 모두를 이롭게 한다는 것이지만 보상이 제대로 이루어지지 않는다면 일부는 손해를 보게 된다.

정석 사고

자유무역은 수출국이든 수입국이든 경제적 후생을 증대시킨다. 그러나 수출국과 수입국 내의 모두에게 이익을 주는 것은 아니다.

[정석사례연구 10-7] 무역의 이익에 대한 오해

일반적으로 사람들은 국제무역으로부터 얻을 수 있는 최대의 이익은 수출국의 국내고용의 증가라고 생각한다. 과연 맞는 생각일까? 대개 사람들은 수출이 국내고용을 증가시키기 때문에 수출은 좋은 것이라고 생각한다. 국제무역이 가져다주는 진정한 이익은 특화(전문화)와 교환(무역)을 통해 소비가능한 제품을 더 많이 가질 수 있다는 데 있다.

한 나라가 자국의 생산가능한 범위 내에서 생산하려면 국제무역을 할 필요가 없다. 왜냐하면 이 나라는 국제무역이 있든 없든 관계없이 노동을 포함한 자국의 자원을 충분히 사용할 수 있기 때문이다. 그러나 어떤 국가가 국제무역에 참가하는 경우 국제무역을 통해 자국의 생산가능한 범위를 초과하는 소비영역에 도달할 수 있다.

어떤 국가가 얻는 무역의 이익은 해외로부터 추가적으로 수입품을 얻을 수 있다는 데 있다. 즉, 해당 수입품을 국내에서 생산하는 것보다 그 제품을 수입함으로써 그 제품의 생산에 들어갈 자원을 다른 제품들의 생산에 사용할 수 있다. 또한 수입품에 해당되는 제품을 국내에서 비싸게 생산하는 것보다 외국에서 수입함으로써 더 싸게 공급할 수 있다. 따라서 어떤 제품을 국내에서 비싸게 생산하는 것보다 외국에서 수입함으로써 당해 제품의 생산에 따른 기회비용(생산을 포기하는 다른 제품의 양)을 줄일 수 있다.

그런데 특화를 할 때 돈으로 살 수 없는 기회비용(심리적 비용)을 증가시키기도 한다. 마르크스(K. Marx)는 특화가 노동자들에게 심리적인 희생을 강요한다고 경고하였다. "생산발전에 필요한 모든 수단들이 근로자를 기계의 부속물로 전락시켜, 자신의 일에서 더 이상 매력을 느끼지 못하고 일하는 것이 즐거움보다는 고통스러운 노동으로 전락했다." 찰리 채플린(C. Chaplin)은 1936년 영화 〈모던 타임스(*Modern times*)〉에서 하루 종일 조립라인에서 너트와 볼트를 조이는 조립공 역할을 보여주었다. 하루 종일 반복적으로 너트 조이는 일을 하다 보니 채플린은 어느 순간 미친 듯이 공장에서 비틀거리며 나와 손에 든 스패너로 너트 모양의 돌기란 돌기를 모두 조이기 시작한다. 이는 반복적인 공장작업의 심리적 비용을 잘 풍자한 장면이다.[7]

제1편 제2편 제3편 제4편 제5편

제6절 정석 교양경제 비교우위론의 한계와 신무역이론은 왜 생겼을까?

각 나라들이 비교우위에 따라서 전문화를 하고 교역을 하면 서로 이익이 된다는 것이 비교우위이론이다. 비교우위 구조는 여러 가지 요인에 의해 결정된다. 농산품의 생산에는 기후가 비교우위에 큰 영향을 미치며, 공산품의 경우 기술적인 차이가 비교우위 구조를 결정한다. 예를 들어, 19세기 영국 경제학자 리카도(D. Ricardo)에 의하면 국가 간의 기술적인 차이가 노동생산성의 차이를 결정한다. 다시 말해서 앞선 기술을 보유한 국가는 그 기술로 가장 효율적으로 생산할 수 있는 재화에 대해 비교우위를 가진다.

북유럽의 경제학자인 헥셔(E. F. Hecksher)와 올린(B. G. Ohlin)은 각국의 생산요소 부존량에 따라 비교우위가 결정된다고 보았다. 생산요소에는 토지, 노동, 자본 등이 있는데 국가마다 보유한 양이 다르다. 헥셔와 올린은 나라에 따라 기술수준의 차이가 없더라도 생산요소의 부존상태에 차이가 발생하면 비교우위에 의한 무역이 발생한다고 보았다. 따라서 기름진 농토를 많이 보유한 국가는 농산물에서 비교우위를 가지게 되고, 자본을 상대적으로 많이 보유한 국가는 공산품에서 비교우위를 가지게 된다.

헥셔-올린의 정리는 다음 두 가지 명제로 구성되어 있다. 첫째, 상대적으로 풍부한 생산요소를 많이 사용하여 생산된 상품이 비교우위를 가진다. 둘째, 생산요소가 국경을 넘어 이동하지 않더라도 그 생산요소를 많이 사용한 상품이 무역에 의해 이동하면 그 생산요소의 가격이 균등화된다. 이것을 **요소가격균등화의 정리**라고 한다. 이 정리는 헥셔-올린의 사고를 단적으로 잘 보여준다. 나라 사이에 상품무역을 하면 그 상품을 생산하기 위해 사용된 생산요소를 간접적으로 무역하고 있는 것이다. 한국이 농산품을 수입하면 간접적으로 해외의 토지를 수입하는 셈이 되어 토지의 가격상승을 억제하고 결과적으로 풍부한 토지를 나라의 토지가격에 수렴해 간다는 것이다. 한편 한국이 공산품을 수출한다면 간접적으로 우리의 자본과 노동을 수출하는 셈이다.

미국의 경제학자 레온티에프(W. Leontief)는 산업연관표(요소의 투입과 산출을 정리한 통계표)로 미국의 자료를 분석한 결과 헥셔-올린의 정리와 정반대되는 사실을 발견한다. 다른 나라에 비해 상대적으로 자본이 풍부한 미국이 자본집약적 상품을 수입하고 노동집약적 상품을 수출한다는 것이다. 이것을 **레온티에프역설**(Leontief paradox)이라고 한다. 레온티에프는 이 역설적인 결과를 미국 노동자의 생산성이 높아서 자본풍부국처럼 보이지만 생산성면에서 노동풍부국이라고 볼 수 있다고 설명한다. 레온티에프 이후 많은 경제학자들이 헥셔-올린의 정리를 검토해 왔다. 키싱(D. B. keesing)의 연구개발이론은 노동자의 숙련도 차이로 레온티에프역설을 설명하려고 하였다. 버논(R. Vernon)의 제품사이클이론은 기술의 수명주기가 무역패턴에 영향을 미치는 첨단제품의 무역패턴을 설명했는데 기술전파가 빠른 최근 현상에 비춰보면 설득력이 떨어진다.

현실세계에서 일어나는 무역의 움직임을 볼 때 비교우위를 토대로 한 무역이론으로 설명하기 어려운 새로운 현상들이 발생하고 있다. 즉 같은 종류의 상품의 수출과 수입이 동시에 발생하는 현상들이 광범위하게 벌어진다. 예를 들어 같은 자동차산업인데 한국은 자동차를 수출하는 동시에 벤츠, 시빅, 어코드, 렉서스 등의 많은 자동차를 수입한다. 컴퓨터와 카메라 등도 모두 같은 상품인데 수출과 수입이 동시에 일어난다. 어떤 나라에서 한 산업의 상품을 수출하고 다른 산업의 상품을 수입하는 무역현상을 **산업간무역**이라고 한다. 반면 같은 산업에 속한 상품들을 수출입하는 무역현상을 **산업내무역**이라고 한다.

이와 같이 비교우위론으로 산업간무역은 설명되지만 산업내무역을 설명하기는 어렵다. 선진국 사이에 이루어지는 무역의 대부분은 오히려 산업내무역이다. 이러한 현상을 설명하는 이론으로 북유럽의 경제학자 린더(S.B.Linder)의 수요결정형 무역이론이 있다. 비교우위의 무역이론이 생산비용의 결정형 무역이론인 반면에 **린더의 수요결정형 무역이론**은 고소득국가의 소비자가 원하는 상품은 대부분 고소득국가에서 대표수요(상당한 국내수요)에 의해 생산되고, 그 결과 유사한 소득수준을 가진 고소득국가 사이의 수요조건이 비슷하여 무역이 활발해진다는 것이다. 이러한 린더의 대표수요이론은 이후 미국의 경제학자 크루그먼(P. krugman) 등에 의해 무역의 상당부분이 비교우위가 아닌 규모의 경제와 제품차별화에 의한 소비의 다양성추구에 기인한다는 **신무역이론**(new trade theory)으로 발전하고 있다.

예를 들어 우리나라가 화이트셔츠와 블랙셔츠를 모두 만들기보다 화이트셔츠는 우리나라가, 블랙셔츠는 중국이 만들어 서로 무역을 하면 우리나라와 중국은 각자 규모의 경제를 이루면서 제품차별화에 의해 소비의 다양성도 만족시킬 수 있다. 이를 신무역이론이라고 부른다.

결론적으로 비교우위무역이론이 수확체감의 법칙과 완전경쟁시장을 가정하고 생산비의 차이로 산업간무역이 발생한다는 것인 데 비해 신무역이론은 규모의 경제와 불완전경쟁시장(제품차별화)을 가정하고 소비의 다양성을 위해 산업내무역이 발생한다는 것이다.

정석 사고

헥셔-올린의 정리는 어느 국가에서 상대적으로 풍부한 생산요소를 많이 사용하여 생산된 상품이 비교우위를 가진다는 것이다. 그러나 이러한 비교우위를 토대로 한 무역이론으로 설명하기 어려운 현상들이 자주 발생했다. 그 대표적 예가 산업내무역이다. 산업내무역은 비교우위가 아닌 규모의 경제와 제품차별화에 의한 소비의 다양성추구에서 발생한다. 이를 신무역이론(new trade theory)이라고 한다.

[정석사례연구 10-8] 산업내무역은 수평무역인가?

풍토와 기술적 조건이 현저히 다른 지역 간 무역을 수직무역이라 하고, 풍토와 기술적 조건이 유사한 국가 간 무역을 수평무역이라고 한다. 산업내무역에도 수직무역과 수평무역이 있을 수 있다. 의류와 잡화 등과 같은 제품처럼 가격이 싼 보급품은 아시아국가가 수출하고 고급브랜드제품은 유럽국가가 수출하는 수직무역이 이루어진다. 그런가 하면 자국 고급브랜드제품이 수출되고 동시에 해외로부터 다양한 고급브랜드제품이 수입되고 있는 수평무역도 이루어지고 있다. 예를 들어 이탈리아는 프랑스에 구찌 가방을, 프랑스는 이탈리아로 샤넬 가방을 수출하고 있다. 이와 같은 수평무역은 소득수준이 유사한 국가 사이에서 빈번히 발생한다.[8)]

제11장 국제무역마찰과 무역정책

'눈에는 눈으로'라는 옛 법을 따르면

우리는 모두 장님이 되고 말 것이다.

- 마틴 루터 킹 -

세계화에 의해 국가 간 상호의존관계가 심화되면서 국가 간 무역마찰이 증가하고 있다. 국가 간 무역마찰은 1995년 WTO 출범 이후 급증하였다. 무역마찰은 대부분 덤핑제소로 이루어지는데, 반덤핑제소는 수입국 기업이 상대가 부당하게 낮은 가격으로 수출하고 있다고 정부에 고소하는 행위다. 이외에 많은 비중을 차지하는 무역마찰은 상계관세, 세이프가드(긴급수입제한조치), 수출자율규제, 수입자율확대 등의 형태로 나타난다.

그러나 무역마찰이 선진국과 개도국 간에만 나타나는 것은 아니다. 즉, 개도국 대 개도국, 선진국 대 선진국, 한 국가 대 지역협력체, 지역협력체 대 지역협력체 등으로 점차 다양화되고 있다. 또한 무역마찰의 성격도 점차 변화하고 있다. 과거에는 개별산업의 제품에 대한 수출문제였다면 지금은 한 나라의 산업과 사회의 존재양식, 정부정책 등 보다 구조적

제11장 국제무역마찰과 무역정책

이고 거시적인 무역구조문제로 바뀌고 있다. 이에 따라 무역정책도 관세장벽에서 비관세 장벽의 형태로 바뀌고 있다.

이 장에서는 무역마찰이 왜 발생하는지 우선 알아본다. 이후 자유무역과 보호무역의 비교를 통해 보호무역의 정당성을 살펴보고 각 국가에서 무역장벽을 어떤 방식으로 설치하는지도 알아본다. 한편 자유무역과 공정무역을 위해서 국제적으로는 어떤 노력이 이루어지고 있는지 살펴볼 것이다. 그리고 최근 심화되고 있는 지역주의화의 결과로 만들어진 지역경제통합은 자유무역에 어떤 효과를 가지는지 살펴보면서 이러한 전반적인 무역문제에 대한 현상과 그 해답을 찾아보고자 한다.

이 장에서 배울 것

- 국제무역마찰은 왜 발생할까?
- 자유무역만이 살길일까?
- 국제무역장벽은 왜 설치할까?
- 자유무역과 공정무역을 위한 국제적 노력은 무엇일까?
- 경제통합은 자유무역에 효과적일까?

제1절 정석 교양경제 국제무역마찰은 왜 발생할까?

1. 국제무역마찰은 어떻게 전개되고 있나?

미국 국제무역위원회(ITC)는 2003년 7월 하이닉스반도체 수출에 대하여 44.29%의 상계관세를 부과하였다. **상계관세**는 어느 나라가 수출장려금이나 보조금을 지불하여 자국 수출품의 가격경쟁력을 높이려고 하는 경우 수입국에서 이러한 효과를 상쇄하기 위해 부과하는 관세이다. 같은 해 EU집행위원회도 하이닉스반도체에 34.9%의 상계관세를 부과하였다. 세계 반도체시장을 보면 우리나라의 삼성전자와 하이닉스반도체, 미국의 마이크론, 그리고 독일의 인피니온이 전 세계 D램시장의 약 75~80%가량을 점유하고 있다. 반도체시장은 막대한 초기투자비용과 최첨단기술수준이라는 높은 시장진입장벽을 가지고 있다. 그리고 잦은 공급과잉현상을 보이고 있다. 이러한 상황 속에서 한두 개 기업의 시장퇴출은 다른 기업들에게 막대한 이익을 가져다줄 수 있다.

미국 상무부는 1996년 일본과의 반도체협상을 했는데, 이 협정은 외국반도체의 일본 내 시장점유율이 20%가 되도록 통상협상으로 결정한 것이다. 시장점유율을 통상협상으로 약속하는 것은 자유시장거래의 원칙에 크게 어긋나는 것이다. 이 같은 방식은 자율적으로 수입을 확대하는 것이어서 **수입자율확대**(voluntary import expansion)라고 한다. 수입자율확대를 구체적인 수치목표로 정해 무리하게 수입을 증가시키는 방식은 제도개선을 통한 수입확대를 꾀하는 것과 그 경제적인 의미가 완전히 다르다. 무역협상은 어디까지나 제도나 규제에 대한 협상일 뿐 수치목표의 설정은 자유시장거래의 원칙에 위배되기 때문에 바람직하지 않다.

우리나라는 2000년에 중국산 마늘이 소나기식으로 수입되는 것을 막기 위해 긴급수입제한조치(세이프가드)를 취했는데, 이를 한-중 마늘분쟁이라고 한다. **세이프가드**는 어느 나라로부터 수입이 급증하여 자국산업에 극심한 피해를 줄 경우에 발동하는 긴급수입제한조치로서 산업피해구제효과가 가장 확실한 수단이다. 우리나라의 세이프가드 발동에 대응하여 중국은 한국산 폴리에틸렌, 휴대폰에 대해서 잠정 수입금지조치를 결정했다. 약 40일이 지난 후에 우리나라가 한발 물러서 결국 한-중 마늘분쟁은 막을 내렸다.

2001년 일본도 중국산 대파, 버섯, 돗자리의 소나기식 수출에 대응해서 검역강화와 200% 넘는 고액관세를 통한 잠정수입제한조치를 취했다. 이러한 일본의 조치에 중국은 일본산 자동차, 휴대폰, 에어컨 등에 100%의 보복관세를 부과했다. 이에 따라 일본이 즉각 중국과의 협상에 나서 북경무역협상으로 양국의 수입제한조치를 철회했다. 그러나 이후에도 일본의 중국산 농산물에 대한 수입제재는 지속되는데, 이는 농가소득감소, 일본 내 농업구조의 불합리화, 국제경쟁력결여에 따른 일본농민들의 불만을 해소하기 위함이다.

한편 1985년 우리나라 니트 제품의 수출이 일본시장에 급증하면서 1988년 일본은 한국산 니트 제품에 대해 반덤핑제소를 하였다. 일본은 우리나라 니트 제품의 수입급증은 덤핑행위가 이루어지고 있기 때문이라며 반덤핑제소를 단행한 것이다. 결국 우리나라 니트 메이커가 수출자율규제를 시행함으로써 일단락 짓게 되었다. **반덤핑제소**는 수입국기업이 상대수출국이 부당하게 낮은 가격으로 수출하고 있다고 정부에 고소하는 행위다. 부당하게 가격이 낮다는 의미는 수출기업이 자국시장에서 판매하는 것보다 싼 가격으로 수출하는 것 혹은 생산가격 이하로 수출하는 것이다.

반덤핑제소가 수입국정부에 의해 인정되거나 수입국기업에 피해를 주고 있다고 판정되면 덤핑률에 해당하는 반덤핑관세를 부과하게 된다. 반덤핑제소로 몇십 퍼센트의 반덤핑관세가 부과되면 지속적인 수출이 어려워져 **현지생산**으로 전환하는 경우도 있지만 문제는 제소가 취하되는 경우에도 수출이 급감한다는 사실이다. 수출국기업이 **수출자율규제** 등으로 수출감축에 협력하기 때문에 실질적인 수입국의 수입제한조치와 같은 효과를 발생시킨다. 이 같은 수출국기업의 양보를 노려 반덤핑제소를 한다고도 볼 수 있다.

사실 1957년 일본은 미국에 1달러짜리 블라우스를 대폭 수출했는데, 이를 미-일 1달러 블라우스 사건이라고 한다. 일본은 저임금에 힘입어 섬유제품과 잡화 등을 주요 수출품으로 삼고 대폭적으로 미국시장에 수출한 결과 미국의 섬유업계를 자극한 것이다. 1달러 블라우스 사건 후 일본은 처음으로 수출자율규제를 시행하게 된다. 일본은 이와 똑같은 방식으로 한국산 니트 제품에 대응한 것이다.

무역마찰은 섬유제품, 농산품 등에서 시작해서 철강 등 중화학공업분야에서 반도체와 같은 첨단제품으로 확대되고 있다. 1969년 미국은 일본의 철강수출이 급증하면서 수출자율규제를 실시하였다. 이후 1970년대 컬러TV, 1981년에는 미-일 자동차협정으로 일본이 수출자율규제를 시작하였다. 현재 중국이 전 세계를 상대로 철강을 소나기식으로 수출하여 미국은 제도개선을 통한 수입규제조치를 강화하고, 인도는 관세인상과 반덤핑관세, 긴급수입제한조치를 통하여 철강수입을 제어하고 있다.

2. 국제무역마찰의 쟁점이 어떻게 바뀌고 있나?

한 나라의 소나기식 수출이 무역마찰을 일으키는 경우가 많다. 성장기에 기업수가 많아지고 기업 간 시장점유 싸움이 이루어지면서 소나기식 수출이 이루어진다. 이로써 양질의 제품을 싸게 구입할 수 있으므로 외국 소비자에게는 매우 좋은 일이지만, 공격받는 외국기업과 거기서 일하는 노동자에게는 수입된 제품으로 대체되어 일자리를 잃을 수 있기 때문에 보통일이 아니다.

섬유제품과 철강 등의 수출이 급증할 때 미국, 일본, 중국 등과 무역마찰이 일어나지만 어디까지나 개별산업의 수출문제이다. 그러므로 대응방식도 개별산업의 수출자율규제나 수출품을 현지생산으로 전환하면 된다. 그러나 1980년대에 들어서면서 무역마찰은 개별산업의 수출문제가 아니라 각 산업과 사회의 특수한 생활양식과 관행, 정부의 산업정책, 경상수지문제 등 보다 구조적이고 거시적인 문제로 바뀌고 있다. 예를 들어 국내 메이커가 산업정책으로 보호받기 때문에, 또는 시장이 문화적으로 폐쇄적이기 때문에 해외 메이커가 불공정한 경쟁을 받고 있다는 비판이다. 따라서 무역마찰의 주요 쟁점은 산업정책과 독점금지정책, 담합, 조세제도 등에 대한 비판, 국내 유통구조와 정부의 규제, 특허권 등 기술 관련 문제들이다.

무역마찰의 쟁점이 변하면 이에 대한 대응도 점점 어려워진다. 개별산업에 대한 대응이 아니라 한 나라 전체의 경제시스템, 사회문제와 관행에 대한 대응이 필요해지기 때문이다. 그래서 오늘날 무역마찰은 한 나라 자체가 바뀌어야 하는 국내문제로 옮겨가고 있다. 예를 들어 1990년에 이루어진 미-일구조협의는 미국이 일본시장에 대한 참여문제로 초점이 바뀐 무역마찰의 사례이다. 미-일구조협의는 처음으로 일본의 국내 유통문제를 제기했는데, 일본 유통시스템(특히 대규모소매점포법)이 미국제품의 일본시장진출을 방해한다고 주장한 것이다.

미-일구조협의는 대규모소매점포법의 규제를 대폭 완화시키고, 그 결과 미국의 대형 완구체인접인 토이저러스를 일본시장에 대거 진출시키는 계기가 되었다. 이로부터 불과 6년 만에 토이저러스의 점포수가 50개로 늘어났다. 대규모소매점포법의 규제완화는 유통구조를 크게 바꾸었고 아메리칸 스타일의 대규모 쇼핑센터와 할인마트 등도 많이 입점하였다. 이처럼 해외의 무역마찰과 같은 외압이 작용하지 않으면 국내 제도나 관행이 변경되기 어렵다. 제도 또는 관행의 변화로 해외기업의 진입장벽이 낮아지고 소비자들은 큰 이익을 누리게 된다.

첨단기술산업에서의 무역마찰은 섬유제품이나 잡화, 자동차 등의 무역마찰과는 그 성격을 달리하고 있다. 반도체와 같은 첨단기술산업에서는 경험곡선효과라는 메커니즘이 매우 중요한 역할을 하는데, **경험곡선효과**(learnning curve effect)란 생산경험을 거듭할수록 생산비용을 낮출 수 있다는 것이다. 반도체와 같이 계속 새로운 제품을 생산해 내는 산업에서는 생산을 늘리면 늘릴수록 단위생산비용(평균비용)을 낮출 수 있다. 따라서 경험곡선효과는 경쟁전략상 얼마나 빨리 많은 제품을 생산해 내는가가 중요하다. 섬유제품이나 잡화, 자동차의 경우에는 그다지 문제가 되지 않았는데, 반도체의 무역협상에서는 수출국의 정책운영과 시장관행이 쟁점이 될 수 있다. 정부가 산업을 보호하고 국내에서 충분히 생산경험을 할 수 있도록 지원할 수 있기 때문이다. 통신기기산업 · 의료기기산업 · 금융산업의 시장개방, 컴퓨터의 정부조달 문제 등도 모두 같은 측면을 가지고 있다.

정석 사고

세계화에 의해 국가 간의 상호의존관계가 심화되면서 국가 간 무역마찰이 증가하고 있다. 특히 WTO출범 이후 무역마찰이 급증하고 있는데 주로 반덤핑제소, 상계관세, 세이프가드 형태로 이루어지고 있다. 그 해결책은 무역협상을 통해 현지생산, 수입자율확대, 수출자율규제의 형태로 이루어진다. 과거 무역마찰의 성격이 개별산업의 수출문제라면 현재는 각 산업과 사회의 특수한 생활양식과 관행, 정부의 산업정책, 경상수지문제 등 보다 구조적이고 거시적인 문제로 바뀌고 있다.

[정석사례연구 11-1] 미국과 중국의 무역마찰

무역마찰이라고 하면 주로 미-일 간 무역마찰을 생각하지만 이제 미-중 간 무역마찰이 본격화되고 있다. 특히 미국의 대중 무역흑자규모는 엄청난 적자를 보이고 있기 때문에 무역마찰의 불씨가 되고 있다. 2011년 12월 중국이 미국산 닭발에 반덤핑관세와 상계관세를 부과하면서 미국은 세계무역기구(WTO)에 분쟁해결을 요청하였다.

닭발은 중국사람들은 즐겨먹지만 미국사람들은 먹지 않는 식품이다. 그럼에도 무역마찰이 발생한 것이 아이러니해 보인다. 중국정부는 미국산 닭발이 정상가격 이하로 판매되며, 이는 미국정부의 보조금 때문이라고 주장했다. 그러나 미국 양계업자들은 버릴 식품을 싸게 수출하는 것이 왜 덤핑인지 항변했다. 이러한 중국발 '닭발사건'은 앞으로 점점 더 심각해질 미-중 간 무역마찰을 예고하고 있다.[1)]

[정석사례연구 11-2] 미국과 중국의 철강마찰

철강업의 불황이 계속되면서 각국 정부가 자국산업보호를 위해 반덤핑관세 등 규제를 강화하고 있다. 철강업 불황의 핵심원인은 공급과잉에 있으며, 이것이 계속되는 한 각국의 보호무역 장벽은 더욱 두터워질 전망이다. 미국 상무부는 최근 중국 허베이강철, 번시강철 등이 생산하는 냉연강판에 522%, 내부식성 철강제품에 451%의 관세율, 즉 상계관세를 부과하였다. 미국 내 6개 철강사가 지난달 초 중국업체를 반덤핑혐의로 제소한 데 따른 조치다. 반덤핑제소는 해외수출국이 자국보다 낮은 가격으로 제품을 수출해 수입국산업이 피해를 입을 때 수입국업체들이 소송을 제기하는 것을 말한다.

유럽위원회도 철강산업협회가 반덤핑제소를 하여 중국과 대만산 STS 냉연제품에 대한 덤핑조사를 개시했다. 우리나라도 현대제철과 동국제강이 중국 H형강 제조사들을 상대로 산업통상자원부 무역위원회에 반덤핑조사를 의뢰하였다. H형강은 건축물골조나 토목공사에 주로 쓰이는 제품으로 국내시장규모는 약 2조 원 수준으로, 중국산 점유율은 점점 늘어 현재 22%에 달한다. 국내업체들은 중국업체들이 자국 유통가격보다 20% 이상 낮은 가격으로 우리나라에 H형강을 수출해서 피해를 입었다고 주장한다.

철강업계의 반덤핑제소가 확대되는 근본적인 이유는 중국의 공급과잉을 견제하기 위한 것이다. 중국이 생산물량이 넘쳐나 저가 또는 편법으로 물량을 밀어내면서 각국 철강시장을 교란시키고 있다는 주장이다. 아르셀로미탈 철강업체의 회장은 "유럽제조업체의 미래는 EU가 중국과의 불공정한 경쟁으로부터 업체를 어떻게 보호할지에 달려있다"면서 "고율의 관세를 부과해 값싼 중국산 제품이 시장으로 몰려드는 것을 막아야 한다"고 밝혔다.[2)]

제2절 정석 교양경제 자유무역만이 살길일까?

무역은 모든 국가에 이익을 발생시킨다. 세계적인 차원에서 비교우위에 입각한 자유무역은 모든 나라 간의 부족한 자원을 효율적으로 이용할 수 있게 한다. 그러나 현실에서 비교우위에 입각하여 국가 간의 자유로운 교역이 이루어지는 일은 흔치 않다. 앞서 제시한 국제무역마찰문제에서처럼 정부가 국제무역에 개입을 하고 자국의 이익을 얻으려는 압력이 많기 때문이다. 관세, 쿼터, 보조금 등과 같은 무역정책은 나라 간 자유무역을 저해하므로 비교우위로부터 얻는 무역이익을 감소시킨다.

그렇지만 외국과의 경쟁으로부터 국내생산자를 보호하기 위해서 정부가 보호무역정책을 실시하기도 한다. 특정한 경우에는 보호무역이 정당화될 수 있지만 대부분의 경우는 소비자에게 피해를 준다. 일반적으로 말해서 외국과의 경쟁을 제한하는 것은 국내생산자에게는 이득이 되고 국내소비자에게는 손실이 된다. 보호무역론의 이론적 근거를 몇 가지 살펴보면 다음과 같다.

① 유치산업의 보호

유치산업(infant industry)은 선진국과 경쟁할 수 있는 여건이 아직 형성되지 않아서 어느 정도 경쟁력을 갖출 때까지 일정기간 보호해 주어야 하는 산업을 말한다. 이러한 유치산업을 보호해야 한다는 주장은 미국의 초대 재무장관 해밀턴(A. Hemilton)과 독일의 역사학파 리스트(F. List)에 의해 체계화되었으며, 오늘날까지도 보호무역의 가장 전통적이고 유력한 이론의 근간을 이룬다.

이 이론은 국내의 유치산업을 보호하지 않고 방치하면 이 산업이 외국과의 경쟁에 부딪혀 성장하기도 전에 쇠퇴하므로 미래의 성장가능성이 있는 유치산업을 선정하여 관세 등의 무역정책수단으로 이를 보호해야 한다는 주장이다. 이 주장은 상당한 설득력을 가지지만 구체적인 내용이나 실제 운영에서 문제가 없는 것은 아니다.

유치산업보호론의 중요한 쟁점은 보호가 필요한 유치산업의 선정문제이다. 유치산업은 영구히 보호되는 것이 아니라 경쟁력을 갖춘 후 자유무역으로 돌아가는 것이다. 이러한 점을 고려하여 세 가지 선정기준이 있다. 밀(J. S. Mill)의 선정기준은 일정기간의 보호를 통해 국제경쟁력을 갖출 수 있는 산업을 선정하는 것이다. 바스테이블(C. F. Bastable)의 선정기준은 밀의 선정기준에 보호기간의 손실보다 그 산업의 발전의 이익이 큰 산업을 선정하는 것이다. 켐프(M. C. Kemp)의 선정기준은 밀-바스테이블의 선정기준에 외부경제효과가 있는 산업을 선정하는 것이다. 그런데 유치산업으로 선정된 이후 일정기간이 지나도 보호가 지속되면 오히려 이 산업의 지대추구행위로 이익이 소멸될 수 있는 부작용도 있다.

② 국내고용의 창출

보호무역주의자들은 외국상품에 대한 수입제한이 국내에서의 고용을 증가시킨다고 한다. 외국에서 생산될 상품을 국내기업이 생산하기 때문에 국내근로자들의 고용기회가 증가한다는 것이다. 물론 보호대상이 되는 산업에만 고용혜택이 돌아간다는 지적도 있다. 그뿐만 아니라 국내소비자들은 보호의 대상이 되는 산업의 제품을 더 비싸게 구입해야 하기 때문에 부정적인 측면도 있다. 만일 보호무역을 실시했다는 데 대한 반발로 다른 나라도 자국제품의 수입을 제한하는 보복을 한다면 국내수출기업들의 생산에도 부정적인 영향을 미치게 된다.

③ 소득분배의 개선

스톨퍼-새뮤얼슨(W. F. Stolper and P. A. Samuelson)은 〈보호무역과 실질임금〉이라는 논문에서 높은 임금을 지불하는 미국과 낮은 임금을 지불하는 나라와 자유무역을 실시하면 미국 노동자의 실질임금이 하락하므로 그 나라로부터 수입되는 상품에 대하여 보호관세를 부과해야 한다고 주장하였다. 이는 헥셔-올린의 요소가격균등화정리에 입각해서 나온 정책적 결론으로서 **스톨퍼-새뮤얼슨 정리**라고 한다.

노동이 부족한 나라가 노동집약재의 수입에 대하여 보호관세를 부과하면 실질임금이 향상되어 노동자의 소득수준이 향상된다. 결국 수입품에 대한 관세부과는 희소한 생산요소의 실질가격을 상승시켜 그 상대적 소득의 분배를 증가시킨다. 이와 같이 스톨퍼-새뮤얼슨 정리는 일부 경제학자들에 의해 일반화되어 보호무역정책의 유력한 이론적 근거로 인정받고 있다.

④ 정부의 세수확보

정부는 관세를 통해서 수입을 올릴 수 있다. 특히 개발도상국가와 같이 소득세를 징수하기 어려운 상황에서는 관세를 부과하는 대신 다른 영역에서 세금을 감면해 줄 수도 있다. **표 11-1**에서 보여주는 바와 같이 일반적으로 개발도상국이 선진국보다 관세수입에 더 많이 의존한다. 이렇게 확보한 수입으로 경제개발을 할 수 있는 자금여력을 확보하게 되는 것이다.

표 11-1 재정수입 중 관세의 비중

국가	관세가 재정수입에서 차지하는 비중
영국	0%
일본	1%
미국	1%
코스타리카	5%
가나	27%
도미니카공화국	43%
레소토	48%

⑤ 전략적 무역정책

전략적 무역정책(strategic trade policy)이란 시장의 점유율을 높이기 위한 방법으로, 무역제한이나 보조금을 사용하여 본국에 유리한 방향으로 정책을 변경시키는 조치이다. 규모에 대한 수확체증효과가 존재하는 산업에서는 먼저 생산을 시작한 기업이 상대적으로 낮은 비용으로 시장에서 경쟁우위를 점할 수 있다. 전략적 무역정책은 보조금을 통해서 경쟁력을 확보할 수 있도록 생산비용의 격차를 보전해 주는 것으로, 경쟁기업의 이점을 제거하려는 목적을 가지고 있다. 그러나 이러한 전략적 행동에 대해서 상대정부가 보복행동을 하게 되면 두 기업은 모두 손실을 보게 될 수 있다.

⑥ 공정한 무역

만일 어느 한 국가가 수입제한조치를 취하면 상대국가도 상계관세나 할당을 통해 수입을 제한해야 된다는 목소리가 커질 수 있다. 1960년대 미국 건설회사들은 일본에서 주요 건설프로

젝트를 수주받지 못한 적이 있다. 그러나 일본 건설회사는 미국에서 매년 많은 수주실적을 올리고 있었다. 당시에 미국 건설사들은 일본에서 차별을 받고 있다고 주장했다. 이때 미국이 일본 건설회사에 대해 제약을 가하는 것이 공정하다고 주장할 수 있다.

공정한 무역이란 국가 간 상호주의에 근거를 두고 있는데 때로는 엉뚱한 근거를 들어 억지를 부리는 데 사용되기도 한다. 예를 들어 미국은 자국의 자동차 판매량이 감소하게 된 것이 미국의 수출에 대하여 우리나라가 불공정한 제약을 가했기 때문이라고 문제를 제기하면서 미국 내 우리나라 자동차 수입을 제한하는 조치를 취하거나 수출을 자율적으로 규제할 것을 요구할 수도 있다.

⑦ 국가안보와 경제안정

경제안정과 국가안보를 위해 기간산업이나 방위산업과 같이 국방은 경쟁의 개념이 도입되지 않아야 한다는 주장이다. 조선업의 경우 비록 비교우위가 없을지라도 전시에 배를 외국으로부터 수입하지 못하면 경제안정과 국가안보에 문제가 될 수 있으므로 이에 대비해 국내조선업이 유지되어야 한다는 주장이다. 보호대상이 되는 산업이 국방을 위해서 진정으로 필요한 산업인 경우는 어느 정도 타당성이 있지만, 국방과 밀접한 관련이 없는 산업까지 보호대상으로 적용되지 않도록 주의해야 한다.

핵심사고

보호무역론은 한 나라의 산업을 보호 · 육성하기 위하여 국가가 적극적으로 수입을 규제해야 한다는 이론으로 19세기 중반에 독일의 역사경제학자인 리스트(F. List)가 제기하였다. 그 근거는 ① 유치산업 보호, ② 소득분배의 개선, ③ 국내고용 창출, ④ 정부의 세수확보, ⑤ 전략적 무역정책(수입규제), ⑥ 공정한 무역, ⑦ 국가안보와 경제안정이다.

[정석사례연구 11-3] 바스티아의 청원서

19세기 보호무역을 통렬히 비판하면서 자유무역을 옹호한 프레드릭 바스티아(F. Bastiat)의 '양초제조업자의 청원서'는 보호무역의 논리를 해학적으로 풍자하고 있다. 그 내용은 다음과 같다.

> 존경하는 국회의원님들께
>
> 저희들은 엄청나게 유리한 조건에서 빛을 생산하기 때문에 아주 낮은 가격에 국내시장을 휩쓸고 있는 경쟁자와 피나는 경쟁을 벌이고 있습니다. 그가 나타나는 순간 모든 소비자들이 그에게로 쏠려가 저희들은 아무것도 팔 수 없게 됩니다. 그 결과 매우 중요한 프랑스 산업의 한 분야가 한순간에 완전한 정체상태에 빠져 버립니다. 이 경쟁자는 다름 아닌 '태양(sun)'인데, 우리와 너무나 잔인한 싸움을 벌이고 있어 마치 영국의 사주를 받고 있는 것처럼 보입니다. 특히 태양이 우리에게는 보이지 않는 존경심을 그 건방진 섬나라에게 보이는 것을 보면 더욱 그렇다는 생각이 듭니다.
> 저희들은 모든 창문, 지붕창, 채광창, 안팎의 덧문, 커튼, 여닫이창, 둥근 창, 덧문 등 햇빛이 집 안으로 들어오는 모든 창, 구멍, 틈새, 터진 자리를 막는 것을 의무화하는 법률을 통과시켜 주시기를 간청합니다.
>
> 양초, 등불, 조명과 관련된 모든 제품의 제조업자 드림

햇빛 때문에 양초판매가 부진하니 집 안에 햇빛이 드는 것을 막는 법을 만들어 달라는 청원서이다. 물론 말도 되지 않는 청원이지만 보호무역의 옹호논리가 이와 유사함을 해학적으로 풍자한 글이라 하겠다.[3)]

제3절 정석 교양경제 국제무역장벽은 왜 설치할까?

정부가 국제무역에 개입을 하고 자국의 이익을 얻으려는 과정에서 국제무역마찰이 발생한다. 자유무역을 제한하는 장애요인 즉, **무역장벽**(trade barriers)에는 정부의 각종 무역규제뿐만 아니라 문화적 제도 측면의 간접적인 장벽들도 존재한다. 일본의 경우를 보면 외국인을 차

별하는 문화적 관행으로 인해 미국으로부터 비난을 받기도 하고, 상품유통망시스템의 차이로 인해 국가 간 무역에서 어려움을 불러일으키기도 한다. 예를 들어 일본에서는 외국인이 소매점을 개업하기 어려울 뿐만 아니라 법적으로 인근의 다른 소매점들로부터 허가를 받도록 규정하고 있기 때문에 보이지 않는 장벽이 존재한다. 이러한 대규모소매점포법은 1990년 미국의 요구로 대폭 완화하게 된다. 이처럼 무역협상이라는 형태의 외압이 작용하지 않으면 국내제도나 관행을 변경하기 어렵다. 이제 국경이 사라지면서 각 나라는 국내의 논리에 기초해서 행동할 수 없게 되었다. 국내유통문제, 산업정책, 담합, 규제 등 각 나라의 제도와 거래관행이 비관세장벽이라고 하여 쟁점이 되고 있는 것이다. **비관세장벽**(Non-Tariff Barriers: NTB)은 관세장벽 외에 수입장벽이 되는 국내규제나 거래관행 등을 말한다.

1. 관세장벽은 어떤 효과를 갖는가?

관세(tariff)란 특정 수입품에 대해서 국내 수입자가 지불하는 세금을 말한다. 관세는 외국과의 경쟁에서 국내생산자를 보호하기 위해서 사용된다. 관세부과 시 발생하는 효과는 우선 수입품의 가격을 높이므로 수입을 억제하여 국내소비를 줄이게 된다. 또한 국내수입대체산업의 가격경쟁력을 높여 국내생산을 늘리는 효과를 가진다. 이외에 정부는 관세의 형태로 조세수입을 증가시키는 효과를 가진다.

예를 들어 자유무역을 할 때 오렌지의 국제가격이 국내가격보다 더 싸다면 오렌지를 수입하게 된다. 자유무역으로 국내소비자들은 더 싼 가격에 구입할 수 있기 때문에 이득을 본다. 그런데 정부가 오렌지 수입에 관세를 부과했다면 소비자가 지불해야 하는 가격은 상승한다. 높아진 가격으로 인해서 국내생산자의 공급은 증가하고 국내소비는 감소하게 되어 수입량은 줄게 된다. 정부의 입장에서는 관세부과만큼 세수가 증가하지만 소비자는 관세부과로 소비를 줄이므로 경제적 후생손실을 입는다. 또한 국내생산자들이 판매가격의 상승으로 이득을 보지만 사회적으로 볼 때 과다생산으로 경제적 후생손실이 발생한다.

정석 사고

관세(tariff)란 특정 수입품에 대해서 부과하는 세금을 말한다. 관세의 효과는 다음과 같다.

① 생산증가효과: 관세부과로 국내생산증가와 고용증대
② 소비억제효과: 관세부과로 국내소비감소
③ 재정수입증가효과: 관세수입의 증가
④ 국제수지개선효과: 수입액의 감소로 국제수지개선

따라서 국내생산자들이 과다생산해서 경제적 후생손실이 생기고, 국내소비자들이 적게 소비해서 경제적 후생손실이 생긴다.

2. 비관세장벽의 수입할당제는 어떤 효과를 갖는가?

비관세장벽의 주요 수단은 수입할당제(수입쿼터), 수출자율규제, 수출보조금, 여러 가지 기술 또는 행정규제 등이 있다. 먼저 수입할당제에는 수량할당과 금액할당이 있다. 수량할당(quantity quota)은 상품의 물리적 수량에 제한을 가하는 방식이고, 금액할당(value quota)은 거래되는 상품의 화폐가치를 제한하는 방식이다. 일반적으로 할당을 실시하는 이유는 외국과의 경쟁으로부터 국내생산자를 보호하기 위해서이다. 할당(quota)은 수입 혹은 수출되는 상품의 양이나 금액을 제한하는 것을 말한다. 수입되는 양을 제한함으로써 가격은 끌어올리게 되고, 국내생산자가 자유무역하에서 좀 더 많은 양을 더 높은 가격에 판매할 수 있게 된다. 수량할당으로 국내가격이 인상되면 그 뒤의 효과는 관세의 경우와 동일하다. 차이가 있다면, 관세의 경우 국내외 가격차가 관세수입으로 정부에게 돌아가고 수량할당의 경우 수입업자의 이익으로 돌아간다.

예를 들어, 정부가 영화의 스크린쿼터를 부과하면 한 극장에서 73일 이상 우리나라 영화를 상영해야 한다. 해외영화는 그만큼 적게 상영해야 하므로 해외영화의 공급부족이 발생하게 되고, 그 결과 영화관람료가 오른다. 관람료가 오르면 영화의 국내공급은 증가하고 국내수요는 감소하게 된다. 결과적으로 관세부과의 경제적 효과와 완전히 동일하다. 과다생산과 수요감소의 경제적 후생손실도 같은데, 정부의 관세수입 대신 그 액수만큼 영화수입업자의 이득으로 돌아간다.

정석 사고 수량할당은 관세부과의 경제적 효과와 완전히 동일하다. 과다생산과 소비감소의 경제적 후생손실도 같은데, 정부의 관세수입 대신 그 액수만큼 수입업자의 이득으로 돌아간다.

3. 수출보조금은 어떤 효과를 갖는가?

수출보조금은 정부가 수출업자에게 더 저렴한 가격에 수출할 수 있도록 장려하기 위해서 수출지원금을 보조해 주는 정책이다. 수출보조금의 지급은 수출업자의 비용부담을 감소시켜 가격경쟁력을 확보할 수 있는 기반을 제공해 준다. 수출보조금이 부과되면 그만큼 국내가격이 인상되므로 국내생산이 확대되고 국내수요는 억제된다. 이에 따라 국내생산자는 이익을 보는 반면 국내소비자는 손실을 입는다.

예를 들어 오렌지의 국제가격이 100원일 때 단위당 수출에 20원의 보조금이 지급되면 생산자는 100원에 수출해도 120원의 수입을 올릴 수 있다. 따라서 오렌지 수출기업은 국내생산을 확대하고 국내소비자에게 공급되는 양을 줄여 더 많은 수량을 수출하게 된다. 이에 따라 국내가격이 120원으로 인상되어 국내소비자는 손해를 보고 국내생산자는 보조금으로 이익을 보게 된다. 그러나 필요한 보조금을 국민들의 세금으로 마련한다면 형평성의 문제가 발생할 수 있다.

수출보조금은 WTO에서 그 사용을 금지하고 있어서, 직접적인 현금보조와 같은 보조금정책 대신 세금감면이나 낮은 이자율로 대출해 주는 방법을 사용한다. 미국정부도 자국기업이 외국에 수출을 하는 경우 대출과 보험을 제공하는 수출입은행을 설립해 수출활동에 보조금을 지급하고 있다. 각국은 무역상대국이 수출보조금을 지원하여 입은 자국산업의 피해에 대해 상계관세를 부과하고 있다.

정석 사고 수출보조금이 부과되면 그만큼 국내가격이 인상되므로 국내생산이 확대되고 수출의 증가로 인해 국내수요가 억제된다. 이에 따라 국내생산자는 이익을 보는 반면 국내소비자는 손실을 입는다.

4. 수출자율규제와 수출질서유지협정은 어떤 효과를 갖는가?

수출국이 수입국의 요청에 의해 자율적으로 수출물량을 일정수준 이하로 억제하는 것을 **수출자율규제**(Voluntary Export Restraint: VER)라고 하며, 수입국의 국내시장점유율을 일정수준 이하로 유지하도록 하는 것을 **수출질서유지협정**(Orderly Marketing Arrangement: OMA)이라고 한다. 이러한 규제를 **회색지대조치**(grey area measure)라고도 부른다. 국제무역기구에서 수출을 규제하는 것을 원칙적으로 반대하기 때문에 이를 회피하기 위한 수단으로 활용되고 있다. 수출자율규제나 수출질서유지협정은 사실상 수입할당제와 같은 효과를 가진다.

5. 보건 및 안전성규제는 어떤 효과를 갖는가?

정부는 국내기업을 간접적으로 보호하는 명분으로 국민의 보건과 안전성을 내세우기도 한다. 일본은 자국기업이 생산한 스키장비만 기준에 적합하다고 하면서 다른 나라에서 생산한 스키장비는 수입을 금지하겠다고 위협한 적이 있다. 서유럽 국가뿐만 아니라 우리나라도 미국정부가 허용한 호르몬제를 투입한 쇠고기 수입을 허용하지 않겠다고 발표하기도 했다. 보건측면에서뿐만 아니라 안정성측면에서도 국가마다 최소한의 기준을 설정해 규제하고 있다. 1960년대는 트랙터와 관련해서 프랑스는 시간당 최대속도가 17마일을 넘지 못하도록 했고, 독일은 13마일, 네덜란드는 10마일로 제한했다. 이처럼 국가마다 다른 표준을 설정하게 되면 이미 생산된 트랙터를 다시 개조해야 하기 때문에 추가적인 비용을 부담하게 되고 그 결과 가격이 상승하여 수출이 어려워진다.

정석 사고

관세장벽을 제외한 다른 모든 무역정책은 비관세장벽으로서 수입할당제, 수출보조금, 수출자율규제, 수출질서유지협정, 보건과 안전성규제 등이 있다.

[정석사례연구 11-4] 수출자율규제는 수입국에 유리할까?

수출자율규제는 수입국의 입장에서 국내산업을 보호하기 위한 음성적 조치라고 할 수 있다. 그런데 이러한 조치가 오히려 상대수출국의 무역의 이익을 높이고 국내산업의 경쟁력을 낮출 수도 있다. 그 대표적인 예가 1981년에 있었던 미-일 간 자동차의 수출자율규제이다.

미국자동차시장에서 계속되는 일본자동차의 수입으로 미국 메이커의 셰어가 크게 줄어들고 있었다. 일본은 미국으로부터 관세나 수입할당과 같은 수입제한조치를 피하기 위해 섬유, 철강 등에서 배운 경험을 자동차에도 적용하기로 하였다. 바로 수출자율규제를 선택한 것이다. 1980년대 말 엔화는 달러당 203엔에서 1983년 말 232엔으로 엔화약세 방향으로 움직였다. 엔화약세이면 달러표시 자동차가격은 내려야 하는데 오히려 수출자율규제로 비싸졌다. 미국시장에서는 일본의 수출자율규제로 가격경쟁압력이 약화되면서 미국자동차의 가격도 크게 올랐다. 이에 따라 미국 메이커뿐만 아니라 일본 메이커의 수익도 크게 상승했다.

언뜻 보기에 납득이 가지 않는 일이지만 수출제한이 오히려 일본자동차의 수익을 크게 향상시킨 것이다. 따라서 장기적으로 수출자율규제가 수입국의 국내산업의 보호보다 오히려 국내산업의 쇠퇴를 가져올 수 있다. 우리나라의 대미 철강수출도 이러한 수출자율규제의 대표적 사례이다.[4)]

제4절 정석 교양경제 자유무역과 공정무역을 위한 국제적 노력은 무엇일까?

1. 자유무역을 위한 기구

GATT

제1차 세계대전이 끝나고 각국은 자국의 산업을 보호하기 위해 경쟁적으로 수입품에 대해서 보호무역장벽을 구축했다. 그 결과 국가 간의 교역이 감소하여 1930년대 세계대공황의 한 원인으로 작용하기도 했다. 이런 배경에서 제2차 세계대전 이후에 좀 더 자유로운 무역환경을 만들기 위한 노력을 하게 된다. 새로이 조성된 국제환경 속에서 1947년 미국과 영국이 중심이 되어 '관세 및 무역에 관한 일반협정' 즉 GATT(General Agreement on Tariffs and Trade)를 만들게 된다.

GATT의 근본정신은 최혜국대우원칙과 내국민대우원칙으로 나눌 수 있다. 최혜국대우원칙(most-favored-nation treatment)이란 한 국가에 주어지는 무역상의 혜택은 자동적으로 다른 회원국 모두에게 똑같이 적용되어야 한다는 무차별원칙을 말한다. 내국민대우원칙(national treatment)이란 회원국이 수입품을 국산품과 동등하게 취급해야 한다는 원칙이다. 국산품과 수입품을 차별대우하면 실질적으로 무역을 확대하기가 어렵기 때문이다. GATT는 원칙적으로 인정된 관세수단 이외에 어떤 수입할당제도 금지하는 수량제한철폐원칙을 두고 있다.

이처럼 GATT는 자유 · 다자 · 무차별로 특징지어진다. 이 기구는 1947년부터 회원국이 증가하면서 각종 관세 및 비관세무역장벽을 낮추기 위해서 여러 차례 라운드를 실시했다.

OECD

1961년 프랑스 파리에 본부를 두고 20개의 선진국을 회원국으로 하여 경제협력개발기구(Organization for Economic Co-operation and Development: OECD)가 설립되었다. 회원국 중 대부분(터키, 멕시코는 예외)이 선진국에 해당되기 때문에 선진국클럽이라고도 한다. 2017년 현재 회원국이 35개국으로 증가하였으며, 우리나라는 1996년에 29번째로 가입하였다. 이 기구는 전 세계 상품생산의 2/3를 차지하고 있으며 세계경제에 막강한 영향력을 행사하고 있다. 특히 기존 회원국의 초청이 있어야 가입할 수 있다는 동질성이 강한 모임으로 만장일치 의사결정을 채택하고 있다. OECD규범의 핵심내용은 경상무역외거래 자유화규약과 자본이동 자유화규약이다. 이 규약은 국제 간 서비스와 자본의 자유로운 이동을 이루려는 OECD 기본헌장이다. 이러한 규약과 기본헌장은 형식상으로는 국제조약이 아니지만 사실상 법적인 구속력을 가지고 있다. WTO와 함께 세계경제질서를 형성하는 경제기구로서, 뒤에서 살펴볼 우루과이라운드 협상의 통상이슈도 먼저 OECD국가 간의 논의를 거쳐 합의를 이룬 후 전 세계적으로 논의된다.

UNCTAD

1964년에 선진국과 후진국의 경제적 격차인 **남북문제**를 해소하기 위해서 UN무역개발회의(United Nations Conference on Trade and Development: UNCTAD)가 설립되었다. 선진국은 과거 식민지정책으로 인해 후진국에 피해를 준 경험이 있기 때문에 무상이나 장기간의 낮은 금리대출 등을 통해서 후진국개발에 참여하려는 것이다. 후진국의 입장에서는 선진국과 후진국의 경제적 격차의 원인을 값싼 1차 농산물을 수출하고 값비싼 2차 공산품을 수입하기 때문이라고 본다. 이로 인해 무역수지 불균형이라는 문제가 초래된다. 따라서 남북문제를 해소하려면 선진국은 후진국에서 들여오는 수입상품에 관세를 철폐하거나 낮추어야 한다. UN무역개발회의는 이러한 주장의 일부를 수용하여 **일반특혜관세제도**(Generalized System of Preferences: GSP)를 실시하게 된다. 그러나 UNCTAD는 선진국 간 힘겨루기에 그 목소리가 가려지기도 하고, 1980년대 개도국의 외채위기 때에는 선진국과 후진국의 갈등심화에 적절히 대처하지 못해 유명무실해진 측면이 있다. 따라서 이에 대한 보완책으로 UN개발계획(United Nations Development Program: UNDP)을 UN 산하에 두고 있다.

정석 사고

GATT(General Agreement on Tariffs and Trade)는 자유무역을 촉진시켜 세계경제 번영을 꾀하고자 1947년 맺어진 '관세 및 무역에 관한 일반협정'이다. GATT의 근본정신은 **최혜국대우원칙**과 **내국민대우원칙**으로 나눌 수 있다. 선진국을 중심으로 설립된 경제협력개발기구(OECD)는 경상무역외거래 자유화규약과 자본이동 자유화규약을 핵심규범으로 한다. UN무역개발회의(UNCTAD)는 선진국과 후진국의 경제적 격차인 남북문제를 해소하기 위해서 1964년에 설립된 자유무역기구이다.

2. 우루과이라운드의 타결과 WTO체제의 출현

GATT의 기능 중 주목할 부분은 다자간협상이다. **다자간협상**이란 일정기간 동안에 GATT 회원국이 여러 번 모여 관세율인하나 철폐와 같은 무역정책을 협의하는 것이다. 1947년 GATT 창설 이후에 공산품의 관세율인하에 초점을 맞춰 7차례 다자간협상이 진행되었으나 농산물이나 서비스는 교역규모가 작아 협상대상에서 제외되었다. 1980년대 이후에는 농산물, 서비스, 지적재산권 등 공산품 이외의 분야에서 교역비중이 크게 높아지자 새롭게 협상할 필요성이 생겨났다. 또한 철강, 자동차, 반도체 등의 산업에 한 번 도입된 무역제한조치가 사라지지 않고 그대로 남아 자유 · 다자 · 무차별로 특징지어지는 GATT체제에 큰 위협이 되었다. 이에 따라 1986년 남미 우루과이에서는 제8차 다자간협상의 개시를 선언했는데 이것을 **우루과이라운드(UR)**라고 한다. 이후 우루과이라운드는 협상에 난항을 겪다가 1993년 말 타결되어 1995년 발효되었다.

우루과이라운드는 GATT의 라운드에서 국제정치적으로 민감하여 제대로 협상하지 못한 농업분야를 포함시켰다. 또한 TRIM(무역 관련 투자조치), 서비스무역, TRIPs(무역 관련 지적소유권)와 같은 새로운 분야까지 협상분야로 포함하였다. 우루과이라운드를 통해서 GATT는 **WTO**(World Trade Organization, **세계무역기구**)로 다시 태어났다. GATT와 달리 WTO는 분쟁절차를 정비해서 회원국은 WTO에 분쟁안건을 가져갈 수 있게 했다. 국가 간 발생한 모든 무역분쟁은 WTO 산하의 분쟁해결기구가 관장하도록 했으며, 상소제도를 신설하고, 분쟁해결구조도 일원화하였다. 특히 컴퓨터 프로그래밍을 저작물로 포함시켰을 뿐만 아니라, 보호기간도 50년 이상으로 연장하였다. 더 나아가 집적회로는 물론 이를 내장한 반도체칩과 최종제품까지도 지적재산권에 포함시켰다.

우루과이라운드는 협상분야가 광범위한데, 크게 3개 협상분야에서 15개 의제를 포함하고 있다.

① **시장개방분야**: 공산품의 관세인하, 비관세장벽의 축소, 섬유, 농산물, 천연자원, 열대상품 시장의 수입개방

② **GATT규율분야**: 반덤핑기준의 강화, 보조금과 상계관세의 기준강화, 회색지대조치의 철폐와 긴급수입제한조치의 규정명료화, 분쟁해결의 일원화, GATT 조항개선, GATT 기능강화

③ **새로운 분야**: 무역 관련 지적재산권의 보호강화, 무역 관련 투자조치의 자유화, 서비스시장의 대폭 개방

WTO 가입회원국은 153개국이 넘지만 여전히 상당한 무역장벽이 존재하고 있다. 최근에는 몇몇 국가끼리 관세 및 비관세장벽을 없애는 **자유무역협정**(Free Trade Agreement: FTA)을 맺는 추세가 확산되고 있어 WTO가 위기에 직면해 있다. 이러한 상황에서 2001년 카타르 도하에서 WTO의 새로운 다자간 무역협상(제9차)이 출범하게 되는데, 이를 **도하개발어젠다**(Doha Development Agenda: DDA)라고 한다. 도하개발어젠다는 주요 협상분야로 서비스시장의 추가개방과 더불어 농산물시장의 추가개방을 위해 농산물에 대한 보호장벽을 추가로 낮추고, 농업보조금을 단계적으로 축소할 것, 비농산물분야의 관세와 비관세장벽의 감축, 기존 통상규범의 개정 등을 논의하였다. 그러나 유럽연합과 미국과 개도국 간의 충돌에 의해 논의는 교착상태에 빠져 있다.

정석 사고

GATT의 기능 중 주목할 부분은 다자간협상인데, 1986년 남미 우루과이에서 개시를 선언한 제8차 다자간협상을 **우루과이라운드(UR)**라고 한다. 자유무역협정의 추세로 GATT의 후신인 세계무역기구(WTO)의 위기를 완화하기 위해 2001년 카타르 도하에서 WTO의 새로운 다자간 무역협상(제9차)이 출범하는데, 이를 **도하개발어젠다**라고 한다.

[정석사례연구 11-5] 국제규정과 국가의지 중 어느 것이 더 중요할까?

태국이 국민건강의 보호를 이유로 GATT 제20조에 근거해 아메리칸 토바코를 비롯한 다국적 담배회사를 배척한 일이 있었다. 그러자 미국 측에서는 내국민대우 조항에 근거해 태국을 제소했다. 만약 태국이 담배가 건강에 해롭다고 생각한다면 외국기업을 배척하는 것과 마찬가지로 자국 내에서도 담배산업을 금지시켜야 한다고 주장했다. 분쟁조정위원회는 GATT 제11조에 의거해 미국의 승소로 최종 판결을 내렸다.

1990년대 초에 멕시코는 미국이 돌고래를 보호한다는 구실로 참치어업을 보호한다고 제소했다. 이때 미국은 돌고래보호 법안을 제정하여 건착망그물을 이용해 잡은 참치의 수입을 금지했다. 포획과정에서 돌고래가 다치거나 죽는 경우가 많았기 때문이다. 그런데 멕시코는 건착망그물을 이용해 참치를 잡아 포획비용을 절감하고 있었다. 멕시코는 미국이 환경보호나 돌고래보호와 관련된 자국의 법규를 타국에 강요해서는 안 되며, 특정국가는 품질과 가격에 따라 참치수입의 가능여부를 결정해야지 그 기준이 참치포획과정이 되어서는 안 된다고 항변하였다.

미국 측은 미국이 이 법률을 제정한 취지는 돌고래를 보호하는 데 있는데, 만약 멕시코산 참치를 수입한다면 자국의 법률이 제대로 이행되지 않고 있음을 의미한다고 주장했다. 따라서 자유무역과 돌고래보호 중 하나를 선택해야 한다면 미국은 돌고래보호를 선택하겠다는 것이었다. 사람들이 모두 돌고래를 좋아하긴 하나 GATT패널은 미국의 손을 들어주면 무역마찰이 일어날 것을 우려했다. 즉, 생산과정이 제품 자체보다 더 중요해져 보호무역주의를 주장하는 사람들이 앞으로 더 많은 핑계와 그럴듯한 이유를 내세워 자유무역을 방해하리라고 본 것이다. 결국 GATT패널은 멕시코의 승소로 판정을 내렸다. 그러나 멕시코는 1990년대 초 북미자유무역협정 체결에 집중했기 때문에 GATT의 판정내용을 더 이상 고집하지 않고 미국의 뜻에 따랐다.

이러한 사례들은 법규를 어떻게 운용하는 것이 적절한지, 법규를 어떻게 운용할 때 보호무역주의를 옹호하는 것인지의 문제를 보여주고 있다.[5)]

제5절 정선 교양경제 경제통합은 자유무역에 효과적일까?

1. 지역경제통합이란?

세계화와 함께 전개되고 있는 세계경제의 또 하나의 흐름은 지역주의의 확산이다. **지역주의**는 지리적으로 인접하고 경제적으로 상호의존도가 높은 국가들이 공통의 이해증진을 위해 경제블록을 형성하는 것을 말한다. 1980년대 이후 GATT를 중심으로 범세계적인 자유무역주의가 추진되어 왔는데 회원국들 간에 이해대립이 발생하면서 이해관계를 같이 하는 인접지역 국가들끼리 자유무역을 실현하려는 움직임이 확대되어 지역주의가 나타나게 되었다. 이러한 지역주의는 회원국들 간 자유무역을 촉진하고 경제성장을 촉진하여 세계경제발전에 기여하며, 약소국의 의견도 반영할 수 있다는 점에서 긍정적이지만 비회원국에 대한 차별적 대우라는 부정적인 측면도 가진다.

1990년대 들어서 심화된 지역주의의 산물로 형성된 **지역경제통합**은 한 지역 내의 여러 국가들이 상호 간에 관세 및 비관세장벽을 제거하고 재화 및 서비스와 생산요소가 자유롭게 이동할 수 있도록 보장하는 협정을 말한다. 최근에 지역경제통합이 활발하게 진행되는 이유는 WTO체제하에서 모든 국가가 각종 무역장벽을 동시에 철폐하는 데 시간과 비용이 많이 소요되기 때문에 일단 합의하기 쉬운 국가끼리 먼저 경제통합을 이루기 위해서이다.

대표적인 사례는 **유럽연합**(European Union: EU), 미국, 캐나다, 멕시코를 중심으로 한 **북미자유무역협정**(North America Free Trade Agreement: NAFTA), 남미의 아르헨티나, 브라질, 파라과이, 우루과이를 중심으로 한 **남미공동시장**(Mercado Comun del Sur: MERCOSUR, 메르코수르), 호주와 뉴질랜드의 CER(Closer Economic Relations)무역협정, 말레이시아, 싱가포르, 인도네시아, 태국, 필리핀, 브루나이의 동남아국가연합(Association of South East Asian Nations: ASEAN)의 **아세안자유무역지대**(ASEAN Free Trade Area: AFTA), 결속력이 강한 자유무역협정은 아니지만 아시아-태평양지역을 중심으로 한 **아시아 · 태평양경제협력체**(Asia-Pacific Economic Cooperation: APEC) 등의 지역경제협정이 있다.

지역경제통합의 수준에 따른 유형으로는 자유무역협정에서 관세동맹, 공동시장, 경제연합, 완전경제통합을 들 수 있고 그 순서대로 범위가 넓어지고 통합의 정도가 강해진다.

① 자유무역협정

자유무역협정(free trade agreement)이란 상호 협정국가 간에 각종 무역장벽을 철폐하고, 비회원국에 대해서는 각 나라마다 독자적인 무역규제를 하는 지역협정을 말한다. 자유무역협정에 참여하는 국가 간에는 차별적인 관세나 수입할당, 보조금, 행정적인 규제를 할 수 없다. 그러나 역외국에 대해서는 각 회원국이 독립적이고 차별적 관세가 가능하기 때문에 역외 비회원국의 입장에서는 최저관세를 부과하는 회원국에 수출한 후 다른 회원국에 재수출하려는 '**무역굴절효과**'가 발생한다. 이를 막기 위해 원산지증명 등의 규제를 강화하고 있다. 북미자유무역협정(NAFTA), 유럽자유무역연합(EFTA), 아세안자유무역협정(AFTA), 우리나라가 2004년도에 체결한 칠레와 싱가포르와의 FTA, 2007년 체결되어 2012년부터 시행된 한-미 FTA가 대표적인 사례이다.

② 관세동맹

관세동맹(customs union)은 자유무역협정에서 한 걸음 더 나아가 회원국 간에 무역장벽을 제거함과 동시에 비회원국에 대해서도 공통의 관세정책을 취하는 경제협력체를 말한다. 유럽연합도 초기에는 관세동맹으로 출범했다.

③ 공동시장

공동시장(common market)이란 관세동맹보다 확대되어 재화뿐만 아니라 생산요소까지도 자유로운 이동이 보장된 경제통합형태이다. 노동과 자본이 자유로이 이동할 수 있어 이민과 국외취업, 자본의 해외이전 등이 자유롭다. 다시 말해서 거의 동일국가와 같은 상태에 놓인 경제통합유형을 말한다.

④ 경제연합

경제연합(economic union)은 공동시장에서 더 나아가 공통의 재정 · 금융정책과 무역정책까지 협조하는 경제통합형태이다. 정책협조를 위해서는 전체를 총괄하는 행정부가 있어야 하고, 각국이 어느 정도 자신의 주권을 포기해야만 한다. 현재의 유럽연합이 이에 속한다.

⑤ 완전경제통합

경제통합의 최종 단계는 단순히 경제적인 통합에서 벗어나 정치적인 측면에서도 통합을 이루는 것이다. 결국 단일한 행정부, 의회, 군사를 가지게 되면 하나의 국가로 재탄생하게 된다.

정석 사고

지역경제통합의 유형에는 자유무역협정, 관세동맹, 공동시장, 경제연합, 완전경제통합이 있고, 그 순서대로 통합범위가 넓어지고 통합의 정도가 강해진다.

2. 지역경제통합의 효과는 무엇인가?

지역경제통합의 경제적 효과는 정태적으로 무역창출효과와 무역전환효과로 나눌 수 있다. **무역창출효과**는 새로운 무역의 발생으로 국민소득과 후생이 증가하는 효과이다. **무역전환효과**는 기존의 수입국에서 새로운 수입국으로 전환되면서 후생이 감소하는 효과이다. 동태적으로는 경제성장과 경제발전을 촉진시키는 효과도 발생한다. 이 효과는 시장의 확대로 규모의 경제효과가 발생하며, 경쟁이 촉진되어 경제가 성장하고, 노동과 자본, 기술 등이 자유롭게 이동하여 비용을 낮추고 효율성을 높인다. 또한 경제통합으로 역외국가의 대외협상력이 높아진다.

지역경제통합은 경제적인 효과와 더불어 정치적인 효과도 있다. 유럽연합의 경우 세계대전과 같은 큰 전쟁뿐만 아니라 국지적인 전쟁도 끊임없이 발발하였다. 이에 지역 내에서 국가 간의 경제를 통합함으로써 정치적인 유대관계를 높여 정치적 갈등이나 분쟁을 미리 방지하는 역할을 수행하였다. 물론 자유무역을 통한 경제적 효과를 증진시키는 것이 주목적이다.

그러나 지역경제통합이 빠른 속도로 진행되므로 일부 산업은 도산하거나 실업자가 많이 양산되는 문제가 발생할 수도 있다. 또한 지역경제통합의 촉진을 위해서는 자국의 독자적 주권을 일부 포기해야 하는데, 2012년 그리스의 정부재정적자 감축을 요구하는 채권단의 요구에 시민들이 유로화 탈퇴까지 불사하며 저항하는 모습을 보면 경제정책의 독자성을 포기하는 문제는 쉬운 일이 아님을 알 수 있다.

정석 사고

지역경제통합의 경제적 효과는 정태적으로 무역창출효과와 무역전환효과로 나눌 수 있다. 또한 경제를 통합함으로써 정치적인 유대관계를 높이는 정치적인 효과도 있다.

[정석사례연구 11-6] 세계의 메가 지역무역협정

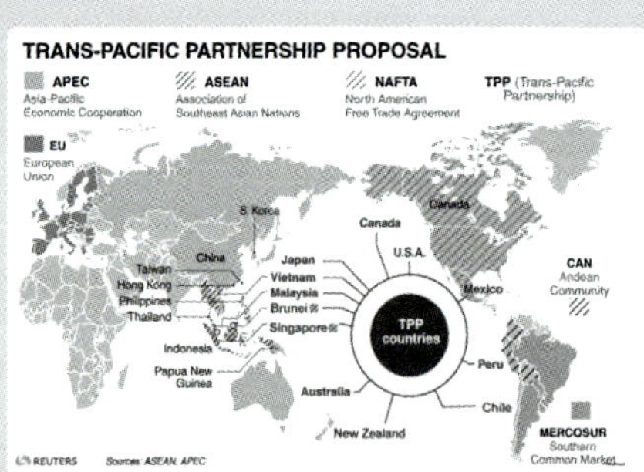

1990년대 중반 이후 FTA가 전 세계적으로 확산되는 가운데 최근에 이르러 미국, EU, 중국 등이 거대 FTA협상을 추진하고 있다. 미국은 일본, 싱가포르 등 아태지역 12개국이 참여하는 다자간 자유무역협정인 환태평양경제동반자협정(Trans-Pacific Partnership: TPP)을 추진하다가 트럼프정권이 탈퇴를 선언하는 한편, EU와의 환대서양무역 · 투자동반자협정(Transatlantic Trade and Investment Partnership: TTIP)을 추진하고 있다. 이러한 움직임에 맞서 중국은 아태지역 16개국이 참여하는 다자간 FTA로서 역내포괄적 경제동반자협정(Regional Comprehensive Economic Partnership: RCEP)을 추진함과 동시에 한-중 FTA 및 한-중-일 FTA의 조기 체결을 강력하게 추진하였다.

지역무역협정이 폭발적으로 증가한 이유는 다자주의체제에 대한 개도국들의 불만이나 다자주의체제의 기능약화와 무관하지 않다. 이러한 과정에서 미국의 통상정책기조가 지역주의를 허용하고 이를 활용하는 방향으로 전환됨에 따라 모든 나라들이 지역경제통합에 경쟁적으로 뛰어들었기 때문이다. 지역무역협정을 선호하게 된 배경을 보면 주권제한을 최소화하면서 다자주의로 한계를 가진 분야의 시장개방을 위한 전략적 도구로 활용하려는 것이다.

우리나라도 2002년 한-칠레 FTA를 시작으로 중국, 베트남, 호주, 뉴질랜드, 캐나다 등 5개국과 FTA 타결로 FTA체결국이 52개국으로 늘어났다. 이는 경제영토를 전 세계 GDP 대비 55.8%에서 73.5%로 확대하는 것과 같다. 그렇지만 문제는 농업의 희생을 감수하며 공산품 수출시장을 확보하는 형태의 FTA인 셈이다. FTA를 맺은 52개국에서 수입된 농산물은 전체 농산물 수입액의 77.3%에 달한다. 더 큰 문제는 해가 갈수록 농업피해가 커지고 있다는 점이다. 여러 FTA가 동시에 발효되고 관세철폐가 대부분 마무리되는 15년 후에는 피해가 한꺼번에 나타나 한 해 피해규모가 수조 원에 이를 것으로 우려된다. 확실한 농업대책이 없으면 시한폭탄이 될 수도 있어 더욱 신중을 기해야 할 것으로 보인다.[6]

제12장 국제수지와 국민경제의 국제화

인간이 추위와 굶주림, 갈증에 대비하는 것 이외에는

모두 허식이며 낭비일 뿐이다.

- 세네카 -

우리는 해외여행을 다녀오면 여행하면서 찍었던 사진을 정리하면서 계획했던 예산과 실제로 지출한 금액을 비교한다. 이처럼 국가도 외국과의 거래내용을 기록하여 산업과 외환에 관련된 경제정책의 기초자료를 마련할 필요가 있다. 국제수지는 일정한 기간 동안 한 나라가 외국과의 교역을 통해 나타난 거래내용을 체계적으로 기록하는 것이다. 국제수지는 경상수지, 자본수지, 금융계정으로 이루어져 있는데, 이 중에서 가장 중요한 것은 경상수지이다.

일반적으로 국제수지라고 하면 경상수지를 의미한다. 그 이유는 경상수지가 수출입에 관련된 무역수지를 포함하고 있어 경제에 미치는 영향이 크기 때문이다. 따라서 국제수지가 흑자라는 것은 경상수지가 흑자라는 것을 의미한다. 경상수지흑자는 무역을 통해 벌어들인 외화가 지출한 외화보다 많을 경우 발생한다. 경상수지의 균형은 경상수지가 흑자도 적자도 아닌 균형을 이루는 상태를 말한다. 경상수지흑자는 좋은 것일까? 수출이 늘거나

제12장 국제수지와 국민경제의 국제화

수입이 줄어 흑자가 발생하는데, 이로 인해 국내생산이 늘어나 고용이 확대되고 소득이 높아진다. 그러나 국내통화를 증가시켜서 국내물가를 상승시키고 그만큼 경기조절을 위한 중앙은행의 통화정책을 어렵게 한다. 또한 지속적인 흑자는 무역상대국으로 하여금 무역마찰을 초래하기도 한다.

이 장에서는 우선 국제수지가 무엇인지 알아보고, 국제수지의 균형은 어떤 의미를 가지는지 알아본다. 그리고 국민경제의 균형식을 통해 정부의 재정과 경상수지가 어떤 관계를 가지는지 살펴볼 것이다. 또한 국민경제가 국제화되는 상황에서 재정정책이 왜 무력한지 알아보고, 국제적 환경문제가 왜 발생하는지 살펴볼 것이다.

이 장에서 배울 것

- 국제수지와 국제수지표는 무엇일까?
- 국제수지 균형은 무엇을 의미할까?
- 재정적자는 왜 경상수지적자를 초래할까?
- 국민경제의 국제화는 왜 재정정책을 무력화할까?
- 국민경제의 국제화는 왜 국제환경문제를 발생시킬까?

제1절 국제수지와 국제수지표는 무엇일까?

정석 교양경제

1. 국제수지

국제수지(balance of payments)란 일정기간 동안 한 나라 거주자와 다른 나라에 있는 비거주자 사이에 이루어지는 모든 경제적 거래에서 외화가 얼마나 남거나 모자랐는가를 체계적으로 나타내는 것을 말한다. **국제수지표**란 일정기간 동안 한 나라 거주자와 다른 나라에 있는 비거주자 사이에 이루어지는 모든 경제적 거래를 체계적으로 작성한 통계표이다. 국제수지의 정의에서 주의해야 할 몇 가지 문제에 대해서는 구체적으로 알아볼 필요가 있다.

첫째, '일정기간 동안'은 국제수지가 국부와 같은 저량개념이 아닌 소득과 같은 유량개념이라는 것을 의미한다. 현재 우리나라에서는 월별로 측정하지만 나라에 따라서는 분기별로 측정하기도 한다.

둘째, '한 나라 거주자와 다른 나라에 있는 비거주자'에서 거주자와 비거주자의 구분은 경제활동에서 주된 경제적 이익의 중심이 어디에 있느냐를 기준으로 한다. 예를 들어 한국에 1년 이상 거주하는 외국인이나 외국투자기업은 우리나라 거주자로 분류하지만 해외교포는 외국에서 경제활동을 하므로 비거주자로 분류한다. 국내기업의 경우 본사는 거주자로 분류하지만 해외지점이나 자회사는 비거주자로 분류한다. 따라서 본사와 해외지점 간 거래는 국제수지표에 기록한다.

셋째, '모든 경제적 거래'는 상품, 서비스, 소득, 이전, 금융 등 모든 형태의 거래를 포괄한다는 것을 의미한다.

넷째, '체계적으로'의 의미는 국제적으로 통일된 기준에 의해 외화가 들어오는 것은 수취란(+란)에, 나가는 것은 지급란(−란)에 기록한다는 것이다.

정석 사고

국제수지(balance of payments)란 일정기간 동안 한 나라 거주자와 다른 나라에 있는 비거주자 사이에 이루어지는 모든 경제적 거래에서 외화가 얼마나 남거나 모자랐는가를 체계적으로 나타내는 것을 말한다.

2. 국제수지표

국가 간에 어떤 거래가 어느 정도 규모로 이루어지고 있는가를 살펴보는 데는 국제수지표가 매우 편리하다. 마치 가정에서 수입과 지출을 관리하기 위해 가계부를 기록하는 것과 같다. 국제수지표는 일정기간 동안 한 나라가 외국과의 교역을 통해 나타난 거래내용을 체계적으로 분류한 표이다. 국제수지표는 복식부기원칙에 따라 차변(debt)에는 지급이 발생하는 거래를 음(−)의 부호로 기록하고, 대변(credit)에는 수입을 가져오는 거래를 양(+)의 부호로 기록하며, 거래에 수반되는 반대급부의 이동을 반대편에 기록한다.

국제수지표상 모든 거래의 계상시점은 발생주의에 따르며, 모든 거래는 시장가격으로 평가하고, 통화를 환산할 때에는 거래당일의 실제 시장환율을 적용한다. 그리고 거래금액을 계상할 때 거래대상에 따라 ① 재화와 서비스, ② 통화 외의 자산부채, ③ 통화 등 크게 세 가지로 나눌 수 있다. 이 세 가지 거래는 경상수지, 자본수지, 외환보유의 증감으로 나타난다. 이러한 거래를 중심으로 국제수지를 세분화해 보자.

국제수지는 크게 경상수지와 자본수지, 금융계정으로 나누고 **경상수지**(current account)는 다시 상품수지, 서비스수지, 본원소득수지, 이전소득수지로 구분된다. 이를 식으로 나타내면 다음과 같다.

경상수지=상품수지+서비스수지+본원소득수지+이전소득수지

상품수지는 상품의 수출과 수입의 차이를 나타낸다. 그리고 **서비스수지**는 외국과 서비스를 거래해서 벌어들인 돈과 지급한 돈의 차이를 나타낸다. 운수, 여행, 통신, 건설, 보험, 금융, 사업서비스, 정부서비스 및 지적재산권 사용료 등이 이에 해당된다. **본원소득수지**는 외국과 자본, 노동 등 생산요소를 거래해서 벌어들인 돈과 지급한 돈을 기록한다. 외국으로부터 얻거나 국내외국인이 얻는 투자소득(배당 및 이자, 급료 및 임금)이 여기에 해당된다. 이전소득수지는 거주자와 비거주자 사이에 아무런 대가 없이 주고받는 거래의 수지 차이이다. 즉 해외송금, 자선단체의 기부금과 구호물자, 정부 간의 무상원조 등의 수입과 지급의 차이를 말한다.

자본수지(capital account)는 자본이전과 비생산 · 비금융자산 거래에 주고받는 외화의 유출입 차이를 나타낸다.

자본수지＝자본이전＋비생산 · 비금융자산

자본이전에는 자산소유권의 무상이전, 채권자에 의한 채무면제 등이 해당되며, 비생산 · 비금융자산에는 브랜드네임, 상표 등 마케팅자산과 기타 양도가능한 무형자산의 취득과 처분이 해당된다.

금융계정(financial account)은 직접투자, 증권투자, 파생금융상품, 기타투자 및 준비자산으로 구분된다. 이에 따라 금융계정은 민간기업, 금융기관, 정부 등이 외국으로부터 외화를 빌려주거나 빌리는 외화의 유출입의 차이를 나타낸다. 금융계정 중에서 파생금융상품은 외환, 예금, 채권, 주식 등 기초자산 거래에서 파생되는 거래상품으로서 환율, 금리, 주가 등의 움직임에 따라 변동하게 되는 기초금융자산이나 부채의 미래가치를 사고파는 거래를 총칭하는 것이다. 기타투자는 직접투자, 증권투자, 파생금융상품 및 준비자산에 속하지 않는 거주자와 비거주자 간의 모든 금융거래를 포함하는 투자거래를 나타낸다. 준비자산(reserve asset)은 통화당국의 외환보유액의 변동분 중 환율이 아닌 거래적 요인에 의한 것만을 나타낸다.

국제수지표는 복식부기원리에 의해 경상수지와 자본수지, 금융계정의 차변과 대변의 총액이 일치해야 하지만 여러 통계자료의 원천이 달라서 정확하게 일치하지는 않는다. 따라서 이러한 오차를 조정하기 위해 오차 및 누락의 항목을 둔다. 오차 및 누락(errors and omissions)은 경상수지와 자본수지 및 금융계정의 차이와 크기는 같고 방향은 반대가 된다. 예를 들어 경상수지가 30억 달러 흑자이고, 자본수지와 금융계정이 15억 달러 적자라면 오차 및 누락은 −15억 달러가 된다. 따라서 국제수지표에서는 다음의 관계가 항상 성립한다.

경상수지+자본수지+금융계정+오차 및 누락=0

정석 사고 국제수지표의 기본구조는 경상수지(current account), 자본수지(capital account) 및 금융계정(financial account)으로 분류된다. 경상수지와 자본수지 및 금융계정의 통계적 차이가 발생하면 오차 및 누락으로 처리되어 국제수지는 항상 0이 된다.

3. 국제수지표의 작성사례

우리나라 국제수지표는 1958년 이후 IMF의 국제수지통계편제기준에 따라 작성되어 왔다. 2010년 국제수지통계편제기준(Balance of Payments and International Investment Position Manual 6th edition: BPM6)이 개편되어 국제수지표의 기본구조는 경상수지(current account)와 자본수지(capital account), 금융계정(capital financial account)으로 분류된다.

표 12-1은 국제수지표의 구성을 보여주고 있다. 국제수지표는 복식부기원칙에 따라 모든 거래에서 외화가 들어오는 것은 수취란의 대변, 외화가 나가는 것은 지급란의 차변으로 구분하여 기록한다. 경상수지와 자본수지 및 금융계정의 차이가 발생하는 것은 오차 및 누락에 기록하여 국제수지가 0이 되게 한다. 이제 다음 사례를 이용하여 실제로 국제수지표를 작성해 보자.

정석사례: 국제수지표작성

거주자1은 자동차를 1억 달러 수출하고 대금은 현금으로 받는다. 거주자2는 원유를 2억 달러 수입하고 대금은 현금으로 지급한다. 거주자3은 국내해운사로서 수출화물운송대가로 외국에서 3억 달러를 지급받는다. 거주자4는 해외여행 중 4억 달러를 지출한다. 거주자5는 코닝사로서 미국 코닝사에 배당금 5억 달러를 지급한다. 거주자6은 해외교포로부터 6억 달러를 송금받는다. 비거주자7은 국내자동차기업의 주식 10%를 7억 달러에 취득한다. 비거주자8은 국내에서 원화증권 8억 달러를 발행한다(거주자가 전액매입).

거주자1은 상품을 수출하므로 경상수지의 상품수지 대변(실물자산감소)에 1억 달러를 기록하고, 현금으로 받으므로 금융계정의 기타투자 차변(금융자산증가)에 (−)를 붙여 같은 금액을 기록한다. 거주자2의 경우는 수입상이므로 거주자1과 정반대로 기록하게 된다. 거주자3은 운송서비스대가로 3억 달러를 받는 것이므로 경상수지의 서비스수지 대변에 3억 달러를 기록하고, 금융계정의 기타투자 차변에 (−)를 붙여 같은 금액을 기록한다. 거주자4는 거주자3과 정반대로 기록하게 된다.

거주자5는 미국 본사에 배당금을 지급하는 경우이므로 경상수지의 본원소득수지 차변에 5억 달러를 기록하고, 금융계정의 기타투자 차변에 같은 금액을 기록한다. 거주자6은 해외에서

표 12–1 국제수지표의 구성과 작성사례

(단위: 억 달러)

		차변(−)	대변(+)	수지
경상수지	상품수지	2[2]	1[1]	−1
	서비스수지	4[4]	3[3]	−1
	본원소득수지	5[5]		−5
	이전소득수지		6[6]	6
	소계(A)	11	10	−1
자본수지	소계(B)	−	−	0
		자산	부채	순유입
금융계정	직접투자		7[7]	7
	증권투자	−8[8]		−8
	파생금융상품	−	−	0
	기타투자	−1[1] 2[2] −3[3] 4[4] 5[5] −6[6] −7[7] 8[8]		2
	준비자산	−	−	0
	소계(C)	−6	7	1
합계(A+B+C)		−	−	0
오차 및 누락		−	−	0

주: 숫자 위의 첨자는 본문 예의 거래번호임.

송금받는 경우이므로 경상수지 이전소득수지에 6억 달러를 기록하고, 금융계정의 기타투자 차변에 (−)를 붙여 같은 금액을 기록한다. 비거주자7은 비거주자로서 국내기업의 주식 10%를 구입하여 경영권을 행사하는 경우이므로 금융계정의 직접투자 대변(부채)에 7억 달러를 기록하고, 금융계정의 기타투자 차변에 (−)를 붙여 같은 금액을 기록한다. 비거주자8도 비거주자이지만 이번에는 국내증권발행을 통해 돈을 해외로 빌려가는 경우이므로 금융계정의 증권투자 차변에 (−)를 붙여 8억 달러를 기록하고, 금융계정의 기타투자 차변에 같은 금액을 기록한다.

정석 사고

국제수지표는 복식부기원칙에 따라 차변(debt)에는 지급이 발생하는 거래를 음(−)의 부호로 기록하고, 대변(credit)에는 수입을 가져오는 거래를 양(+)의 부호로 기록하며, 거래에 수반되는 반대급부의 이동을 반대편에 기록한다.

[정석사례연구 12-1] 외환보유액은 많을수록 좋은가?

대외채권은 일정시점에 다른 나라에 대해서 가지고 있는 확정금융자산을 말한다. 대외채권 중 즉시 현금화가 가능한 공적 대외준비자산을 외환보유액이라고 한다. 우리나라는 1996년부터 경상수지흑자를 기록해 만성적인 채무국에서 벗어나 1998년부터 채권국이 되었고, 2014년 기준 3,636억 달러(약 440조 원)의 외환을 보유하고 있다. 한국경제연구원의 한 보고서에 따르면 외환위기 이후 외환보유액이 크게 증가했지만 위기상황재발 시에 필요한 규모에는 여전히 못 미친다고 한다. 한국의 국내총생산 대비 외환보유액은 2014년 기준 26.1%로서 중국(33.9%)이나 일본(27.1%)에 비해서 낮다는 것이다. 그런데 외환보유액이 많다고 좋은 것만은 아니다. 경상수지흑자에 따른 환율하락을 막기 위해 외환보유액을 늘리다 보니 원하지 않은 물가상승이 야기될 수 있다. 또 다른 문제는 한국은행이 외환매입을 위해 통화안정증권(한국은행이 시중통화량을 조절할 목적으로 발행하는 특별유가증권)이나 외국환평형기금채권(통화안정과 외환투기방지를 위해 외화매입에 필요한 원화자금부족 시 발행조달)을 발행하는데, 이것이 국채금리를 상승시키고 이자상환부담을 증가시켜 정부의 재정을 악화시킨다. 또한 보유한 외환의 대부분을 미국의 정부채권에 투자하고 있는데, 높은 금리로 빌려 낮은 금리로 받는 적자운용을 하는 문제가 있다.[1]

제1편
제2편
제3편
제4편
제5편

제2절 국제수지 균형은 무엇을 의미할까?

1. 국제수지 균형의 의미

국제수지(balance of payments)는 국민경제의 모든 부문이 일정기간 동안 대외거래를 한 결과로 나타나는 외화의 과부족을 말한다. 국제수지는 경상수지와 자본수지, 금융계정의 합으로 정의한다. 일반적으로 국제수지는 경상수지를 의미한다. 그 이유는 경상수지가 소득수지(본원소득과 이전소득)를 무시한다면 수출에서 수입을 뺀 무역수지를 의미하므로 경제에 미치는 영향이 크기 때문이다. 따라서 국제수지가 흑자라는 것은 보통 경상수지가 흑자라는 것을 의미한다.

그렇다면 경상수지흑자 혹은 적자는 어떻게 발생하는 것일까? 수출을 통해 벌어들인 외화가 수입으로 지출한 외화보다 많을 경우 경상수지는 흑자를 보인다. 반대로 수출을 통해 벌어들인 외화보다 수입으로 지출한 외화가 더 많을 경우 경상수지는 적자를 보인다. 결국 경상수지 균형의 의미는 수출로 벌어들인 외화와 수입으로 지출한 외화의 크기가 동일하여 경상수지가 흑자도 적자도 아닌 상태를 말한다.

2. 경상수지와 자본수지의 관계

일반적으로 경상수지가 흑자일 때 자본수지와 금융계정은 적자가 되고, 반대로 경상수지가 적자일 때 자본수지와 금융계정은 흑자가 되는 경향이 있다. 이하에서는 자본의 유출입을 말할 때 국제수지표상의 자본수지와 금융계정을 포괄하는 자본금융계정으로 해석한다. 경상수지와 자본금융계정이 서로 보완적인 관계를 가지는 이유는 다음과 같다. 경상수지흑자는 우리나라가 벌어들인 외화가 지출한 외화보다 많으므로 그 차액을 이용하여 대외채무를 상환하거나 해외자산을 구입하여 외화가 외국으로 나가게 된다(자본금융계정적자). 반대로 경상수지적자라면 우리나라가 벌어들인 외화보다 지출한 외화가 더 많으므로 그 차액만큼의 외화를 외국에서 차입한다는 사실이다(자본금융계정흑자). 경상수지와 자본금융계정이 같은 크기로 변동하면 국제수지가 균형이 되지만 항상 완전히 상쇄되는 것은 아니다. 완전히 상쇄되지 않아서 경상수지가 자본금융계정보다 클 경우 외환보유액은 증가하게 된다. 국제수지표에서는 외환보유액의 증감을 금융계정의 준비자산의 증감항목에 표시하여 항상 경상수지와 자본금융계정이 완전히 상쇄되도록 하고 있다.

3. 국민경제의 균형에서 경상수지와 자본금융계정의 관계

만약 정부부문이 없다고 가정하면, 총수요와 총공급이 일치하는 국민경제의 균형식으로 국내총생산과 경상수지의 관계를 볼 수 있다.

국내총생산=소비+투자+경상수지

국내총생산에서 소비를 뺀 것을 저축이라고 하면, 다음과 같다.

저축−투자=경상수지

저축이 투자를 초과하는 경우에는 잉여저축을 외국인에게 대출해 주는 데 사용한다. 따라서 그 차액만큼 국외투자가 되고, 이를 국제수지와 관련해서는 순해외투자(Net Foreign Investment: NFI)라고 한다. 이 경우 외화가 밖으로 나가기 때문에 자본수지와 금융계정 적자(대외채권의 순증)가 된다. 요약하면 경상수지와 자본수지 및 금융계정은 동전의 양면과 같아서 '국외투자(+)=순해외투자(+)=경상수지(+)'로 정리할 수 있다. 따라서 통계상의 오차 및 누락이 없다면 국제수지균형은 다음과 같다.

경상수지+자본수지+금융계정=0

이 식은 화폐의 흐름을 추적하면, 순수출의 증가는 순자본유출과 정확히 일치해야만 한다는 것을 보여준다.

정석 사고

국제수지(balance of payments)는 경상수지와 자본수지 및 금융계정의 합으로 정의되며, 통계상의 오차 및 누락이 없다면 국제수지균형은 경상수지와 자본수지 및 금융계정의 합이 0이 되는 상태를 말한다.

[정석사례연구 12-2] 위험은 분산될 뿐 사라지지 않는다

최근 금융의 증권화라는 말을 많이 듣게 된다. 금융의 증권화(securitization)는 넓은 의미에서 주식이나 채권 등의 증권을 매개로 하는 금융거래의 비중이 높아지는 현상을 말한다. 하지만 통상적으로는 대출채권 등 고정화된 자산을 매매가능한 증권 형태로 전환하는 자산유동화(asset securitization)를 뜻하는 말로 쓰인다. 자산유동화는 자산보유자로부터 부동산, 대출채권, 주택담보대출채권, 회사채 등과 같이 유동성이 낮은 기초자산을 매입하여 신용을 보강하는 과정(분할과 묶음)을 거친 다음 이를 근거로 새로운 형태의 증권들로 발행·매각하는 과정을 말한다.

금융증권화를 통해 파생된 증권은 상대적으로 높은 수익을 제공하기 때문에 금융투자자들인 개인투자자, 뮤추얼펀드, 연기금에게는 매력적일 수 있다. 또한 금융당국도 은행의 위험을 낮춰 전체 은행시스템의 안정성을 높일 수 있다. 이러한 대출담보부증권(loan-backed securities)이 일단 발행되면 주식이나 채권같이 자유롭게 유통이 가능하기 때문에 전 세계의 개인투자자들은 물론 은행, 저축기관, 보험회사, 연기금 등 기관투자가들에게 널리 판매된다. 일부 보험회사는 이러한 대출담보부채권을 보유한 투자자들이 직면하는 채무불이행의 위험을 줄이기 위해서 새로운 보험상품을 개발해 냈다. 대표적으로 AIG(American International Group)는 보험계약의 일종인 신용부도스왑(credit default swap)을 발행하였다. 신용부도스왑은 기초자산(underlying securities)인 대출채권에 채무불이행이 발생하는 경우 증권의 보유자에게 손실을 보상하는 일종의 보험증권이다.

그런데 기초자산이 유동화된다고 해서 이와 관련된 위험이 사라지는 것은 아니다. 예를 들어 신용부도스왑 자체는 주택담보대출의 채무불이행의 위험에 크게 노출될 수 있다. 대출자산의 원리금상환이 제대로 이루어지지 않을 경우 관련 유동화증권을 소유한 사람이 손실을 입을 수 있으며 원리금상환이 원래의 계획과 달라짐에 따라 증권의 가치가 변동될 수도 있다. 또한 유동화증권의 투자자가 광범위하고 복잡하게 연결되어 있어 특정자산의 부실이 금융시장 전체로 신속하게 확산될 가능성도 있다.

금융증권화 경향이 보편화되면서 비은행금융산업이 크게 발전하게 되었는데, 이를 그림자금융시스템(shadow banking system)이라고 부르게 되었다. 우리나라 그림자금융의 규모는 2014년 기준 1500조 원으로 국내총생산보다 많으며 세계 7위 규모이다. 그림자금융의 발전을 가져온 금융증권화는 긍정적인 금융혁신이라고 볼 수도 있지만, 수차례의 유동화과정을 거친 증권의 경우 최종투자자가 자신이 노출된 리스크의 크기를 정확하게 파악하기 어려워진다. 또한 기초자산보유자의 경우 자산매각을 통해 자신의 신용위험에서 벗어날 수 있기 때문에 무분별하게 자산을 확대할 유인이 생기게 된다.[2)]

제3절 정석 교양경제 재정적자는 왜 경상수지적자를 초래할까?

1. 국민경제 균형으로 보는 경상수지의 역할

개방경제와 폐쇄경제의 중요한 차이는 개방경제에서 특정연도의 총지출과 총공급이 일치할 필요가 없다는 점이다. 정부부문을 고려하여 한 나라의 경제를 거시적으로 파악할 때 다음과 같이 총수요와 총공급이 일치하는 균형국민소득식을 볼 필요가 있다.

국내총생산=소비+투자+정부지출+수출−수입

이 식은 국내총생산(총공급)이 총수요와 항상 같다는 균형국민소득 결정원리에 따른 것이며, 총수요는 소비와 투자, 정부지출, 순수출(수출−수입)로 구성된다. 그리고 총수요 중 소비와 투자, 정부지출을 국내총지출로, 수출과 수입에 관한 항을 모아 경상수지(소득수지무시)로 볼 수 있다. 이 식은 한 국가가 생산한 상품은 가계, 기업, 정부, 해외부문에 의해 모두 소비된다는 것을 의미한다. 그런데 만약 국내총생산보다 국내총지출이 더 많다면 그것은 해외부문의 경상수지적자로 나타난다. 결론적으로 총생산이 총지출을 초과하면 그 차이를 수출하므로 순수출은 양(+)이 된다. 반대로 총지출이 총생산을 초과하면 그 차이를 수입하므로 순수출은 음(−)이 된다.

2. 경상수지와 재정적자

경상수지가 사물의 '겉'이라면 자본수지는 사물의 '속'이라고 할 수 있다. 국민소득의 균형식을 민간부문(가계, 기업), 정부와 같은 경제주체부문별 자금흐름으로 나눠 볼 수 있다. 이것을 위해 국민소득균형식의 우변에서 소비와 투자를 좌변으로 넘겨 정리한 후 정부세수를 양변에 빼면 등식에 변화가 없으므로 다음과 같은 관계가 성립한다.

(국내총생산－정부세수)－소비－투자＝(정부지출－정부세수)＋수출－수입

이 식에서 국내총생산과 정부세수의 차이는 가계총처분가능소득, 가계총처분가능소득과 소비의 차이는 저축, 정부지출과 정부세수의 차이는 재정적자, 수출과 수입의 차이는 경상수지흑자이므로 다음의 관계가 성립한다.

저축－투자＝재정적자＋경상수지흑자

저축과 투자의 차액은 민간부문의 잉여자금이며, 이 자금은 민간부문에 의해 국채나 외채와 같은 금융자산으로 새롭게 보유된다. 민간부문에 이러한 자산을 공급할 수 있는 것은 정부부문과 해외부문이다.

만약 민간부문이 자국정부의 국채를 구입하면 자국정부의 재정적자를 보충하는 것이고, 해외정부의 국채를 구입하면 해외부문의 자금부족을 메우는 것이다. 즉, 민간부문에서 잉여자금이 발생하면 정부부문이나 해외부문에서 자금부족이 발생하고 있는 것이다. 예를 들어 민간저축이 투자를 초과하는 상태라면 정부의 재정이 적자이거나 경상수지가 흑자인 것이다. 따라서 비록 단순해 보이지만 이러한 관계를 무시하고 정부의 재정적자와 경상수지흑자 문제를 동시에 해결할 수는 없다.

한 가지 주목할 점은 재정적자가 민간부문의 국채의 구입으로 보충될 때 이자율(금리)은 상승해서 해외자금이 대량 유입된다. 외환시장에서는 원화수요가 일어나 원화강세를 초래한다. 이러한 원화강세는 수출을 어렵게 하고 수입을 증가시켜 경상수지적자를 초래한다. 예를 들

어 1980년대 전반 미국의 쌍둥이적자는 바로 이러한 메커니즘에서 발생한 것이다. 그리고 만약 경상수지흑자가 민간부문의 해외채권구입으로 메워질 때 외환시장에서 달러수요가 일어나 달러강세를 초래한다. 달러강세는 미국에 경상수지적자, 한국에 경상수지흑자를 초래한다. 이러한 메커니즘을 알면 정책의 경제적 효과를 이해하는 데 도움이 된다.

정부가 균형재정을 유지한다면 저축과 투자의 차액은 경상수지흑자와 일치하며 이 흑자는 **순자본유출**(net capital outflow)로 나타난다. 국내 민간부문이 해외채권을 구입하여 외국인에게 자금을 제공하는 것과 같다. 즉, 저축이 투자를 초과하여 잉여저축을 외국인에게 대출해 주는 데 사용된다. 외국인이 우리에게 공급한 것보다 더 많은 상품을 우리가 외국인에게 수출했기 때문에 그들은 대출을 받아 상품을 구입해야 한다. 그러므로 우리는 경상수지흑자를 경험하게 된다.

결과적으로 돈의 흐름을 추적하면, 순수출의 증가는 순자본유출과 정확히 일치해야만 한다. 다시 말해서 국민소득균형의 항등식에 따르면 저축이 투자를 초과하는 자본축적을 충당하기 위한 자금의 국제적 이동과 재화와 서비스의 국제적 이동은 동전의 양면과 같다는 사실이다.

정석 사고

한 나라의 경제를 거시적으로 파악할 때 총수요와 총공급이 일치하는 상품시장균형(청산)식에서 '재정적자+경상수지흑자 = 저축−투자'의 관계를 얻을 수 있다. 저축과 투자의 차액은 민간부문의 잉여자금이며, 이 자금은 민간부문에 국채나 외채와 같은 금융자산으로 새롭게 보유된다. 정부가 균형재정을 유지한다면 저축과 투자의 차액은 **순자본유출**(net capital outflow)이 된다. 화폐의 흐름을 추적하면, 순수출의 증가는 순자본유출과 정확히 일치해야만 한다.

[정석사례연구 12-3] 경상수지적자는 손해인가?

중국의 대미 경상수지 흑자에 대해 다음과 같은 비판이 있다.

"미국은 중국에서 많은 상품을 수입하고 있다. 그러나 중국은 미국상품을 수입하지 않는다. 이 때문에 미국의 경상수지는 적자가 되고 중국의 경상수지는 흑자가 된다. 따라서 미국은 경상수지적자로 매우 큰 손해를 보고 있다."

정말 미국은 경상수지적자로 큰 손해를 보고 있는 것일까?

경상수지적자는 자신이 버는 소득 이상으로 상품을 구매할 때 일어난다. 미국은 자신의 분수에 맞지 않는 생활을 하고 있다. 미국이 적자를 낼 수 있는 것은 미국에 자금을 대는 중국과 같은 나라가 있기 때문이다. 중국은 미국정부가 발행한 국채와 통화와 같은 종잇조각을 열심히 구입해서 미국이 소득 이상으로 소비와 투자를 하도록 만들어 준다. 결국 달러가치는 대폭 하락한다. 그래서 중국은 달러표시자산에 대한 투자가치를 거의 잃어버린다.

이렇게 보면 적자를 낸 미국은 이득이 되고, 빌려준 돈의 가치가 떨어진 중국은 큰 손해를 보는 셈이다. 따라서 중국이 흑자를 낸다고 비난받을 이유는 없다. 남에게 돈을 빌려 자기분수에 맞지 않게 펑펑 소비한 미국이 오히려 비판받아 마땅하다.[3]

제4절 정석 교양경제 국민경제의 국제화는 왜 재정정책을 무력화할까?

국민경제가 국제화된다는 것은 국민경제가 세계경제로 편입된다는 의미를 가진다. 이 과정에서 국제무역의 개방화와 자유화, 국제자본의 자유로운 이동, 국제적 분업체계가 이루어진다. 우선 국제무역에서 가장 중요한 경상수지 문제를 살펴보면, 경상수지흑자는 순자본유출과 같고 이것은 다시 저축에서 투자를 뺀 것과 같다. 따라서 한 경제가 경상수지적자를 경험하면 외국으로부터 차용할 수 있고, 경상수지흑자를 경험하면 외국에 대출할 수 있다. 폐쇄경제에서는 저축과 투자가 일치할 때 이자율이 결정된다. 그런데 개방경제에서 저축과 투자가 일치하지 않는다면 무엇이 이자율을 결정할까?

소국개방경제에서는 저축과 투자가 일치하도록 이자율이 조정될 필요가 없다. 완전한 자본이동을 가정해 보면 소국개방경제는 세계의 아주 작은 부분에 불과하므로 세계 저축과 투자에서 무시해도 좋을 정도의 영향만 미치게 된다. 따라서 소국개방경제의 이자율은 세계금융시장에서 결정된 **세계이자율** 혹은 **국제이자율**과 일치하며, 그 이자율에서 자금을 자유롭게 차용하고 대출해 줄 수 있다. 소국개방경제에서 물가가 주어져 있을 때 이자율과 자본이동에 의한 환율변화가 경상수지와 국민소득에 파급되는 과정을 보여주는 표준모형이 '**먼델-플레밍 모형**(Mundell-Fleming model)'이다.

개방경제에서 먼델-플레밍모형을 사용하여 안정화정책의 효과를 살펴볼 때 그 효과는 각국이 채택하고 있는 환율제도에 따라 달라진다. 대부분의 나라들이 채택하고 있는 변동환율제는 환율이 시장에서 결정되며 경제상황이 변동하면 환율도 변동한다. 이때 환율은 생산물시장과 화폐시장을 동시에 균형시키도록 조정되어 새로운 균형수준으로 이동하게 된다. 이제 재정정책과 통화정책, 무역정책 등이 환율과 소득 등에 어떠한 영향을 미치는지 살펴보자.

재정정책의 효과

개방경제에서 정부가 감세와 공채발행에 의한 확대재정정책을 실시하면 이자율이 상승하고, 이자율이 상승하면 국제이자율이 상대적으로 낮아져서 국제자금의 유입압력이 높아진다. 이것은 원화매입과 달러매도요인으로 작용하여 환율을 원화강세 방향으로 움직이게 한다. 원화강세가 되면 수출은 줄고 수입은 증가한다. 이것이 국내경기를 억제하는 작용을 한다. 상대국의 입장에서는 수출이 늘고 수입이 감소하여 상대국의 경기를 자극하는 방향으로 움직인다. 즉, 확대재정정책은 국내의 경기가 아니라 무역상대국의 경기를 자극한다는 것이다. 이상의 설명을 요약하면 다음 그림 12-1 과 같다.

그림 12–1 확대재정정책의 경제적 효과

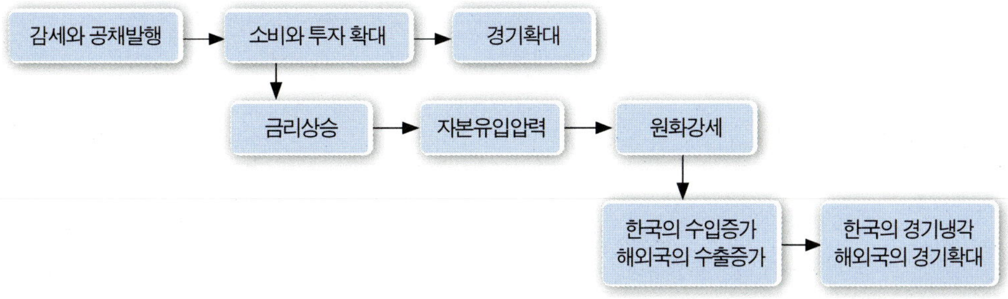

정석 사고

변동환율제의 재정정책효과는 다음 두 단계를 거쳐 국민소득에 영향이 없다.

① 정부지출증가 → 금리상승

② 금리상승에 의한 환율하락 → 경상수지적자 → 소득불변

통화정책의 효과

정부가 통화공급을 증가시키면 이자율을 하락시키는 방향으로 작용한다. 이것은 다시 국제적 자본이동과 무역을 통해 해외 및 국내에 그 영향이 파급된다. 이자율이 하락하면 국제이자율이 상대적으로 높아진다. 그러면 해외에 투자하고자 하는 투자가가 늘어나 해외에 대한 자본유출압력이 생긴다. 자본을 유출하려면 외환시장에서 달러를 구입해야 하므로 달러강세(원화약세)가 된다. 이자율하락으로 원화약세가 되면 수출이 늘고 수입이 줄어 경상수지가 흑자로 된다. 결과적으로 원화약세에 의하여 수출이 늘고 수입이 줄어 경기는 더욱 확대되는 것이다. 해외국의 입장에서 보면 수출은 억제되고 수입은 증가하여 경기후퇴의 요인이 된다. 우리나라의 통화팽창정책은 해외국으로 '실업수출'을 하는 것과 같다. 이상의 설명을 요약하면 다음 그림 12-2와 같다.

그림 12-2 확대통화정책의 경제적 효과

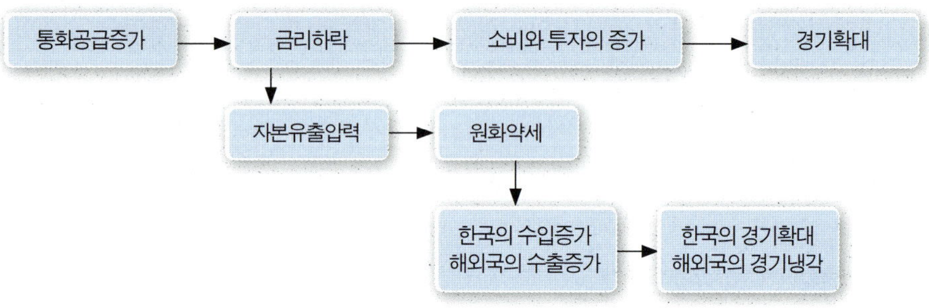

정석 사고

변동환율제의 통화정책효과는 다음 두 단계를 거쳐 국민소득을 대폭 증가시킨다.

① 통화량증가 → 금리하락

② 금리하락에 의한 환율상승 → 경상수지흑자 → 대폭적인 소득증가

변동환율제와 달리 고정환율제는 중앙은행이 환율을 고시하고 이 수준을 유지하기 위해 외환시장에서 국내통화를 매입하거나 매도하는 것을 말한다. 1970년대 초 전 세계에서 이 제도를 포기했지만 최근 중국은 자국통화의 가치를 미달러화에 고정시키는 고정환율제를 채택하

고 있다. 이러한 고정환율제에서 재정정책과 통화정책은 변동환율제에서의 재정정책 · 통화정책과는 정반대의 효과가 나온다. 예를 들어 정부의 확대재정정책을 실시하면 앞서 본 것처럼 변동환율제에서는 이자율이 상승하고 환율이 하락하게 된다. 그런데 고정환율제에서 환율하락을 막기 위해 외환매입을 하면 국내통화량의 증가로 금리가 하락하여 소비와 투자가 증가하므로 변동환율제의 통화팽창정책과 같은 효과를 가진다. 또한 고정환율제의 통화팽창정책은 환율상승을 막기 위한 외환매각을 하면 원래수준으로 국내통화량과 금리가 감소 및 하락하므로 변동환율제의 확대재정정책과 동일한 효과를 갖게 된다.

결론적으로 우리나라와 같은 변동환율제에서는 재정정책이 무력하고 통화정책이 강력한 정책효과를 보여준다. 한 가지 주목할 점은 변동환율제하에서 확대재정정책의 소득증가효과는 원화가치의 상승과 순수출의 감소로 상쇄된다.

[정석사례연구 12-4] 서브프라임 사태

전 세계적 차원의 글로벌 임밸런스(global imbalance)란 미국 등 일부 부유한 국가들은 지속적으로 경상수지적자를 기록한 반면, 중국과 산유국들을 중심으로 한 개도국들은 지속적인 흑자를 기록한 것을 말한다. 경상수지흑자를 낸 개도국의 넘쳐나는 자금이 국내시장에 갈 곳을 찾지 못해서 그나마 안전하다고 생각되는 해외자산(달러)으로 몰리게 된다. 해외에서 유입된 자금으로 인해 미국 금융기관은 대출가능한 자금이 풍부해졌다. 그러나 닷컴버블붕괴로 인해 기업들에게 대출하기를 꺼렸기 때문에 넘치는 자금을 어떻게 처리할지 고민이었다. 이때 창조적인 금융기법과 계속되는 자산가격의 폭등을 등에 업고 등장한 작품이 서브프라임대출이었다. 신용이 별로 좋지 않은 사람에게도 대출해 줄 수 있게 되었지만, 갑작스러운 자산가격의 폭락으로 인해 이들의 대출상환이 어려워지면서 글로벌금융위기가 시작된 것이다.[4]

제5절 국민경제의 국제화는 왜 국제환경문제를 발생시킬까?

경제를 성장시키고 개발하는 전통적인 경로의 하나는 국민경제를 국제화하여, 즉 국민경제를 개방하여 무역을 하는 것이다. 보다 자유로운 국제시장은 소비재의 가격을 낮추어 소비자들의 후생을 높이고 국내상품을 해외로 수출하여 자본을 축적할 기회를 가지게 된다. 그러나 국제시장에서 생산된 상품과 자본이 국경을 넘어 자유롭게 이동함에 따라 발생하는 환경문제가 새로운 이슈로 등장하고 있다.

환경이 생산과 소비의 과정에서 문제가 될 수 있다면 국제통상은 생산과 소비를 변화시키는 과정에서 환경과 관련이 있을 수 있다. 따라서 국제통상은 환경에 영향을 미친다. 국제통상과 환경의 관계는 자유무역화가 환경에 미치는 영향과 환경규제의 변화가 국제통상에 미치는 영향으로 나눌 수 있는데, 이 절에서는 이들에 대한 내용을 살펴보기로 한다.

한 국가 내의 시장에서 개인들이 상품을 사고팔면 모두 이익이 되듯이 국가 간에도 상품을 서로 사고팔면 교역당사국 모두에게 이익이 된다는 주장은 애덤 스미스 이래로 줄곧 전통이론으로 자리 잡고 있다. 이뿐만 아니라 국가 간의 자유무역은 기업에게 보다 더 넓은 시장을 가져다주며 따라서 생산규모를 확장할 기회를 준다. 생산량을 늘리면 생산규모에 따른 단위당 생산비가 떨어지는 규모의 경제가 작용한다. 규모의 경제가 작용하면 소비자들은 보다 더 값싸게 상품을 구입할 수 있다. 따라서 산에서 눈덩이가 구르듯 사회후생은 교역으로 인해 훨씬 커지게 된다.

그러나 최근에 와서 자유무역주의는 환경보호론자들의 강력한 도전을 받고 있다. 환경보호론자들은 세계의 환경을 보전하기 위해서는 환경을 지나치게 오염시키면서 만들어진 상품이나 환경파괴 또는 희귀동식물의 멸종을 초래하는 상품의 교역에 높은 관세를 부과해야 하며, 필요에 따라서는 교역금지조치를 해야 한다고 주장한다.[5]

어느 주장이 더 옳다고 말하기 전에 분명한 것은 자유무역론자들도 정부가 전혀 개입하지 않고 환경오염을 방치해야 된다고 주장하지는 않을 것이다. 그러나 이들은 환경규제에 대한 효과가 개별오염기업에 해당될 뿐 한 국가의 전반적인 무역경쟁력에 미치는 영향은 경미하며 일시적이라고 보고 있다. 토비(Tobey, 1990)는 1960~1970년 사이에 선진국 경제에서 환경규제가 오염기업의 행위에 별다른 영향을 주지 않았다고 주장한다. 한편 앤더슨(Anderson, 1992, 1994)은 무역자유화가 환경적으로 건전한 기술과 소비재의 도입가격을 낮추므로 환경비용을 절감하는 효과가 있다고 주장한다. 이뿐만 아니라 산성비와 지구온난화의 주범인 석탄은 2015년 기준 전 세계 에너지원의 30% 이상을 차지하고 있는데[6] 이는 자국 석탄산업의 보호와 막대한 보조금 지급 때문이라고 주장한다.[7]

다른 국가들이 환경규제를 하지 않은 상태에서 어떤 국가가 환경규제를 할 때 전통적인 국제통상이론하에서는 환경규제의 수출효과, 교역조건효과, 환율효과와 국제수지균형 문제가 발생한다.

환경규제와 수출효과

환경규제를 강화한다는 것은 기업으로 하여금 오염물질의 배출량을 줄이게 하므로 환경을 덜 이용하게 하는 것이다. 기업으로서는 상품의 생산량을 줄이거나 대체비용을 추가로 부담해야 하므로 생산비가 종전보다 더 비싸질 수밖에 없다. 따라서 이러한 생산비의 증가로 국제시장에서 수출경쟁력을 잃기 때문에 수출이 감소하게 될 것이다.

그러나 장기적으로 환경규제의 강화가 수출에 미치는 영향은 비교우위부문의 성격에 따라 달라질 수 있다. 헥셔-올린의 이론에 따르면 각 국가는 각기 상대적으로 풍부한 생산요소를 많이 사용하여 생산되는 상품에 비교우위를 가지게 된다. 그러므로 환경개선을 위한 자원이 주로 노동보다 도구나 기계, 약품 등 자본재를 더 많이 필요로 한다면, 환경규제의 강화가 자본의 상대적 가격을 높이고 자본집약적인 산업에 비교우위가 있는 산업의 생산비를 증가시켜 수출경쟁력이 감소하게 된다. 그러나 환경개선사업이 자본집약적이고 비교우위를 가진 산업은 노동집약적이라면 수출경쟁력이 더욱 강화되는 결과가 나온다.

환경규제와 교역조건효과

단기적으로 환경규제의 강화는 기업의 생산비를 증가시켜 수출물량이 감소하게 된다. 그러나 수출품의 가격이 오르면서 교역조건이 개선될 수 있다. 왜냐하면 교역조건은 수출품 1단위와 교환될 수 있는 수입품의 양을 나타내기 때문이다. 그리하여 수출물량에 수출가격을 곱한 수출액은 증가할 수 있다. 이처럼 교역조건을 변화시킬 수 있는 경제적 대국의 경우 환경규제로 인한 비용상승 부담을 교역품의 가격에 전가시켜 교역상대국과 분담할 수 있다. 그러나 경제적 소국의 경우에는 교역조건과 국제가격에 영향력을 행사할 수 없으므로 환경비용상승 부담을 수출물량의 감소로 감수해야 하고, 그 결과 국제수지가 악화될 수 있다.

환경규제와 환율효과

경제적 소국의 경우 환경규제의 강화가 국제수지악화의 원인이 될 수 있다고 하였다. 그러나 이러한 적자는 일시적일 가능성이 높다. 왜냐하면 수출의 감소로 외환시장에서 외화의 공급이 줄어서 환율(외화가치)이 올라가기 때문이다. 환율이 오르면 채산율이 높은 국내상품들까지 경쟁력을 가지게 되어 다시 수출이 늘어나게 되고, 이로 인해 국제수지적자가 해소된다.[7] 물론 이 과정에서 환경오염유발산업들이 퇴출되고 환경친화산업들이 부상하는 산업구조조정이 일어날 수 있다.

현실세계에서는 여러 국가가 환경규제를 하고 있으며, 그에 따라 국가들 사이의 이해관계가 매우 복잡하게 얽혀 있다. 이러한 복잡한 관계는 국가마다 환경기준이 다르고 환경규제의 정도가 다르기 때문에 일어난다. 어떤 국가는 자연의 자정능력이 크고 환경오염에 대한 사회적 용인의 정도가 클 수 있는데, 이러한 국가를 **환경부국**이라고 한다. 이와 같이 환경도 하나의 자원으로 보고, 환경에 국제사회의 분업을 설명하는 헥셔-올린의 이론을 적용해 보겠다.

생산과정에서 대기오염과 수질오염 등을 일으키기 쉬운 상품을 생각해 보자. 환경부국은 이러한 상품의 생산에 비교우위를 가지는 경향이 있을 것이며, 따라서 그러한 상품의 생산과 수출에 전문화할 것이다. 이것은 환경부국이 공해를 수입하고 환경빈국이 공해를 수출하는 것과 동일하다. 환경빈국은 상품을 수입하는 양만큼 공해도 발생하지 않는다. 이는 또한 요소가격균등화의 정리와 같다.

국제무역에서 비교우위를 결정하는 요인이 환경부존량만 있는 것은 아니기 때문에 이러한 주장은 물론 하나의 가설에 불과하다. 대체로 보면 후진국들은 선진공업국들에 비해서 환경부국일 가능성이 높다. 산업화가 덜 진척된 관계로 자연의 자정능력이 남아 있고, 환경오염에 대한 사회적 용인의 정도도 클 것으로 예상된다. 이에 비해서 선진공업국들은 환경오염이 심해지고 있고 국민들의 환경의식이 날로 높아지고 있으므로 환경규제를 강화하지 않을 수 없다. 이러한 선진국들의 환경규제의 강화는 특히 오염상품에 있어서 후진국의 비교우위를 다지는 큰 계기가 되고 있다. 그렇지만 선진국의 환경규제의 강화가 후진국에 유리한지 불리한지 단정 짓기는 어렵다.[8)]

환경규제의 수준이 다른 국가들 사이에 이루어지는 국제무역에서 교역당사국들의 이해관계충돌에 관한 유명한 가설의 하나가 '공해안식처가설(Pollution Havens Hypothesis)'이다. 이 가설에 따르면 엄격한 환경규제는 규제가 느슨한 국가들로 국내생산설비를 이동시키거나 규제가 약한 국가들로부터 환경오염상품의 수입을 증가시킨다. 대개 환경부국은 후진국이므로 환경규제가 느슨하고 선진국의 공해기업의 진입을 투자유치로 간주하여 환영하는 경우가 많다. 결과적으로 후진국들은 공해기업의 천국이 될 수도 있다. 그러나 환경자원이 풍부한 곳으로 기업이 이동함으로써 한정된 환경을 보다 효율적으로 이용하게 된다는 장점이 있다.

이 견해와 정반대인 입장으로는 '포터가설(Porter Hypothesis)'이 있다. 이 가설에 따르면 엄격한 환경규제는 기업들의 경쟁력을 강화시켜 국제시장에서 비교우위를 가지게 한다. 포터는 물론 모든 종류의 환경규제가 국제경쟁력을 높일 것이라고 생각하지 않는다. 보다 정확히 말하면 "올바른 환경규제를 설정해야 비교우위로 바뀔 수 있다"고 주장한다.[9)] 그의 견해에 따르면 올바른 규제란 오염을 줄이는 동시에 비용을 줄이거나 질을 높여주는 공정을 수반해야 한다고 본다. 이는 환경규제가 기술혁신을 유발하고 결국 기업의 이윤을 증가시킨다고 보는 것이다. 따라서 포터가설이 제시하고 있는 환경규제는 다음의 기준을 만족해야 한다.

① 환경규제수단은 단순히 공해방지나 정화를 하는 수단이 아니라 보다 근원적으로 공해를 방지하는 수단을 사용해야 한다.
② 환경규제수단은 기술을 제약시켜서는 안 된다.
③ 환경규제수단은 관련비용에 탄력적이어야 한다.
④ 환경규제수단은 시장인센티브수단을 사용해야 한다.

이러한 조건들이 필요조건인지 충분조건인지는 확실하지 않지만 기술혁신에 우호적인 조건이라는 것만은 분명하다.

한편 오츠 등(W. E. Oates et al., 1993)은 공해방지기술혁신이 가능한 단순한 모형에서 포터가설을 검증한 바 있는데, 포터가설과는 달리 환경규제의 강화는 비교우위를 떨어뜨린다는 것이다.[10] 그러나 공해기업과 환경규제당국 사이의 전략적 행위나 공해방지산업의 존재, 환경규제의 강화로 x-비효율성이 줄어드는 기술혁신의 가능성이 있다면 포터가설이 타당할 수 있다고 설명한다.

이제 세계는 환경과 무역의 전쟁 속에 있다고 해도 과언이 아니다. 이에 대응하기 위해서는 정부의 노력과 기업의 노력, 국민 개개인의 노력이 함께 어우러져야 한다. 지구환경의 문제는 세계 모든 나라의 문제이기 때문에 각 국가는 국익과 더불어 이 문제를 해결하려고 노력해야 한다. 이를 위해서는 첫째, 국민경제규모와 환경보전능력과 환경기술수준 등을 고려하여 환경외교를 강화해야 하며, 둘째, 환경보전과 경제성장을 조화롭게 하는 환경관리정책을 강화해야 하고, 셋째, 자원절약형 산업구조로 개편하며, 넷째, 산업공해방지산업, 환경오염대체물질개발 및 설비산업, 에너지절약 및 대체에너지 개발사업, 생산공정의 그린화사업, 그린상품개발사업, 재활용 및 재생사업, 환경보전기술과 오염방지기술 등의 기술개발사업 등의 환경산업을 육성해야 하고, 다섯째, 기업의 환경윤리의식과 국민의 환경지향적 가치관을 확립해야 한다.

정석 사고

어떤 국가가 환경규제를 할 때 전통적인 국제통상이론하에서는 환경규제의 수출효과, 교역조건효과, 환율효과와 국제수지균형 문제가 발생한다. 현실세계에서는 여러 국가가 환경규제를 하고 있으며, 환경규제가 엄격한 지역에서 환경규제가 느슨한 지역들로 환경오염생산설비와 환경오염상품이 수출되어 환경규제가 느슨한 지역이 공해기업의 천국이 된다는 '**공해안식처가설**(Pollution Havens Hypothesis)'과 엄격한 환경규제가 기업들의 경쟁력을 강화시켜 국제시장에서 비교우위를 가지게 한다는 '**포터가설**(Porter Hypothesis)'이 있다. 공해안식처가설에 따르면 각 국가는 환경규제를 낮추는 유인을 가지게 되고, 포터가설에 의하면 각 국가는 환경규제를 높이는 유인을 가지게 된다.

[정석사례연구 12-5] 세계화와 환경문제

인류는 경제성장과 환경보호를 두고 선택을 할 때 주로 경제성장을 택하는 쪽이었다. 특히 무역의 경우, 이러한 선택은 더욱 더 뚜렷하게 나타났다. 당장 우리와 지리적으로 먼 나라의 환경오염은 크게 실감이 나지 않지만, 세계화의 영향으로 환경파괴의 정도는 나날이 심각해져 가고 있다. 매년 봄만 되면 우리에게 찾아오는 반갑지 않은 손님이 있다. 우리나라로 불어오는 황사의 발원지는 중국 서부 내륙지방과 네이멍구 지역이다. 이 지역은 원래 초원이었으나 중국이 세계화와 시장개방을 통해 경제발전을 이루면서 서울의 5~6배나 되는 면적이 급격한 산업개발과 농지개간으로 사막화되고 있다. 이러한 환경파괴의 정도가 점차 심각해지면서 환경을 파괴할 수 있는 상품의 생산을 규제하자는 의견이 전 세계적으로 모아지고 있다.

세계화를 지지하는 사람들은 아직까지는 다국적기업이 생산기지이전을 위해서 환경기준을 완화하거나 최저수준으로 낮춘 경우는 없다고 주장한다. 오히려 개방화가 덜 된 국가보다 세계화에 개방적인 선진국들이 엄격한 환경규범을 가지고 있기 때문에 세계화의 진전은 환경에 오히려 긍정적인 영향을 미친다고 한다. 아래 그림에서 보면 스위스, 핀란드, 스웨덴과 같은 세계화순위가 높은 국가일수록 환경순위도 높다는 것을 알 수 있다.[11]

〈세계화와 환경〉

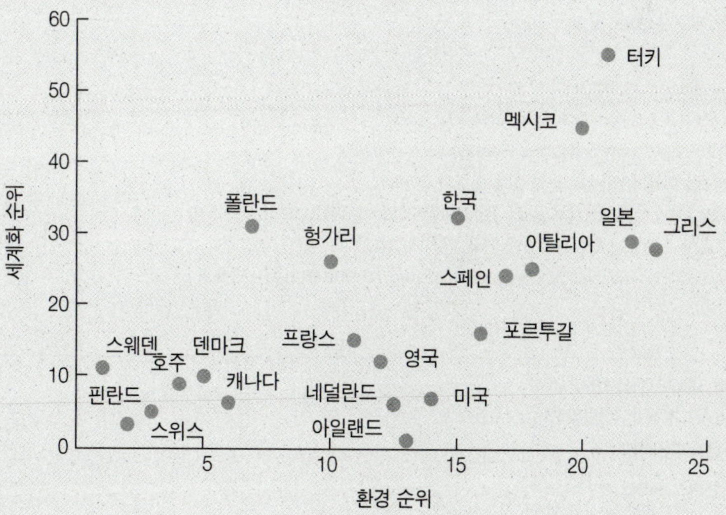

참고문헌

제1장

1) 크리스토퍼 콩트와 앨버트 카, 미국의 경제, 이은정 옮김, 미국국무부, 2004.
2) 임덕호, MBN뉴스 및 교양경제, 명경사, 2014.
3) 임덕호, 교양경제, 명경사, 2014.
4) 박환재 외 2인, 정석미시경제론, 2016, p. 661.

제2장

1) 박환재, 정석경제학원론, 비앤엠북스, 2016, p. 56.
2) 임덕호, 교양경제, 명경사, 2014, p. 26.
3) ibid., p. 29.
4) 아시아경제, www.asiae.co.kr, 2012.
5) 동아닷컴, http://news.donga.com/3/01/20161029/81061748/1
6) 농협양곡, 농업뉴스: http://www.riceall.co.kr/user/riceall/2017/01/20
7) 연합뉴스, 2017년 1월 12일자; 임덕호, 교양경제, 명경사, 2014, p. 43.
8) 경향비즈, http://biz.khan.co.kr/khan_art_view.html?artid=201609131841001&code=920100
9) 강병구, 저소득근로자 소득보전제도 개선방안 연구, 인하대, 2015.
10) 조선닷컴, http://news.chosun.com/site/data/html_dir/2016/07/15/2016071500343.html

제3장

1) 임덕호, 교양경제, 3판, 명경사, 2014, p. 70.
2) 홍승기 외 2인, 와이드경제학, 비앤엠북스, 2014, p. 208.
3) 이준구, 미시경제학, 법문사, 2009.
4) 임덕호, 교양경제, 3판, 명경사, 2014, p. 74.
5) John B. Taylor, 테일러경제학, 이상규 외 역, 시그마프레스, 2005.
6) 홍승기 외 2인, 와이드경제학, 비앤엠북스, 2014, p. 205.

제4장

1) 임덕호, 교양경제, 4판, 명경사, 2015, p. 86.
2) Campbell R. McConnell, S. L. Brue, and S. M. Rynn, 경제학의 이해, 최광 외 공역, 생능, 2013, p. 238.
3) Campbell R. McConnell, S. L. Brue, and S. M. Rynn, 경제학의 이해, 최광 외 공역, 생능, 2013, p. 238.

4) 임덕호, 교양경제, 4판, 명경사, 2015, p. 102.
5) ibid., p. 107.
6) Campbell R. McConnell, S. L. Brue, and S. M. Rynn, 경제학의 이해, 최광 외 공역, 생능, 2013, p. 132.

제5장

1) Campbell R. McConnell, S. L. Brue, and S. M. Rynn, 경제학의 이해, 최광 외 공역, 생능, 2013, p. 275.
2) 임덕호, 교양경제, 명경사, 2015, p. 125.
3) Campbell R. McConnell, S. L. Brue, and S. M. Rynn, 경제학의 이해, 최광 외 공역, 생능, 2013, p. 299.
4) 중앙일보, 2016년 4월 19일자, http://news.joins.com/article/19906574

제6장

1) Mankiw, N. Gregory, 맨큐의 경제학, 김경환·김종석 공역, Cengage Learning, 2014, p. 586.
2) 한국경제교육학회, 차세대경제, 교학사, 2008.
3) 뉴스핌, 2016년 3월 25일자, http://www.newspim.com/news/view/20160325000405 참조.
4) 홍승기 외 2인, 와이드 경제학, 비앤엠북스, 2014, p. 245.
5) 한국은행, 알기 쉬운 경제이야기, 2013, p. 130.
6) 이준구·이창용, 경제학 들어가기, 문우사, 2014, p. 470.

제7장

1) 이준구·이창용, 경제학 들어가기, 문우사, 2014, p. 514.
2) Mankiw, N. Gregory, 맨큐의 경제학, Cengage Learning, 2013, p. 950.
3) 홍승기 외 2인, 와이드경제학, 비앤엠북스, 2014, p. 330.

제8장

1) 홍승기 외 2인, 와이드경제학, 비앤엠북스, 2014, p. 280.
2) ibid., p. 366.
3) ibid., p. 398.
4) Campbell R. McConnell, S. L. Brue, and S. M. Rynn, 경제학의 이해, 최광 외 공역, 생능, 2013, p. 1019.

제9장

1) 이대근, 세계경제론, 박영사, 1998.
2) 홍승기 외 2인, 와이드경제학, 비앤엠북스, 2014, p. 280.
3) 한국은행, 알기 쉬운 경제이야기, 2013, p. 294; ibid., p. 318.
4) ibid., p. 259.
5) 한국은행, 알기 쉬운 경제이야기, p. 137.
6) 홍승기 외 2인, 와이드경제학, 비앤엠북스, 2014, p. 264.
7) ibid., p. 273.
8) 송병락, 한국경제의 길, 박영사, 2010.
9) 홍승기 외 2인, 와이드경제학, 비앤엠북스, 2014, p. 269.
10) ibid., p. 256.

제10장

1) 이토 모토시게, 신국제경제의 논리, 류화선 역, 거름, 1998, p. 284.
2) ibid., p. 287.
3) 천진, 하버드 경제학, 에쎄, 2011, p. 352.
4) 한국은행, 알기 쉬운 경제이야기, 2013, p. 271.
5) Campbell R. McConnell, S. L. Brue, and S. M. Rynn, 경제학의 이해, 최광 외 공역, 생능, 2013, p. 1051.
6) 세계 에너지 아웃룩 2017.
7) 홍승기 외 2인, 와이드경제학, 비앤엠북스, 2014, p. 414.
8) Campbell R. McConnell, S. L. Brue, and S. M. Rynn, 경제학의 이해, 최광 외 공역, 생능, 2013, p. 1042; 홍승기 외 2인, 와이드경제학, 비앤엠북스, 2014, p. 417.
9) 이토 모토시게, 신국제경제의 논리, 류화선 역, 거름, 1998, p. 309.

제11장

1) 이준구·이창용, 경제학 들어가기, 문우사, 2014, p. 616.
2) 임덕호, 교양경제, 명경사, 2014, p. 232.
3) 이준구·이창용, 경제학 들어가기, 문우사, 2014, p. 613.
4) 이토 모토시게, 신국제경제의 논리, 류화선 역, 거름, 1996, p. 343.
5) 천진, 하버드경제학, 에쎄, 2011, p. 89.
6) 노택환 외 3인, 국제통상의 이해, 박영사, 2016, p. 147.

제12장

1) 홍승기 외 2인, 와이드경제학, 비앤엠북스, 2014, p. 437.
2) ibid., p. 448.
3) 이토 모토시게, 신국제경제의 논리, 류화선 역, 거름, 1996, p. 152.
4) 홍승기 외 2인, 와이드경제학, 비앤엠북스, 2014, p. 448.
5) 이정전, 환경경제학, 박영사, 2000, p. 558.
6) 오호성, 환경경제학, 법문사, 1998, p. 340: 세계 에너지 아웃룩, 2017.
7) 우리나라 입장에서 채산율이란 그 수준보다 원화강세이면 해당상품은 상대국에 대해 경쟁력을 상실하고, 그보다 원화약세이면 경쟁력을 가질 수 있는 경계선환율이다. 따라서 경쟁력이 강한 상품일수록 채산율은 낮다.
8) 시버트(Siebert, 1974)와 맥과이어(McGuire, 1982)는 자유무역으로 인해 후진국의 환경이 악화되어 국내의 후생이 감소하는 반면 선진국의 후생은 증대한다고 보고 있다. 그러나 후진국의 수출증가와 GNP증가를 고려하면 섣불리 단정 지을 수는 없을 것이다.
9) Porter, Michael E., *America's Green Strategy*, Scientific American, 1991, p. 168.
10) W. E. Oates, K. Palmer, and P. R. Portney, "Environmental Regulation and International Competitiveness: Thinking About the Porter Hypothesis", Discussion paper 94-02, Resources for the Future, 1993.
11) 홍승기 외 2인, 와이드경제학, 비앤엠북스, 2014, p. 412.

찾아보기

[국문]

ㄱ

ㄴ

ㄷ

ㅇ

ㅈ

ㅎ

[영문]

[숫자]

저 · 자 · 약 · 력

박환재

경북대학교 경제학과를 졸업하고 미국 오하이오 주립대학에서 경제학 석사학위를, 미국 노스캐롤라이나 주립대학교 경제학 박사학위를 받았다. 현재 대구가톨릭대학교 경상대학 무역학 교수로 있다. 마르퀴즈 후즈 후(Marquis Who's who) 세계인명대사전과 세계 3대 인명대사전(Who's Who, IBC, ABI), 21세기 위대한 지성인 2000인(2000 Outstanding Intellectuals of the 21th Century-ABI, IBC)에 등재되었으며, 21세기 업적상(The 21st Century Award of Achievement-IBC)과 2006-2016 세계선도교육자(Leading Educators of the World 2006-2016-IBC), 올해의 국제교육자(International Educator of the Year 2006-2016 IBC)로 선정되었다. 통계청 사무관, 미국 SAS연구소 연구원, 오하이오 주립대학교와 캘리포니아 주립대학교 객원교수, 경제통상학회 이사, 재정학회 이사, 한국은행 대경본부 자문위원을 역임했으며, ABI 세계인명대사전 자문연구위원과 KDI 경제전문가 모니터위원으로 활동하고 있다.

저자와의
협의하에
인지생략

정석 교양경제론

2018년 2월 21일 초판 인쇄
2019년 3월 4일 초판 2쇄 발행

저 자 : 박환재
발행인 : 정광식
발행처 : **비앤엠북스**
서울특별시 금천구 가산디지털1로 70 B1-103
등 록 2004. 12. 29. / 제313-2004-00298호
전 화 (02) 2627-5710~13, 팩스 (02) 2627-5720
홈페이지 www.대학교재.net
이 메 일 bnmbook@daum.net

정가 25,000원 ISBN 978-89-6821-073-0